FUTURE

FUTURE

FUTURE

# 賽事占星學
# SPORTS ASTROLOGY

出神入化
透視贏家的獨門要訣

**JOHN FRAWLEY** 約翰‧弗勞利 ——— 著
智者星象學院 編譯團隊 連瑩穎、呂卿 ——— 譯

# 目　次

審定者推薦序　　9
致讀者　　13
致謝　　15
符號說明　　18

## 第一章　他前來展開了這趟學習之旅

選擇適用的宮位　　27
宮位的考量　　32
找出宮主星　　36
宮主星的偶然尊貴　　37
月交點　　43
運行速率與方向　　44
相位　　47
圍攻　　49
恆星　　50
喜樂　　51
月亮　　52
空虛　　53
宮主星的必然尊貴　　54

| | |
|---|---|
| 容納 | 56 |
| 融會貫通 | 58 |
| 冠軍挑戰賽 | 80 |
| 長期預測 | 88 |
| 　　插曲：「一代拳王」 | 113 |

## 第二章　事件盤

| | |
|---|---|
| 判斷方法 | 128 |
| 　　插曲：貝比‧魯斯擊出六十支全壘打 | 185 |

## 第三章　賽馬的一天

| | |
|---|---|
| 約翰‧艾迪的系統 | 207 |
| 　　插曲：史上最偉大的賽馬？ | 221 |

## 第四章　獲利問題

| | |
|---|---|
| 既然如此，何不成為富有之人？ | 263 |

附錄
| | |
|---|---|
| 1. 如何計算映點 | 268 |
| 2. 如何計算阿拉伯點 | 272 |
| 3. 習題解答 | 277 |
| 4. 例題星盤的判斷 | 280 |

## 審定者推薦序

# 和宇宙玩起躲貓貓

「那是什麼？」、「我對運動賽事沒興趣耶。」，或是直接月球漫步倒退嚕三步「不不不，我不賭博、不買彩券……」這些是本書中文版出版之前，我向院內學員或校外占星學友預告時，其中收到最為奇妙的反應。

引薦本書的目的不是為了鼓勵賭博；但也確實，讀者若有那樣的期待，那麼本書「確實已經」揭露了大部分的判斷眉角，前提是：得是「真心」熱愛占星學本身，才有機會看清星盤中的「真相」，找到答案。

這是一本非常好讀又有趣的「占星故事書」，除此之外，我作為出版引薦人和審定，也只能強忍住劇透的衝動，強力建議讀者朋友們不要看目錄、不要跳著讀！試著一同加入師徒二人的對話，邊思考邊劃重點做筆記，一步步完成你於本書的第一趟學習之旅，那可是確保正確學習賽事占星判斷的基礎。跳著讀這件事可以等到全書讀完、劃完重點之後，當遇到類似的卜卦問題時，再依筆記回查即可。

占星學理與事件判斷的過程無法單靠「閱讀知識」來運作，而是需要進入事件的情境，以「思考練習」的方式來逐一突破卡點，建構起一套宏觀又可精微高速運轉的邏輯系統。跳著讀，不但會錯過書中師徒二人間對話的笑梗和笑點，還會斷了應當循序漸進建構起來的思路，得不償失。思

路就像電腦電路板上的線路，不會只有一條，也無法期待單靠一條線路就讓電腦發揮它的強大功能。這也是本書原文書的目錄僅大致列出四大章節的緣故；中文版的目錄則是出版編輯為便於讀者們回查所做的貼心考量。

言歸正傳。若非為了賭博，也不是為了賽事彩券，那麼學習這項技術究竟要做何用呢？其實，若能舉一反三、觸類旁通，就能發現賽事占星的核心技術，對於整體提升占星解盤與卜卦斷事的能力來說極其重要，也就是：如何找到判斷哪一方比較佔優勢的關鍵徵象。

綜觀世俗中一對一的競爭事件並非特殊事件，而是常態，即使抬頭望向宇宙星系的生滅也是一樣：力量，總在不停地轉換和傳遞中，而我們在賽事占星盤中，就像是和宇宙玩起躲貓貓，我們要抓到的觀察重點，正是那樣的東西。勝負一翻兩瞪眼，沒什麼含糊的空間。

賽事占星技術是卜卦占星學的中高階應用之一，大致源自中世紀才稍見完整雛形的問事占星學（interrogational astrology），也就是現今所稱的卜卦占星學（horary astrology）。[1] 雖說賽事占星學（sports astrology）是從卜卦占星學分支發展而來，但即使穿越時空回到希臘的奧林匹亞（Olympia）或是古羅馬競技場（Colosseum），也未見「賽事占星學」的丁點影子。Sports Astrology 純然是現代出現的名詞，不過，它所關注的事件本質與技術，確實根源於卜卦占星學當中關於戰爭的提問與擇時。

從薩爾伊本比什（Sahl ibn bishar）、奧馬爾蒂貝里亞德斯（Umar al-Tabarī）和肯迪（al-Kindī）等中世紀占星家[2]，再到十三世紀的古德·波那提（Guido Bonatus）[3]，我們可以觀察到現今賽事占星學的技術內涵，與這

些歷代占星家對於戰爭問題的占星考量，有著高度的同質性，也就是一宮與七宮的競爭與輸贏問題。技法上除了關注一、七宮主星的必然尊貴、偶然尊貴及月亮狀態之外，還加入了幸運點和其他阿拉伯點（arabian parts）的運用。不過，留下的例子不多。

《賽事占星學》即是作者約翰·弗勞利（John Frawley）在參考資料如此缺乏的背景下，經由千錘百鍊的賽事預測經驗，逐一釐清歷代無效說法之後，所歸納集結的獨門要訣。畢竟綜觀歷史，戰爭不是天天有，現今卻是時時有賽事可供練習驗證。

弗勞利的卜卦占星技術特徵是：善於梳理問題，並適時地靈活運用幸運點和映點（antiscia），而這項劍指核心、透視贏家的關鍵技術，不僅可運用於賽事預測，還可延伸應用於任何一對一的競爭關係，舉凡法律訴訟，商業交易、談判或選舉等。

本書是《卜卦占星教科書》的配套進階讀本。在書中，弗勞利化身隱居高山、白袍巫師級的占星大師，故事以輕鬆詼諧的對話方式展開，呈現占星大師與占星學徒二人間，時而棍子、時而拍拍的問答教學紀錄，由淺入深地分析超過六十多張星盤，並盡可能地談到所有關於賽事的問題。例

---

1. 克里斯·布里南。《希臘占星學：命定與吉凶的研究》，商周出版，頁103-108。
2. *The Book of Nine Judges: Tranditional Horary Astrology*, trans.edit. by Benjamin Dykes,the Cazimi Press, 2011, p.400-455.
3. *Bonatti on Horary, Giodo Bonatti's Book of Astronomy Treatise6: On Questions*, trans.by Benjamin Dykes,the Cazimi Press, 2010, p.435-525.

如：足球與拳擊不同項目或規則的賽事或同一時間且相近地點舉行的賽事，又或是當賽事進入延長賽時，該做何解？一群選手參與的馬拉松比賽、選美比賽，又或是當參與競爭的不是人而是動物時，又該何解？還有就是占星師最容易犯疑心的：「球隊支持者來詢問會不會贏，這會準嗎？」的占星邏輯性問題，弗勞利都一一給出了解釋，對執業占星師來說，每當解盤遇到瓶頸時，這就是一本可以常伴左右的「醒腦手冊」，比頭痛藥還有效！

藉此再次向智者星象學院編譯團隊的譯者呂卿、瑩穎以及曾經提供協助的夥伴們致上感謝。其中特別感謝瑩穎，她為使不甚熟悉運動賽事的讀者們也能充分理解作者的占星技術，細心調查了書中提及的各種賽事規則與用語，並於必要之處旁注了每一條可能對讀者們有用的資訊，再次完成了有目共睹的高品質譯作。感謝彥宸於出版前的最終階段，協助複查了所有的校訂與圖表，以及協助院方宣傳活動美術支援的 Denise，謝謝你們。

感謝商周出版社總編輯若文的獨具慧眼，資深主編枚瑛以及美術設計對於本書出版的全力支持，使我們能夠同步地將卜卦占星傳奇大師約翰．弗勞利的兩本世紀經典巨作——《卜卦占星教科書》以及本書《賽事占星學》——傳遞至華文占星界熱愛占星研究的所有學友們。

走！讓我們一同上山拜訪占星大師的祕境吧！

瑪碁斯（Maki S. Zhai）C.A. NCGR-PAA
智者星象學院 院長
美國 NCGR 占星研究協會 台灣分會會長

## 致 讀 者

................................................

　　本書的目的，在於想要教給你一些什麼。如果你閱讀了這本書，是能學上一點；要是你讀通了這本書，將會學到許多。書中的場景設定為一位老師與學生的對話，我鼓勵你將自己放在學生的位置，每當問題提出時，先試著自己解答看看，然後再往下閱讀。比起簡單地讀過文中所提供的判斷說明，你得自己逐一解過才行。知識即在解題的過程中。

　　這不是一本技術百科全書。我認為沒有必要介紹大量技法，尤其大部分的還無效。本書中是我個人嘗試過並發現行之有效的幾種方法，皆已在電視上（我自己的每日節目《弗勞利和魚》〔*Frawley and the Fish*〕、《體育賠率》〔*Odds on Sport*〕、《預測！》〔*Predictions!*〕、《今夜倫敦》〔*London Tonight*〕、《月光下》〔*Under the Moon*〕、《理查德‧利特約恩——現場直擊》〔*Richard Littlejohn – Live and Direct*〕）以及出版刊物中（《占星師的學徒》〔*The Astrologer's Apprentice*〕、《442》〔*FourFourTwo*〕、《全面足球》〔*Total Football*〕、《曼聯雜誌》〔*The Manchester United Magazine*〕）反覆示範過。本書的核心內容是我為判斷運動賽事結果進而開發的系統，其中使用以事件開始時間所設置的星盤。

這套系統用起來效果不錯，不過仍有改良進步的空間。著手寫下本書的同時，我希望能遇上有緣人掌握這套系統並加以進化。繼續前進！

　　我曾與大西洋激烈搏鬥，卻未能戰勝它。正如美國人會寫成「曼聯（is）對兵工廠的比賽」，也許語法上正確，不過換聽在英國人的耳裡就迂腐得受不了。我只了解英國人聽慣的英語變體，所以堅持使用「曼聯（are）對兵工廠的比賽」，甚至連「球隊（are）在……」也保留，我相信我會得到原諒。

　　為簡單起見，這裡使用的術語「一宮主星、二宮主星等等」指的是「主管一宮、二宮等各宮位其宮始點星座的行星」。舉例來說，如果二宮始點位在巨蟹座，那麼二宮主星就是主管巨蟹座的月亮。

# 致　謝

自奧利薇亞・巴克萊（Olivia Barclay）第一次鼓勵我提筆寫下這本書以來，已經過了許多年。我擔心自己的記憶可能不足以追溯到久遠的過去，無法完整向許多我想要表達謝意的人致謝。桑迪・庫蘭（Sandy Curran）和帕特・庫蘭（Pat Curran）像燈塔一樣照亮籠罩在我身上的烏雲，我和他們夫婦倆就賽事預測進行了長時間的討論——帕特還試圖向我解說美式足球。湯姆・卡拉南（Tom Callanan）也是大西洋兩岸的橋樑，用他豐富的棒球知識回答了我的每一個問題。

邁克・愛德華茲（Mike Edwards）向我介紹約翰・艾迪（John Addey）的賽馬預測系統，而我十分感謝提姆・艾迪（Tim Addey）在我提議討論他父親的研究時給予熱情支持。法蘭克・柯利佛（Frank Clifford）一如既往地慷慨提供他資料收集的成果。克里斯蒂安・博羅普（Christian Borup）和派翠克・凱西（Patrick Casey）協助我尋找參考資料。

托尼・鮑德溫（Tony Baldwin）、伯納德・伯格鮑爾（Bernhard Bergbauer）、安妮・柯荷莉（Anne Coralie）、露易絲・赫特森（Louise Hutson）、安妮・桑杜（Anne Sandu）、杉村洋子（Yoko Sugimura）、托尼・祖西斯（Tony Tsousis）和亞莎・約蒂（Yasha Yothi）為本書提供星盤，並對這些星盤進行熱烈討論。對於上述名單中遺漏的人員，我深表歉意。妮娜・霍莉（Nina Holly）、理查德・雷德蒙（Richard Redmond）、布蘭卡・斯塔門科維奇（Branka Stamenkovic）和卡羅・威爾士（Carol Walsh）仔細審閱書稿，提供寶貴的建議和勘誤。留下錯誤全是我個人的責任。

我要感謝瑪麗貝絲・比徹（Marybeth Beechen）和查德・亨利（Chad Henry），感謝他們為進一步瞭解真正的占星學所付出的努力。

一如既往，我最想要感謝陪伴我度過好幾個月醞釀期和最漫長分娩期的她。要是少了我妻子安娜（Anna）的耐心、寬容與愛的支持，就不會有《賽事占星學》。

有些人認爲足球事關生死，我對這種態度感到非常失望。
我可以向你保證，它就是比生死更重要。

——比爾・辛奇利（Bill Shankly）

# 符 號 說 明

| | | |
|---|---|---|
| ♈ | 白羊座（Aries） | 由火星（Mars）主管 |
| ♉ | 金牛座（Taurus） | 由金星（Venus）主管 |
| ♊ | 雙子座（Gemini） | 由水星（Mercury）主管 |
| ♋ | 巨蟹座（Cancer） | 由月亮（Moon）主管 |
| ♌ | 獅子座（Leo） | 由太陽（Sun）主管 |
| ♍ | 處女座（Virgo） | 由水星（Mercury）主管 |
| ♎ | 天秤座（Libra） | 由金星（Venus）主管 |
| ♏ | 天蠍座（Scorpio） | 由火星（Mars）主管 |
| ♐ | 射手座（Sagittarius） | 由木星（Jupiter）主管 |
| ♑ | 摩羯座（Capricorn） | 由土星（Saturn）主管 |
| ♒ | 水瓶座（Aquarius） | 由土星（Saturn）主管 |
| ♓ | 雙魚座（Pisces） | 由木星（Jupiter）主管 |

| | |
|---|---|
| ♄ | 土星（Saturn） |
| ♃ | 木星（Jupiter） |
| ♂ | 火星（Mars） |
| ☉ | 太陽（Sun） |

符號說明　　19

| | | |
|---|---|---|
| ♀ | 金星（Venus） | |
| ☿ | 水星（Mercury） | |
| ☽ | 月亮（Moon） | |
| ☊ | 月亮的北交點（North Node） | |
| ☋ | 月亮的南交點（South Node） | |
| ⊗ | 幸運點（Part of Fortune／Fortuna） | |
| ☌ | 合相（Conjunction） | 同一度數，同一星座 |
| ☍ | 對分相（Opposition） | 同一度數，正對面星座 |
| △ | 三分相（Trine）－ 120 度 | 同一度數，相隔四個星座 |
| □ | 四分相（Square）－ 90 度 | 同一度數，相隔三個星座 |
| ✻ | 六分相（Sextile）－ 60 度 | 同一度數，相隔二個星座 |
| ℞ | 逆行（Retrograde） | 行星呈現向後退的狀態 |

第 一 章

# 他前來展開了
# 這趟學習之旅

我坐在山洞口，放些根菜簡單地熬鍋清湯。這既是一位占星大師所需的全部凡間食物，也是所有渴望。此時，我的寵物烏鴉發出一聲尖叫，提醒我有個衣著俗豔的年輕人要上門。我可以看到他牽著騾子，正沿著通往山坡的蜿蜒小路走來。我盤算了一下（Solar Fire 6），在他抵達前的這段空檔，剛好夠我把湯喝了；因此當我為自己燙著的舌頭塗上一層羊乳膏時，他也正卸下行裝。

「大師！」他開始說道：「我走過的每一個地方，大家都在聊您那高超的賽事預測能力，真的是讓人驚嘆不已。」

「有多驚嘆啊？」我問。

「很驚嘆。」他回答。

「就這樣？」

「喔，有很多很多驚嘆，第一等的那種啊。」

「嗯！」

「大師！我想知道您的祕訣，請教導我吧！」

「我的孩子，你知道你要求的是什麼嗎？你準備好戒斷俗世享樂的一切念頭嗎？」

「我準備好了。」

「你準備好要勞動筋骨，日以繼夜地下苦功嗎？」

「我準備好了。」

「你有沒有 Visa 卡或是萬事達卡？」

他往馬鞍袋裡一陣翻找，終於找到了一張信用卡。我接過卡交給我的烏鴉塞德那，他一蹦一蹦地跳進山洞處理刷卡交易。我倆安靜地坐著，他的上唇冒出緊張的細小汗珠，直到塞德那再次出現，把刷卡簽單叼給男孩，信用卡則叼給了我。「我先保管這張卡，」我解釋道，「這趟學習之旅必

然還會有其他開支。現在我們可以出發了。」

語畢，我順手拿起剛在撥弄火堆的棍子，倏地猛打了一下他的肩膀。「謝謝大師，」他說著，低頭深深地一鞠躬。

「孺子可教也，」我思索著。「最好再去多訂一些棍子。」我又把信用卡遞給了塞德那。

「說吧，小子，」我開口道：「你想預測哪些運動賽事？」

「回大師，所有的運動！我想要精通一切，從足球（football）到草地滾球（crown green bowl）全部都要。」

「你說的『足球』是什麼足球啊？」我試試他。

「大師，這對愛好智慧的人來說不可能有異議的。就像圓形是所有平面圖形的完美圖形，球體是所有立體形狀的完美形狀，那麼足球的形式，也就是異教徒口中的『英式足球』（soccer），一定是所有運動中的完美運動。事實上，約瑟夫斯（Josephus）就講述了足球是亞當（Adam）他被逐出伊甸園後不久，要跟賽斯（Seth）踢球玩時按天界球體的樣子做出來的。直到近代，約翰內斯·開普勒（Johannes Kepler）因為波希米亞的濃霧讓他看不清天上的事物，才會根據橢圓那種不完美的形狀，另外做了一個更墮落的宇宙模型。當天使般的眾人繼續玩著這項神聖遊戲時，黑暗的子民們卻發展他們奇怪的在地形式，跟著開普勒使用不規則球體。」

「你挺懂的啊，小子。任何一位占星師都必須知道球體遊戲的優越地位。雖然他們先天不良，不過這些奇形怪狀的運動，還是可以預測。」

「天啊，大師！您能教教我怎麼做到嗎？」

「把你萬事達卡的額度儲好儲滿，我就會把知道的一切全教給你。現在，我們來上課。去坐在那塊石頭上，準備好隨時做筆記。」

我吹了聲口哨，一頭一直在附近泉水旁安靜吃草的犛牛，慢悠悠地走過來。「停在那兒，布蘭妮。」我下了指令。我從口袋裡掏出一枝粉筆，

在她黑色的側腹上寫起字來，開始了我的第一堂課。

我用另一道測驗起個頭。「我們該從何處著手研究賽事占星學？」

他先是那種「您以為我是三歲小孩嗎？」的眼神瞅著我，才回答道：「當然是卜卦占星，這是任何占星研究的最佳起點。」

我笑了，不過還是用棍子打了他一下，以免他不知好歹。「答得好，小子。但要注意這點，我尊敬的老師告訴我：

『只單攻卜卦占星，而不想全面精通的學生，
就像聲牛只用一隻腳平衡。』

重點在於，你要參透卜卦占星所有應用的法門。」

他跳起來跑向他的馬鞍袋，從裡面拿出一本破舊的藍皮書，看起來像隻備受寵愛而使用過度的泰迪熊。「這本書我白天讀它，晚上還拿來當枕頭。它就像水井能給我喝個痛快，像重到嘎吱響的餐桌供我吃得滿足，像螺旋上升的熱氣流使我飛得高遠，像泥浴池讓我在裡頭打滾得超開心……」

「乖孩子，少就是好。重點到底是什麼書？」

「正是那本不朽的傑作《卜卦占星教科書》（*The Horary Textbook*），作者是厲害的約翰·弗勞利（John Frawley），由學徒圖書（Apprentice Books）出版，只要二十二英鎊在各大優良書店都買得到。」

「你選對書了。任何鑽研這本書的人，都能對卜卦占星有正確的理解。現在你長話短說，告訴我，什麼是卜卦占星。」

「它是一門問答的占星學。卜卦盤是根據提問的時間和地點繪製的，而且，用偉大的卜卦占星大師威廉·里利（William Lilly）的話來說，判斷就從『一瞬之間』得出。」

第一章　他前來展開了這趟學習之旅　　25

「這個定義很接近大部分在使用卜卦占星的情況。但準確地說，卜卦盤是以占星師理解問題的時間和地點起盤。如果占星師是在為自己的問題解盤，那起盤的時間地點當然就會與提問的時間地點相同；賽事占星多半就是這種情況。使用芮吉歐蒙他拿斯宮位（Regiomontanus houses，簡稱芮氏宮位制）。只考量主相位（major aspect），不用管那類宇宙碎屑，像是天王星、海王星和那隻卡通狗[1]。

「但這些你都知道了，況且如果你需要重新複習這些基礎知識，只要回頭查看《卜卦占星教科書》就行了。我們可以集中到卜卦占星在運動賽事上的應用。」

「大師，那我們從哪裡開始？」

「從問題的類型開始。我們可以把賽事盤分成四大類：

競賽型比賽：『這場比賽（或）這個系列賽我們會贏嗎？』
冠軍挑戰賽：『冠軍會衛冕失敗嗎？』
長期預測類：『本賽季我們的表現如何？』
博彩投注類：『我會獲利嗎？』

每一種類型都要用不同的思路解盤。等你的進度學到第四章，我們再來看獲利盤（profit chart）。另外三種類型我們現在就會談到。」

我從塞德那身上拔下一根尾羽，在山洞旁茂盛的野生高山棕（學名：*Treeus usefulus*）底下撿起一片它的落葉，開始寫了起來。他一臉好奇靜靜

---

1. 中譯注：此處以迪士尼經典卡通形象之一的寵物狗布魯托（Pluto）借代同名的冥王星。

## 卜卦占星核對表

用提問的時間和地點起盤。
使用芮氏宮位制。
只用古典七顆行星。
只用主要相位。

選擇適用的宮位。
　查看相關宮位的狀態。

找出宮主星。
　檢查：相關宮主星是否處於焦傷（combust）、在太陽光束下（under the sunbeams）、在太陽核心內（cazimi）、與太陽對分相？
　　宮位配置
　　是否與月交點合相？
　　運行速率與方向
　　相位
　　是否被圍攻（besieged）？
　　是否位在軒轅十四（Regulus）、角宿一（Spica），或大陵五（Algol）上？
　　是否位在自己的喜樂（joy）？
　　必然尊貴（或）無力（essential dignity / debility）
　　宮主星之間的容納（receptions）：是否某一方主導著另一方？

如果月亮是其中一方的宮主星：
　　它獲得多少光？
　　是否位於燃燒途徑（via combusta）？

地看著，好像我在開處方。「拿著這個，」我說，同時把葉子遞給他。「使用這張工作表，直到你能記住上面的做法為止。」他認真地研究了起來。「我們會從競賽型的問題開始，因為這些最常見到。我們的第一步該做什麼？」

## ◎ 選擇適用的宮位

從這張工作表上，他唸出：「『選擇適用的宮位』。」

「我們該如何做到這點？」我問。

「卜卦占星中，問卜者得到第一宮。」

「沒錯。不過提出問題的人通常不參與比賽。賽事占星的問卜者通常是在詢問他人獲勝的機會。」

「嗯，我發現問題了。但我們不是可以把一宮分配給問卜者強烈認同的任何人嗎？」

「說的好！沒錯，我們必須進行一項『我們測試』，We Test！」

「這個（Wet Test）[2]不是他們田徑運動在測的嗎？」他說完咯咯笑了起來。我在他頭上折斷了一根棍子，雖然塞德那被他的話逗得挺樂的。

等到這隻嘎嘎笑的鳥逐漸安靜下來，讓我能聽見其他聲音時，我繼續說道：「我們一定要先弄清楚，問卜者是否支持現在參賽的這支隊伍。有

---

2. 中譯注：小子將 We 錯聽成 Wet 的誤會。Wet Test 即「濕印測試」，做法為將腳掌弄濕站到可吸水的紙上取得足印後，查看足弓狀況來推測跑步時的腳掌動態，以作為一種田徑運動選擇適合跑鞋的參考。

事件本身的星盤進行預測。你會在第二章學到如何用上這一招。」

「那如果這不是一對一的比賽呢？假如問卜者詢問『我的偶像會贏得這場高爾夫球錦標賽嗎？』每位球員都有許多對手。這也是一宮對上七宮嗎？」

「小子你的問題到底有完沒完？」我納悶著。「不，」我回答道，「這是單一選手對抗整場比賽的問題。稍後我們會研究判斷這種情況的方法[3]。」

一陣安靜，我以為他的問題已經問完了，直到他突然變得激動起來，好像被什麼東西刺了一下。「大師！大師！」他苦惱地叫喊著：「我們直接跳到選宮位了。我們不是先應該檢查一下『判斷前的考量事項』再選嗎？這張星盤可能不是根本的（radical），我們可能沒辦法判斷它，我們可能會搞錯！」

我向塞德那打個手勢，他振翅飛進山洞準備訂購更多的棍子，同時我好聲好氣地做出回應。「這些考量事項是為了給占星師一個藉口，不用去判斷任何可能危及他們人身安全的星盤。占星學不會停止運作！如果停止運作的話，那麼最平凡的農民也能抓住命運中的某個空隙，讓自己當上皇帝，或是做任何讓他自己開心的事。你聽過有人解讀誕生星盤（birthchart）時，說『這不是根本盤，不能看』嗎？」

「回大師，我沒有聽過。」他的不安散去了。

「看重這些考量事項，就是蓋上了外行、業餘愛好者的戳章。一位專業占星師——只要他不是為脾氣暴躁的國王工作——都不需要這些。小子，你不一定會想要成為專業的占星師，但你至少可以學學專業占星師的思維。如果你希望達到專業程度的判斷能力，這點至關重要。」

「大師，我了解了。」

「無論如何，」我繼續說著，用棍子一個字點一下地敲著他的頭：

**犯錯不是真錯。**

犯錯是無價之寶，價值在於你又會從中學到了什麼——更重要的是——讓你不會背離占星學。」布蘭妮哼了一聲表示贊同。

他想了一會，消化我說的一切。「大師，所以說我們會用到的宮位，通常是一宮和七宮。」

「沒錯。」

「那其他宮位呢？」

「別管它們。卜卦占星很單純，這樣就好。我已經看過太多卜卦判斷淹沒在海量的資訊亂流中，因為藝術家試圖從星盤中找出球隊的粉絲、球隊的教練、球隊的財務狀況，還有球隊的明星選手的情婦。不要這樣做！我們要做的就是找出獲勝的一方。一宮和七宮，就這樣。你不需要對賽況發表評論：只要比賽輸贏的結果就夠了。」

「那裁判呢？他可以對比賽造成很大的影響。」

「他上場是要進球得分還是打全壘打？」

「回大師，都沒有。」

「所以別把他扯進來。就算他判決不公，球隊要贏球也還是得靠比另一隊得到更多分數。落敗的隊伍可能什麼都怪裁判、怪天氣、怪場地，我們可不會這樣。」

---

3. 參見頁 88-107 及第三章。

## ◎ 宮位的考量

「我們首先要查看宮位本身，看看是否受到任何好壞影響。有任何行星位在我們選好的兩個宮位裡嗎？記住，宮始點前大約5度的範圍視為該宮位的一部分，『前提是它們與宮始點同一星座』。如果上升點在白羊座12度，一顆位在白羊座8度的行星就算在一宮，而不是十二宮。假如上升點在白羊座1度，一顆位在雙魚座29度的行星就不算在一宮，它還是位在十二宮。」

「大師，逆行的行星也是這樣看？」

「對，就算逆行的行星也一樣。用你的常識推斷宮位的界線在哪裡：它會是宮始點前5度附近的某個位置。現在，如果宮位內沒有任何行星，我們可以繼續往下看。要是有一些什麼在裡面，我們就必須衡量它對該宮位有益、有害，還是沒影響。」

「大師，您說如果宮位內沒有任何行星，我們可以繼續往下看。但是宮始點的相位呢？這不會影響宮位？」

「會有影響。不過由於我們觀察的宮位彼此相對，假如有什麼與其中一個宮始點形成相位，那它也會與另一個宮始點有相位。要是土星四分上升點，那它也會同時四分下降點。任何行星的這種相位都會平均分配影響力，所以我們可以忽略。在這裡我們唯一關注的宮始點相位就只有合相，這也是行星宮位配置的其中一種情況。」

「那對分相呢？」

「如果我們關注的宮位不是彼此相對，的確要參看對分相。但行星合相一宮的宮始點，就必定對分七宮的宮始點，反之亦然。使用合相並忽略對分相。」

「所以說，凶星（malefic）在一宮對好人來說是一種折磨（affliction）[4]，

凶星在七宮會折磨壞人。」

「沒錯，就是這樣。不過你說的凶星是指什麼？」

「火星或土星。」

「錯！」我用棍子的一端抬起他的下巴。這一點很重要，我需要他全神貫注。「任何行星都可能是凶星，火星和土星也可以是吉星（benefic）。

**任何擁有必然尊貴的行星都是吉星，**
**任何落陷（detriment）或入弱（fall）的行星都是凶星。**

不論哪顆行星都一樣：行星的吉凶取決於它的尊貴或無力。懂了嗎？」[5]

「回大師，我好像懂了。如果金星在處女座，會折磨它所在的宮位。假如土星在水瓶座，會幫助它所在的宮位。這樣對嗎？」

「對，就是這樣。不過要注意的是：我們現在討論的不是一宮主星和七宮主星，而是只討論其他五顆行星。我們很快就會談到一宮主星和七宮主星。」

「大師，我了解了。只討論其他五顆行星。」

「六宮主星、八宮主星和十二宮主星被說是偶然的凶星，因為它們主管這些不幸的宮位。理論上，這些宮主星都會因配置為它所在的宮位帶來折磨。但理論終歸是理論，實務上，我們在競賽盤可以忽略這一點。這些宮位與我們眼前的事無關。」

---

4. 中譯注：泛指行星或宮位其不利狀態的術語。
5. 有關進一步的解釋，參見我的著作中譯本：John Frawley（著），連瑩穎（譯）（2024），
　《卜卦占星教科書》，頁 97。

「大師，那月交點呢？」

「月交點在這些卜卦盤的證詞（testimony）[6]非常簡單易懂：北交點會為所在宮位帶來幫助，南交點會為所在宮位帶來傷害。」

「所以如果北交點在一宮，對我們這隊來說是好事，南交點要是也在七宮就會折磨我們的敵人，這樣是雙重的好消息啊！」

「小子，不是這樣。月交點彼此相對，如果北交點在一宮，南交點就永遠位在七宮。這是同一個證詞，而不是兩個。月交點軸線（Nodal axis）只會支持其中一支隊伍。」

「如果月交點不是位在一宮和七宮呢？」

「那它們就無關緊要，除非一宮主星或七宮主星合相月交點之一。現在，來看另一條在所有占星學門中都很重要的法則：

### 愈緊密，愈強大

帶來影響的行星離宮始點愈近，它的作用就愈大。假設有一顆凶星位在一宮，離一宮始點只有3度，而另一顆凶星位在七宮，離七宮始點15度。哪一個宮位受到更多的折磨？」

「回大師，是一宮。」

「答對了，很好。還有：

### 星座邊界的作用如同絕緣體

行星位於宮位內卻與該宮始點不同星座一樣會對該宮位有所影響，但遠不及在宮位內又與該宮始點同星座的作用強烈。無論這顆行星多靠近宮始點，都不會改變這項事實。」

這小子看起來有聽沒懂。「大師，給我舉個例子吧。」

「假設我起了一張卜卦盤。上升點位在天秤座 10 度，並且有顆吉星位在天秤座 29 度。接著你也起了一張卜卦盤。上升點位在天蠍座 28 度，然後有顆吉星位在射手座 1 度。誰的一宮得到的幫助大，你的還是我的？」

「在我卜卦盤的吉星更接近一宮始點，您跟我說過『愈緊密，愈強大』。但是從另一方面來看，在我卜卦盤的一宮始點和這顆吉星之間有一道星座邊界，而它的作用就像絕緣體。我會說您的一宮可能得到的幫助大。」

「你答對了。儘管在我星盤中的這顆吉星離宮始點遠多了，但仍然比你星盤上那顆與宮始點不同星座的吉星帶來更大的影響。雖然你的那顆吉星還是會有效應。」

「幸運點會幫助宮位嗎？」

「不。事實上：

### 忽略阿拉伯點（Arabian Parts）

我從未發現它們在這些卜卦盤有任何重要性——即使那些點的名稱像勝利點（Part of Victory）一樣誘人也通通沒有。阿拉伯點在卜卦占星的作用比在本命占星中要小得多，而這裡又是卜卦盤的特定應用，它們根本起不了任何作用。認為幸運點的存在會為宮位帶來好處是個常見的錯誤，它不會。這是條法則：阿拉伯點不主動，它們是被動的。這樣的『點』如何稱得上帶來好處？」

---

6. 中譯注：泛指星盤中作為判斷依據的術語。

「我懂了。那我需要注意阿拉伯點的定位星嗎？我知道阿拉伯點的定位星代表事件——像是手術點（Part of Surgery）的定位星就代表手術。」

「這點沒錯，不過你最好還是忽略它們。如果你想講究一點，是可以看看幸運點的定位星，見到它就包在敵人的宮位內是個壞兆頭；但這只是次要的，最不可能影響到判斷。」

「那恆星呢？」

「也一樣，你幾乎可以忘了它們的存在。我們觸及占星學的層次愈高，恆星才會變得愈有意義；卜卦占星則是幾乎到了最底層。

軒轅十四在宮始點附近幾度內，有助於這個宮位。心宿二（Antares）可能帶來負面的效應。軒轅十四目前在獅子座29度，心宿二在射手座9度。其他恆星你可以放心忽略它們。」

「大師，但是我的核對表上寫著『是否位在軒轅十四、角宿一，或大陵五上？』現在您又說只有軒轅十四和心宿二是值得注意的恆星。」

這年輕人腦筋還不錯。「這些卜卦盤中，只有軒轅十四和心宿二會對宮位產生重大影響；軒轅十四、角宿一和大陵五則是會對行星產生重大影響的三顆恆星。我晚點會跟你解說這部分。」

## ◎ 找出宮主星

「我們現在已經衡量過宮位的狀態，通常會遇上它們兩邊都沒有發生什麼特別的情況。下一步是找出宮主星，我們該怎麼做？」

「主管宮始點星座的行星就主管這個宮位，所以一宮始點星座的主星是一宮的宮主星，代表問卜者的隊伍。七宮始點星座的主星是七宮的宮主星，代表敵人隊伍。」

「沒錯。每支隊伍只有一顆徵象星，那就是該隊伍宮位的宮主星。『不

要』選擇宮位內的行星作為徵象星或共同徵象星（cosignificator），用了就會被野生犛牛生吃下肚。位於宮位內的各行星會為宮位帶來或好或壞的影響，它們並不代表該宮位事物，這是你求也求不來的事。」

「大師，那月亮呢？它是問卜者的共同徵象星嗎？」

「除非問卜者真的上場比賽，不然他本人與問題無關，即使我們把他詢問的隊伍當成是『我們』隊伍也一樣。所以答案是不，我們不會把月亮分配給問卜者作為共同徵象星。這點在其他主題的卜卦盤上也一樣：如果是詢問關於他人的問題，這位他人不會得到月亮。提問『我的貓在哪裡？』我會得到月亮作為共同徵象星。問『我女兒的貓在哪裡？』我女兒不會得到月亮作為共同徵象星。」

「要是問卜者會上場比賽呢？」

「希望他不會來卜卦詢問比賽的結果！假如他抱持著這種態度，那還會有機會獲勝嗎？就算情況如此，月亮也只有很小的作用。我們完全不會把月亮的影響力納入判斷。這些星盤中，聚光燈只會打在我們的兩顆主要徵象星上。其他行星或許在舞台後方晃來晃去，但我們一點也不關心它們，除非它們與我們的主要徵象星或這兩個相關宮位有直接的互動。月亮有時候會作為顯示『事件走向』（the flow of events）的角色，但只有我們非常欠缺證詞時，月亮才相形重要。」

## ◎ 宮主星的偶然尊貴

「一旦我們選好了徵象星，我們必須衡量雙方的力量，看看誰會獲勝。在競賽盤中，

偶然尊貴比必然尊貴更加重要。

就像關於法庭案件的卜卦裁判盤（court-case horary）中，必然尊貴顯示誰是正義的一方，但正義者不一定是勝訴者；所以在競賽盤中：必然尊貴可能顯示誰在場上打得比較漂亮，但表現出色的隊伍可能是、也可能不是這場比賽的贏家。」

「大師，我了解偶然尊貴的基本概念了。所有偶然因素的重要性在這些星盤都相等嗎？」

「不。首先查看是否有任何一方的徵象星**焦傷**。這意味著它位在距離太陽 8 度半的範圍內，並與太陽位在同一星座。」

「所以說，假如行星距離太陽 3 度但在不同星座的話，它就沒有焦傷？」

「沒錯。這就是為什麼我說『**並位在同一星座**』，特別注意這點。在你經過一些練習後，你將會一看星盤就注意到焦傷的行星，而不用特地去找它們。焦傷可說是發生在行星身上最嚴重的無力狀態，因此如果其中一方的徵象星焦傷，我們幾乎可以在此判斷：焦傷的那隊會輸。」

「大師，我們到這邊就解完了嗎？」

「不。儘管另一隊徵象星的處境不大可能一樣糟糕，但我們還是要關心一下它，看個一、二秒吧。」

「如果兩顆徵象星都焦傷呢？」

「這是一個非常罕見的『如果怎麼樣？』不過該情況倒是有可能發生。在比賽可以和局的運動中，兩顆行星都焦傷會是雙方平手的證詞。假如一定要分出勝負，記住：

● 愈緊密，愈強大。離太陽愈近的行星，受到的折磨愈大。

● 入相位比離相位的狀態更糟。逐漸接近太陽的行星所受的折磨，會比逐漸遠離太陽的行星更大。

判斷焦傷時，與太陽的容納關係也很重要。行星位在自己的廟宮（in its own sign）或旺宮（exaltation）焦傷，完全不會減弱半分而無力；這樣的運作更像是行星和太陽之間的互容。行星位在自己的陷宮或弱宮焦傷——如果發生的話——無力的程度會比一般焦傷更嚴重，就像這種負面容納顯示的那樣，它受到太陽的折磨，太陽還很討厭它。真正的壞消息！」

「我聽說火星焦傷沒影響。」

「我也聽說過，這不是真的，火星與其他行星一樣都會受影響。給你一個關於這點的小例子，有場賽馬的獲勝馬匹由星盤中的火星顯示，它焦傷了，而這匹獲勝的馬名字是『陽光滿溢』（Surfeit of Sun）。如果火星焦傷不是無力的表現，它就不會遭受太陽過量之苦。」

「**在太陽光束下**的影響呢？」

「請定義。」

「行星沒有焦傷，但距離太陽 17 度半以內。」

「沒錯，就是這樣。不過它與焦傷不同，行星不必與太陽位在同一星座。這是更小的折磨，它稍微削弱了行星，但大多數的星盤都會有比這狀態更重要的證詞。而與焦傷相同的是，行星和太陽的距離、入相位還是離相位，以及容納關係，都可能造成程度不一的影響。」

「假如說行星『在太陽次焦區』（sub radiis）……」

這句話讓他著實挨了一棍。「小子，別賣弄術語，用『在太陽光束下』就行了。你剛想說的是……？」

「回大師，假如說行星在太陽光束下，然後快要開始焦傷了呢？」

「問得好，小子。在競賽盤中，這個快要焦傷的變化程度並不大，因為詢問的事件時間太短了。不過，如果卜卦提問的是一個關於長期的問題，例如『我的球隊本賽季的表現？』這樣的變化就很重要。我們該如何解讀這變化？」

「你的隊伍現在表現不好，但接下來會打得更糟。」

「沒錯，是時候遞上面紙盒了。這狀態唯一的例外是詢問『我的球隊在本賽季會贏得任何賽事的冠軍嗎？』要是太陽主管十宮，它就代表了獎盃，在這例子我們就會想要與太陽合相，如果這是我們的期望，那麼我們必須無視焦傷。」

「要不然我們都不能和太陽合相了？」

「一點也沒錯。談到太陽的合相中，**在核心**很罕見，但當你見到時就極度重要。那是距離太陽 17 分半以內的行星。」

「您是說，那顆行星會在 17 分半的時間內和太陽完成合相？」

「不。不是時間的分鐘，我說的是弧分。行星位在星盤上距離太陽 17 分半內的位置。不過查看到半分太吹毛求疵：就用 18 分吧。行星可能遇到的狀態中，焦傷是最大的弱化，核心則是最大的強化；處於焦傷的行星幾乎確定會輸，在核心內的行星幾乎肯定會贏。」

「工作表的下一項是**宮位配置**。大師，跟我說說這部分吧。」

「這部分非常重要。由宮位配置決定結果的競賽盤數量，比任何其他證詞的還要多，看完每一顆徵象星在哪個宮位就知道了。大致上來說，行星位在角宮（angular house）會增加力量，續宮（succedent house）中等，果宮（cadent house）則會使它衰弱；但也沒有這麼單一。首先，並不是真的按照角宮／續宮／果宮來區分力量的強／中／弱，而是：

　　　　一宮、四宮、七宮、十宮：　　　　強
　　　　二宮、三宮、五宮、九宮、十一宮：　中等
　　　　六宮、八宮、十二宮：　　　　　　　弱

不要再試著細分每一級的強弱順序，同級的力量沒有明顯區別，例如

一宮、四宮、七宮和十宮之間都差不多。

「然後，位在角宮可以使你的徵象星變強，但假如這個角宮是你敵人的宮位，情況就不一樣了！位在角宮始點內就像待在一座城堡，如果你待在城堡裡，你就位於一個有力的位置。除非它是你敵人的城堡，這樣子就是你被監禁了。」

「所以說，一宮主星在一宮、四宮或十宮會非常有力，但在七宮時非常虛弱。」

「沒錯。這樣一來，七宮主星位在七宮、四宮或十宮非常有力，但位在一宮就非常虛弱。懂了嗎（Capisce）？」

「大師，我懂了。」

「好。今天上午稍早我給了你兩條法則，它們在這裡也適用。

## 愈緊密，愈強大
### 星座邊界的作用如同絕緣體

從宮位配置評估行星的強度時，『愈緊密，愈強大』這條法則只有徵象星位在角宮才重要──要是位在續宮或果宮就沒意義了。給我舉個例子說明它如何運作。」

他盯著布蘭妮想了一陣子，像是要從她身上套出答案來。「假設一宮主星在十宮，距離宮始點 2 度；七宮主星在四宮，距離宮始點 10 度，它們都被強化，但一宮主星變強得更多。」

「很好。現在舉一個星座邊界法則如何運作的例子。」

這個問題的難度更高，他愁眉苦臉地思考，整張臉扭曲的程度可能會導致他的下巴脫臼，要是眉毛有骨頭，至少也有一邊的眉毛會脫臼吧。最後，他有了想法：「假設一宮主星在七宮，距離宮始點 10 度，而且和宮始

點同一星座;然後假設七宮主星在一宮,距離宮始點2度,但是和宮始點不同星座。那一宮主星受到的折磨會比七宮主星更大,雖然它離宮始點比較遠。」

「哇,這個例子好啊,小子!」我很高興。「現在,關於宮位配置的最後一項要點是:

位在宮始點上的行星能控制該宮位<br>位在宮始點內的行星受該宮位控制

這點只有當我們的主要徵象星之一落在敵人的宮位時才很重要。假設一宮始點在獅子座5度,如果七宮主星在獅子座4度,那它就位在宮始點上,它控制了一宮,我方會輸。行星必須位在宮始點上2或3度內,並和宮始點同一星座,才會在這種情況成為重要證詞。但假如七宮主星在獅子座6度,那它就進入宮始點內,被宮位所控制,就像人被關在監獄裡,我方會贏。」

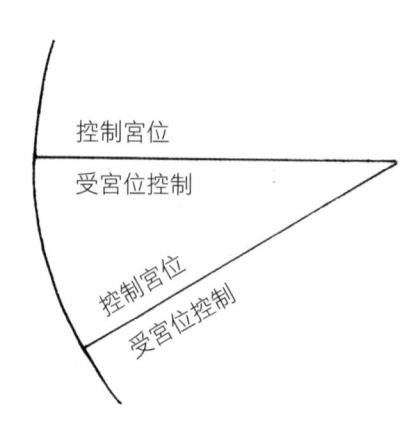

「大師，您說得太清楚了。要是行星逆行的話怎麼辦？」

「讓我們用同一個例子繼續。假設七宮主星在獅子座 6 度逆行，它在一宮內，但正入相位宮始點，這『不會』給它控制該宮位的主導權，它就像一個被關在監獄內猛敲牢門的犯人：他的門愛敲幾下就敲幾下，但除了監獄哪也去不了。

「假設七宮主星在獅子座 4 度逆行，它仍然在一宮始點上，不過現在逐漸離開。它對該宮位還是握有主導權，但比順行時要少得多。就像一支駐紮圍攻城堡的軍隊，現在卻收拾著營帳要準備回家。

**由宮位配置決定結果的競賽盤數量，比任何其他證詞還要多**

務必確定你理解它了。」

留下忠告，我讓他好好消化目前所學的東西，我得先去張羅布蘭妮的午餐。

## ◎ 月交點

布蘭妮吃飽了，我繼續說，「與**月交點**之一的合相是另一個本身就可以決定星盤結果的因素。徵象星合相北交點是極度強化；合相南交點為極度衰弱。依照『愈緊密，愈強大』這條通則，最大距離保持 5 度左右。在這種情況下，不論行星是入相位還是離相位月交點都沒有差別。」

「大師，那月交點的相位怎麼看？」

「沒有這種東西。月交點既不投射也不接收相位，我們只關注與它們的合相。」

「假如說一宮主星合相北交點，七宮主星合相南交點。這只能算一個證詞嗎？就像您說過的月交點對宮位那樣？」

「完全不是。如果一個月交點位在某個宮位內，另一個月交點就會位在它對面的宮位，這是必然的，所以只算一個證詞；但我們的徵象星可以出現在任何地方。假如其中一顆徵象星位在某個月交點上，並不會自動發生另一顆也位在另一個月交點上，這會是兩個證詞。」

「大師，我注意到月交點有時會逆行。這會改變我們解讀它們的方式嗎？」

「不，小子。月交點正常移動的方向就是逆行。它們沒有任何違背自然之處，而違背自然正是逆行會削弱行星的原因。月交點的移動方向不會造成任何差異。」

「大師，那它們的效應到底有多強啊？」

「非常強。雖然焦傷，在核心，以及一個強大的宮位配置指示，都勝過與月交點的合相；但在這之後，月交點的合相就勝過任何其他個別的偶然證詞。」

## ◎ 運行速率與方向

「行星移動得比它自己的平均**速率**愈快，就愈有力。除了土星之外，它不喜歡走太快，這違背了它的本性。」

「您的意思是說，我在每一張星盤都要檢查所有行星的速率嗎？大師，這太辛苦了吧！」

「不，你不需要這麼做。至少大部分的運動賽事都不需要。你只需要注意行星什麼時候進入或離開停滯，此時，它的速率會比平時更慢。如果它處於停滯，或者快要停滯，它將會非常虛弱。這就會是一個重要的證

「您剛剛說『**大部分**的運動賽事都不需要』？」

「當然,對於那些完全由速率決定勝負的運動項目,徵象星的速率會變得更加重要。如果我詢問某某車手會不會贏得一級方程式大獎賽（Grand Prix）的冠軍,然後發現他的徵象星停滯中,他大概就沒望了；要是他參加的是慢速自行車比賽[7],他應該就會表現得很好。但即使這項運動的勝負全憑速率,速率本身並不能決定占星的判斷:我們仍然必須考量其他因素。」

「速率不是在所有運動中都非常重要嗎？」

「只有一點而已。我們可以把一隻獵豹放進網球場,不論牠在場上跑多快,牠沒辦法回球即意味著輸掉比賽。」

「大師,所以說因為月亮是移動速率最快的行星,徵象星是月亮的選手他就永遠贏定了。」

我倒吸一口氣,然後看了布蘭妮很久,思考著我是不是把占星學傳授給她會更有成就感。「不,小子,不是這樣。現在講的行星移動速率,是要和它自己的均速做比較。如果木星正以一天13分的速率移動,按照它的標準它是走得非常快,即使月亮幾分鐘內就走了13分也一樣。對我們來說,這一點才是最重要的。」我在布蘭妮的側腹畫了一張表格。「我相信你已經把《卜卦占星教科書》[8]中行星的重要移動速率記熟了。這張表是不同的版本,因為以我們這裡的用途來說,只要關注行星移動速率的極端值。」

---

7. 中譯註:比賽規則為腳不落地、最慢抵達終點者獲勝。
8. 參見頁119-120。

|  | 高於數值為快速： | 低於數值為慢速： |
|---|---|---|
| 月亮 | 14° 10'　／一天 | 12° 15'　／一天 |
| 水星 | 1° 40' | 0° 20' |
| 金星 | 1° 10' | 0° 15' |
| 火星 | 0° 43' | 0° 10' |
| 木星 | 0° 12' | 0° 03' |
| 土星 | 0° 06' | 0° 02' |

　　為了讓他放輕鬆一點，我告訴他不需要記住這些數字。「除非你打算集中研究以速率為主的運動，否則你不會常用到這張表格。」

　　「大師，那**逆行**呢？」

　　「它值得注意，但不是主要的重點。逆行會讓虛弱的證詞多些無力，或是讓有力的證詞失去一點光彩。單憑它是不會左右比賽的結果。」

　　「如果行星移動得很快，卻逆行了會怎樣？」

　　「在講求速度的那些運動中，方向也很重要。開錯方向繞行大獎賽賽道並不會跑向勝利，所以速率對這種狀況沒有幫助。在很罕見的情況下，移動速率和逆行可以有效地相輔相成。舉例來說，假如我們詢問的是一隻賽鴿，我們就會希望看到它快點飛回到原來的地方。」

　　「在足球比賽的星盤中，逆行有可能暗示球隊踢進了烏龍球嗎？」

　　「有人請你對球賽講評嗎？」

　　「回大師，沒有。」

　　「所以『**不要這樣做**』！」

## ◎ 相位

　　他看起來一臉不好意思的樣子，我迅速換到新主題。「我們的徵象星會受到與其他行星的緊密相位影響，好壞都有。」

　　「所以木星的三分相很有幫助，而土星的四分相是個大阻礙？」

　　「也許吧。看來我們需要深入討論這個主題。

**相位的吉凶取決於參與相位的行星狀態，
而不是相位有性質上的吉凶**

　　合相、三分相和六分相顯示事情很容易發生，四分相和對分相顯示事情很難進行。但就算是如此簡單的區分，以我們這裡的用途來說還是太細了。我們只關注相位會是增強或削弱徵象星。一顆好行星的四分相將有所幫助，一顆壞行星的三分相會造成弱化。」

　　「您是說，不管它是哪一種相位？」

　　「對，就是這樣。除了對分相，它永遠是個折磨。重要的是參與相位的行星是好還是壞。」

　　「所以木星的四分相是好的，因為木星是好的？」

　　「不。木星可能好也可能不好；土星可能好也可能不好。如果一顆行星擁有必然尊貴，它就是好的；如果它是外來的（peregrine），或更糟的是，位在它的陷宮或弱宮，它就是壞的。」

　　「所以土星在摩羯座帶來的相位是好的？」

　　「沒錯。」

　　「而木星在處女座帶來的相位是壞的？」

　　「對。」

「所以說，火星在天蠍座帶來的四分相會幫助我們的徵象星，而金星在白羊座帶來的三分相就會傷害它。」

「一點也沒錯。合相也一樣：與尊貴的行星合相是有幫助的，和無力的行星合相是有害的。」

「這些相位需要多緊密啊？」

「老規矩：愈緊密，愈強大。把5度的距離作為絕對最大值，不過任何東西超過3度都只會帶來輕微的影響。太陽的對分相可以有寬一點的範圍，與太陽對分非常像焦傷，所以最多可以寬限到8度，而任何在4度內對分太陽的行星都會受到嚴重折磨。記住，所有的相位都必須基於相應的星座。例如，位在處女座29度的行星對雙魚座28度的行星是對分相，但對白羊座0度的就沒有相位。」

「那各種容納呢？它們會影響相位嗎？」

「問得好。假設你的徵象星是月亮，與位於巨蟹座的木星有三分相。因為木星位在它的旺宮：擁有很多尊貴，這是一個好相位；由於木星為月亮所主管，更是好上加好。或者，假設你的月亮與位於天蠍座的金星有相位。因為金星位在它的陷宮，這就是一個壞相位；又由於金星位在月亮的弱宮，甚至變得更糟。」

我看得出來他正試著找出一個更複雜的例子。他找到了。「假如說我的徵象星是月亮，和金牛座的火星有相位。會怎麼樣？」

「這相位來自一顆位於自己陷宮而非常喜歡月亮的壞火星，因為它位在月亮的旺宮，這樣造成的傷害程度會遠少於位在其他星座的壞火星。假如形成相位的是位在天蠍座的火星，這相位就來自一顆痛恨月亮（位在月亮的弱宮）的好火星（擁有許多尊貴），這樣帶來的助益程度將遠少於位在其他星座的好火星；不過仍然比來自壞火星的任何相位強多了。」

「好複雜！」

「並不會。只憑單一相位決定結果的星盤非常罕見，要證詞真的少得可憐才會發生這種情況。所以我們對任何個別相位的判斷就不需要太鑽牛角尖。每個相位要不是帶來一些幫助，就是帶來一些傷害。記住，上述關於容納的討論僅適用於競賽盤。在其他領域，它們包含的意義就大多了。這裡的脈絡非常受限，所以才讓它們只能像這樣作用而已。」

「那我們的主要徵象星之間的相位呢？它們重要嗎？」

「不，可以忽略它們。在裁判盤中，徵象星之間的入相位將顯示當事人會在庭外和解；而在體育競賽中，我們就可以假定雙方對手不會在比賽結束前握手言和。如果這是一張西洋棋比賽的卜卦盤，我們可能就會將相位視為參賽棋手間同意和局的證詞；不過很少運動有這個選項。」

## ◎ 圍攻

實習課的時間到了，太多理論會讓這年輕人的大腦僵化。「站起來，」我說，並引導他坐到布蘭妮身邊。我吹了聲口哨，塞德那振翅飛下，坐在他的另一邊。他們都看著我，等候我的信號。當我打出信號時，塞德那便開始啄他，而布蘭妮也從另一邊用聲牛語朝他吼叫，這小子嚇歪了。「快阻止他們啊大師！」他求饒著。我喊停了，過了一、二分鐘之後。

「剛才感覺如何？」

「回大師，不太好。」他瞪著布蘭妮。

「這就像圍攻的感受。一顆行星被夾在兩顆壞行星之間。無論它轉往哪個方向，都會受到傷害。」我又打了個信號。這一次布蘭妮用她溫暖的長舌頭舔他的臉，而塞德那則以烏鴉最深情的方式緊緊地蹭著他。男孩想試著說些什麼，但他忙著笑都來不及了。

「你現在正在經歷一場正向的圍攻。一顆行星被夾在兩顆好行星之間，

無論轉往哪個方向都會受到青睞。這是最幸運的。」我讓他們停下動作。「老規矩：愈緊密，愈強大。在這些星盤要注意的是，進行圍攻的行星之間，二者距離最多不應超過 10 度。」

「您的意思是說，圍攻的好壞就和相位一樣：尊貴行星的圍攻是好的，而無力行星的圍攻是壞的？」

「沒錯，一律以此區分。行星也可能受到『射線圍攻』（besieged by the rays）。如果行星把相位投向兩顆壞行星之間的狹窄空間，這樣會被削弱；要是投向兩顆好行星之間，就會得到幫助。進行射線圍攻的行星必須彼此非常靠近，才能在競賽盤有重要作用：二者距離最多不能超過 2 度。即使是行星狀態最強大的射線圍攻，也弱於行星本體的圍攻。」

## ◎ 恆星

「恆星在卜卦占星起作用的機會很小，其中只有三顆恆星在這些星盤對行星的影響值得注意。軒轅十四是目前最重要的恆星；徵象星在獅子座 28 度或 29 度就是位在軒轅十四上，並得到極大的強化。角宿一，在天秤座 23 度，為落敗的情勢帶來一些庇佑，不過會被有力的證詞推翻。大陵五，在金牛座 26 度，屬於中等的破壞性。恆星只看 1 度內，用容許度什麼的也一樣，不能再多了。」

「大師，您之前有提到心宿二。」

「我是有說過。但那時我在談論關於恆星位在宮始點上為該宮位帶來的影響，現在我說的是行星位在恆星上所受到的影響。不同脈絡下需要關注不同的恆星。」

## ◎ 喜樂

「大師，您曾告訴過我宮位配置的事。可是沒有提到行星的喜樂，為什麼？」

「我正要講到這點，小子。那時我們討論到位在角宮、續宮或果宮力量的強化或弱化，之所以沒有先提及喜樂，是為了避免一起談論反而讓你誤會太過看重了喜樂。」

「所以我可以忽略它囉？」

「如果你這麼做的話，是不會錯到哪裡去；但它確實有一些重要性，還是值得注意一下。每顆行星都有一個自己特別喜歡的宮位，位在該宮位會讓行星強壯一點。比如說，土星的喜樂是十二宮，假如我們的徵象星是土星位在十二宮，它是虛弱的，因為那裡是果宮；但又不是非常虛弱，因為它在自己的喜樂。不過，喜樂絕對無法抵消果宮的性質：它仍然是虛弱的。」

「那喜樂還有什麼要注意的地方嗎？」

「假設我們另一顆徵象星位在八宮。一般來說，行星位在十二宮和八宮的虛弱程度差不多；但是土星位在十二宮的虛弱程度會比一顆位在八宮的行星少一點。同樣地，如果另一顆徵象星位在六宮，只要它不是喜樂在六宮的火星，土星就會占優勢。」

「喜樂會讓土星在十二宮的力量，等於一顆在續宮的行星嗎？」

「本身不會。不過假如這顆續宮行星受到一點小折磨，就會讓兩顆行星的力量相等。或者假設我們的金星位在它的喜樂五宮，如果另一顆徵象星位在角宮但受到某種折磨，也許來自一個相位，那金星的喜樂就可以讓它與對方力量相當。」

「所以任何有助於金星的事物，都可以讓它更強大。」

「正是如此。但一顆非常接近軸點的行星需要受到極度嚴重的折磨，位於喜樂的金星才能與它匹敵。」

「大師，所以整體來說喜樂沒什麼用？」

「沒必要把它看得這麼沒用，小子。它們在競賽盤幾乎沒什麼影響力，因為這裡能顯現差異的空間太小。愈複雜的卜卦問題，它們就愈重要。尤其在本命占星更是如此。」行星的喜樂宮位分別是：

水星：一宮　　月亮：三宮
金星：五宮　　火星：六宮
太陽：九宮　　木星：十一宮
土星：十二宮

## ◎ 月亮

「如果月亮是我們其中一顆主要徵象星時——讓我再強調一次：我的意思是『只有』如果月亮是我們其中一顆主要徵象星時——有一些我們必須額外考量的要點：這些並不適用於任何其他的行星，但在評估月亮的狀態時很重要。首先是看它得到多少**光**。」

「大師，這個我怎麼知道？」

「愈接近滿月，它擁有的光愈多；愈接近新月，能獲得的光愈少。對於這些星盤，我們可以肯定如果它距離太陽超過 120 度，它就擁有許多光，因此很有力；如果它距離太陽小於 60 度，它的光很少，因此是中度虛弱；小於 30 度的話，它就非常虛弱。」

「這跟它正在**增光或減光**有關係嗎？」

「在這些問題沒有。不過，如果月亮是一個長期問題中的徵象星——

例如『我的球隊本賽季表現如何？』——這點就很重要。遠離太陽顯示月亮正在增光，且愈來愈強大；往太陽移動顯示它正在減光，且愈來愈虛弱。」

「那它直接對分太陽呢？您曾說過那是一種極大的折磨。」

「問得好！這對月亮和任何其他行星來說都是如此。儘管月亮會得到大量的光，但位在太陽對分相的前後8度內，都會使它受到嚴重的折磨。」

「還有**燃燒途徑**，對吧？」

「沒錯，如果月亮位在燃燒途徑，即位於在天秤座15度至天蠍座15度之間，它會受到嚴重折磨。在大多數情況下，我們會把它解讀為普通虛弱；但燃燒途徑與血液相關的古老禁忌有所連結，這會讓它在拳擊比賽中具有特殊的意義。」

「所以說，要是我們知道代表這位拳擊手的月亮在燃燒途徑，就有可能出現割傷見血⋯⋯」

「一點也沒錯。現在記住：這些要點『只有』如果月亮是我們的主要徵象星之一時才有意義。」

## ◎ 空虛

「大師，不過假如月亮空虛（void of course）了會怎麼樣？」

「小子啊，幾乎沒有什麼比聽見月亮空虛的各類討論，更能照亮占星大師莊嚴的殿堂了，就連布蘭妮對這些人的評論也不禁失笑。我們聽到的說法是，月亮空虛時什麼事都不會發生。萬物靜止，屏住呼吸數小時或甚至數天之久，直到月亮繼續運行。所以在月亮空虛時開打的比賽，不會有結果。一些懶散的占星師在月亮空虛時為那些比賽起的卜卦盤，也不會有結果。這些可憐的運動員將永遠在場上競賽，要等到終場的哨聲響起，坦塔洛斯（Tantalus）解渴還比較快。這些討論，當然全是胡說八道，人生不

會因為月亮空虛而暫停。」

「那它在競賽盤是什麼意思？」

「如果月亮是主要徵象星之一，空虛就毫無意義，直接忽略它。假如月亮不是主要徵象星之一，它就會是一個次要證詞，顯示事情可能不會按照問卜者的期望發展，僅此而已。它很容易被推翻。」

「那月亮空虛的狀態是，月亮在離開目前所在星座之前，不會再形成任何相位？」

「沒錯。月亮也可能在其他時段空虛，但我們這裡用不著討論。」

## ◎ 宮主星的必然尊貴

「我們已經解說完宮位本身以及其宮主星的偶然尊貴，現在要繼續往下講。」

「大師，您是說還有別的？這樣判斷一張星盤就要花好幾個小時了。」他看起來非常沮喪，我多少有預感會見到他的眼淚從臉頰上流下來。布蘭妮又舔了舔他，這樣做就算沒有明顯的振奮效果，肯定也能讓他轉移注意力。

「小子，沒有卜卦盤應該要解好幾個小時，至少這些不需要。不用怕：這些要點解釋起來比實際應用的時間長很多罷了。做好練習，你就能一眼全看出來。」

「大師，就算這樣，要記的東西還是很多啊。」

「到目前為止，我們的進度已經完成了大部分的判斷步驟，可以再快速簡短地巡視最後幾項要點；但我們一定要查看過，你會發現它們在星盤上很重要。」

塞德那一直忙著在布蘭妮的側腹上繪製〈必然尊貴與無力表〉。「內

## 必然尊貴與無力表

| 星座 | 廟 | 旺 | 三分性 日間 | 三分性 夜間 | 界 | | | | | 外觀 | | | 陷 | 弱 |
|---|---|---|---|---|---|---|---|---|---|---|---|---|---|---|
| ♈ | ♂ | ☉ 19 | ☉ | ♃ | ♃ 6 | ♀ 14 | ☿ 21 | ♂ 26 | ♄ 30 | ♂ 10 | ☉ 20 | ♀ 30 | ♀ | ♄ |
| ♉ | ♀ | ☽ 3 | ♀ | ☽ | ♀ 8 | ☿ 15 | ♃ 22 | ♄ 26 | ♂ 30 | ☿ 10 | ☽ 20 | ♄ 30 | ♂ | |
| ♊ | ☿ | | ♄ | ☿ | ☿ 7 | ♃ 14 | ♀ 21 | ♄ 25 | ♂ 30 | ♃ 10 | ♂ 20 | ☉ 30 | ♃ | |
| ♋ | ☽ | ♃ 15 | ♂ | ♂ | ♂ 6 | ♃ 13 | ☿ 20 | ♀ 27 | ♄ 30 | ♀ 10 | ☿ 20 | ☽ 30 | ♄ | ♂ |
| ♌ | ☉ | | ☉ | ♃ | ♄ 6 | ☿ 13 | ♀ 19 | ♃ 25 | ♂ 30 | ♄ 10 | ♃ 20 | ♂ 30 | ♄ | |
| ♍ | ☿ | ☿ 15 | ♀ | ☽ | ☿ 7 | ♀ 13 | ♃ 18 | ♄ 24 | ♂ 30 | ☉ 10 | ♀ 20 | ☿ 30 | ♃ | ♀ |
| ♎ | ♀ | ♄ 21 | ♄ | ☿ | ♄ 6 | ♀ 11 | ♃ 19 | ☿ 24 | ♂ 30 | ☽ 10 | ♄ 20 | ♃ 30 | ♂ | ☉ |
| ♏ | ♂ | | ♂ | ♂ | ♂ 6 | ♃ 14 | ♀ 21 | ☿ 27 | ♄ 30 | ♂ 10 | ☉ 20 | ♀ 30 | ♀ | ☽ |
| ♐ | ♃ | | ☉ | ♃ | ♃ 8 | ♀ 14 | ☿ 19 | ♄ 25 | ♂ 30 | ☿ 10 | ☽ 20 | ♄ 30 | ☿ | |
| ♑ | ♄ | ♂ 28 | ♀ | ☽ | ♀ 6 | ☿ 12 | ♃ 19 | ♂ 25 | ♄ 30 | ♃ 10 | ♂ 20 | ☉ 30 | ☽ | ♃ |
| ♒ | ♄ | | ♄ | ☿ | ♄ 6 | ☿ 12 | ♀ 20 | ♃ 25 | ♂ 30 | ♀ 10 | ☿ 20 | ☽ 30 | ☉ | |
| ♓ | ♃ | ♀ 27 | ♂ | ♂ | ♀ 8 | ♃ 14 | ☿ 20 | ♂ 26 | ♄ 30 | ♄ 10 | ♃ 20 | ♂ 30 | ☿ | ☿ |

容太多了，」我告訴他，「你不用在意那些次要尊貴、界（term）和外觀（face），它們在這些判斷毫無意義。」他臉上寫著我怎麼不早說的表情，但我知道塞德那總是樂於展現他多此一舉記住了整張表格的才能。

「在偶然狀態的證詞難分高下的時候，必然尊貴上的顯著差距可以打破平衡起決定性的作用。假設我的徵象星位在自己的廟宮，而我對手的徵

象星位在它的陷宮或是外來的：這會為我方隊伍帶來優勢；但假如我對手的偶然尊貴很強大，那他的隊伍還是會獲勝，就算我擁有必然尊貴的優勢也一樣。」

「大師，那入旺呢？它們在這些問題不是特別重要嗎？」

「沒錯。在競賽盤中，行星位在自己的旺宮尤其強大。入旺正是必然尊貴中可以與主要偶然尊貴相抗衡的狀態。如果行星旺化（exalt）了自己，代表它充滿自信。當然，有信心不保證獲勝，但自認比人強確實更有可能獲勝。」

「所以假如我的行星位在它的旺宮，而您的行星在自己的廟宮，我的就比您的強多了。」

「一個最不可能發生的例子啊，小子。但沒錯，情況會是如此。行星入弱時就是位在自己旺宮正對面的星座，因此會讓人缺乏自信。同樣地，這不一定真的落敗，但的確是值得注意的負面因素。」

「大師，後面還有沒有？」

「沒別的了。對於競賽盤的判斷，我們只要知道必然尊貴的這些內容就夠了。」

## ◎ 容納

經過這堂精簡的課程之後，他看起來開心許多。「容納在競賽盤的應用也很有限。」

「如果我的行星在你行星的廟宮，我的隊伍就喜歡你的隊伍？」

這句話讓他的腦袋瓜輕輕挨了長智慧的一棍。「不，小子！這些星盤跟誰喜歡誰八竿子打不著！我們關注的是哪一方握有主導權。如果你的行星位在我行星的廟宮，你的隊伍就在我隊伍的主導權之下。某種程度上，

這就像帶有必然尊貴，可以對星盤起決定性的作用；但容納本身並不是往往都那麼強大——除非是透過旺宮的容納。」

「如果我的隊伍旺化了你的隊伍，我們就認為你的隊伍很棒。」

「正是如此。你的隊伍認為自己注定會失敗，這並不意味著你們會輸，但自認不如人確實增加了失敗的可能性。」

「那如果我的行星被你的行星控制⋯⋯」

「這樣它會位在自己的陷宮。要注意這一點，不要把這情況算作兩個獨立的證詞。假如一宮主星位在七宮主星的廟宮，它一定是位在自己的陷宮，或者狀況反過來也一樣。這裡我們可以忽略容納，只說它是無力的就好。同樣地，如果一宮主星就位於七宮內（或七宮主星位於一宮內）：它就在敵人的宮位裡，該宮位一定也是它的陷宮。這樣是同一個證詞，而不是兩個。」

「其他類型的容納怎麼看？」

「如果我的行星位在你行星的三分性，那是一個對你有利的次要證詞。透過界、外觀、陷宮和弱宮的容納都可以忽略。」

「那麼和其他行星的互容呢？這一定很有幫助吧。」

「不，並不會。你在往抽象的概念思考，想著有個小公式：互容＝幫助，不要這樣做。你必須考量的是這些事物的含義。互容就像友誼：兩顆行星想要相互幫助。在與競賽盤有一些共通點的裁判盤用上這個概念可能還有些道理，假如我的行星與另一顆行星出現互容，這顆帶來互容的行星可能就代表我的證人——某位正在幫助我的人。而一場比賽中，沒有第三方：只有我和我的敵人。我的朋友可能會幫我加油，但他不會真的跑上場還幫我打支全壘打。」

「我懂了。要有一個讓互容合理作用的脈絡。」

「一點也沒錯。這點在占星學所有學門的每一個證詞都是如此。無論

我們從星象中看見多麼光榮或駭人的事件，除非眼前、真實的情境存在著這種光榮或駭人事件的場景，否則就不會發生在地球上。星象可能顯示我會贏得財富，但要是我打牌用火柴棒當賭注，我就不會贏到發財。真實世界沒有這樣子致富的門路。

「好了，這一整天下來已經往你腦子裡塞了夠多資訊。現在去為我們晚餐的湯提桶水來。明天我們就可以開始把這些內容整合在一起。」

## ◎ 融會貫通

第二天，我們一早開始上課。晴朗天空下的大氣如此清澈，我似乎一伸手就能摸到附近的山峰。布蘭妮在她的老地方安頓下來，準備好再當一天的乖巧黑板。塞德那遲到了一會兒才加入我們。很明顯他是趕著過來的，因為我不得不以一個低調的手勢告訴他，還有些早餐黏在他喙上。他用翼尖擦去這些殘渣。

「我們已經講過理論，現在你將看到這些理論如何運作在繁忙的星盤上。不論多麼詳盡的理論，都無法完整說明判斷星盤的手法。記住：

理論上，理論和實務之間沒有差別。實務上，二者真的有差。」

「威廉‧里利說的嗎？」

「尤吉‧貝拉（Yogi Berra）[9]。」

「隨著經驗的增加，你會逐漸練成一眼就能判斷星盤，而不用那麼正式一步一步來。在那之前，你必須逐一核對證詞清單上的要點。這些要點是疊加的：一顆行星位在角宮且在北交點上，比起只在角宮但沒有在北交點上的更為強大；但是我們不可以將判斷簡化成一個計算公式。所有證詞

都有調整的空間：離軸點有多近？離北交點有多近？因此，不可能把任何的尊貴或無力，量化成一個固定的數值。」

「大師，所有的星盤我都能看一眼就判斷？」

「小子，如果你想得到正確答案的話，不能。表現良好的星盤會有明確的證詞，其他的就沒那麼明確。許多都是非常平衡的星盤。」

「大師，那可能顯示和局，不是嗎？」

「沒錯。如果和局是可能出現的結果，這種微妙的平衡通常會是打成平手的證詞。如果不是的話：

### 不要硬是分出勝負！

　　如果我們想做出可靠的判斷，的確必須徹底觀察；不過假如雙方隊伍的論據各具同等的說服力，我們不大可能再把證詞放到顯微鏡底下挑出誰是贏家。」

「那我們該怎麼做？」

「首先，檢查我們沒有漏掉任何的東西。就算是最顯而易見的證詞，也可能一時隱身在層層疏忽的背後。最常忘記的是映點（antiscia）。」

「啊？什麼點？」

「我們之後會講到這部分。但是，如果你已經全盤檢查了一遍，然後再次檢查完雙方的贏面還是差不多，那就遵循威廉‧里利的建議：『當好

---

9. 中譯注：一位登上美國名人堂的紐約洋基球員，曾說過許多幽默的言論，影響美國文化深遠，還被稱為尤吉語錄（Yogi-isms）。

運與不幸的證詞相等時，延後判斷，尚未能得知天秤將偏往哪一方。[10]』我們不必為每張星盤提供答案。體認到知識的侷限性，不論對個人或集體來說，都不算失敗。」

「可是在《卜卦占星教科書》裡有寫到：『永遠強迫自己做出判斷。[11]』」

「確實如此。然而，運動賽事的脈絡如此有限，這是卜卦占星中我們可以容許自己半途止步的其中一個領域。我們的選擇在這些星盤介於黑白之間，如果我們能看到的一切正是中灰色，既不偏黑也不偏白，那麼去選擇說它是黑還是白，不是判斷，叫瞎猜。倒不如在那滿載占星智慧的商隊中，把你自己換騎到下一峰綴滿珠寶的駱駝背上，跟著建議：『把星盤歸檔，一旦得知結果後再檢視一次。[12]』賽事盤可能沒多久就有結果驗證，因此你會學得很快。」

「那如果它很接近中灰色，但又不完全一樣呢？」

「有時我們可能會察覺到有利的情勢略微偏向其中一方。在一定要分出勝負的比賽中，哪怕是多一丁點的助力也足以讓一方勝出。假如比賽有和局的選項，那麼判斷結果會類似『看起來像打成平手，不過你的隊伍會有些微的優勢。』透過排除敵人獲勝的可能性，即使像這樣包牌避險的判斷法，還是給了我們一些訊息。」

「我們來看看星盤。」我在布蘭妮的側腹畫了一張星盤，這時候她已經睡著了。「誰會贏？我們這隊還是他們那隊？」

他坐著默默不語，滿心期待地看著我。「不，」我說，「別等著我帶你解盤，你必須動起來，正如古代大師們說的『一分耕耘，一分收穫』。如果我帶你解盤，只會左耳進右耳出；要是你親自動手，還有可能會學到一些什麼。所以，你自己先研究這張盤，再告訴我你的想法。」

他毫不遲疑馬上開口：「您看一宮主星！它就在七宮、敵人的宮位，

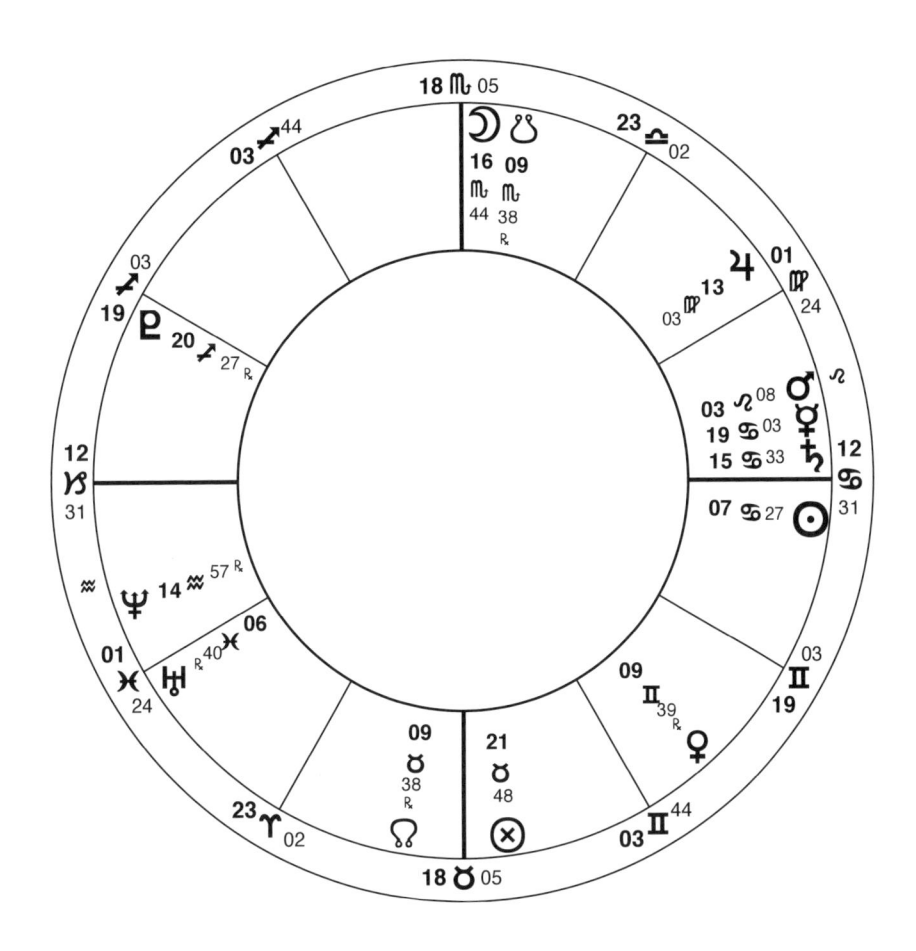

第一章　他前來展開了這趟學習之旅　　61

〈誰會贏?〉英國夏令時間（BST）2004 年 6 月 28 日 9:29 pm，51N31 1E06。

---

10. William Lilly, *Christian Astrology*, p. 123; London, 1647. 此書的最佳現代版本為位於美國馬里蘭州阿賓登（Abingdon）的美國占星學中心（The Astrology Center of America）於 2004 年出版的〈占星學經典系列〉（Astrology Classics）。
11. 參見頁 32。
12. 參見頁 32。

這看起來對我們隊很不妙。」

「確實如此。這慘到我們幾乎可以單憑這一點就做判斷。七宮主星的狀態要極度慘烈，才會落得比這位置更糟。不過還有別的嗎？」

他想了一會兒。「一宮主星就在自己的陷宮。」

「如果一宮主星的位置這麼接近七宮始點，它就會落陷。七宮始點的星座永遠是上升主星的陷宮。一宮主星落陷此處是天經地義，所以這不是第二個證詞，也一定不能這樣作數。無論如何，必然尊貴在這些星盤中幾乎沒什麼差別。重要的是偶然尊貴。」

他又試了一次。「一宮主星被七宮主星控制。」

這句話值得我揮上一棍。「如果一宮主星的位置這麼接近七宮始點，它當然會受控於七宮主星，這也不算一個獨立的證詞。用不同的方式反覆說同一件事很容易，你還以為在累積證詞。這是一個陷阱，你還沒找到。到目前為止，我們只有一個證詞。」

「我知道了！土星焦傷。」

「答對了，很好！它處於焦傷的邊緣，但隨著太陽趨近土星，它很快就會更加焦傷。我們現在有兩個針對一宮主星的嚴重折磨，隨便哪一個上面都寫著輸定了。很難想像七宮主星的狀態會更糟；不過以防萬一，我們應該看它一眼。」

「它在自己的弱宮。」

「所以呢？偶然尊貴才是競賽盤中舉足輕重的角色。」

「它正好就在上中天，這麼強大的位置！他們隊一定會贏。」

「結果證實也是如此。我們有兩個針對一宮主星的嚴重折磨；同時七宮主星有力，雖然它接近南交點，但沒有近到會受影響。」

「離月交點多近才需要看？」

「最多不超過5度。3度內或更近時才會成為一個主要證詞。」

第一章　他前來展開了這趟學習之旅　　63

　　我擦去布蘭妮皮毛上的星盤，又畫了一張新的。這讓她悶悶地噴了幾聲鼻息，像在夢中和某人吵架。「現在比較這張星盤。同樣的問題：『我隊會贏還是他隊會贏？』」

　　「一宮主星在七宮始點：我們隊輸了！」

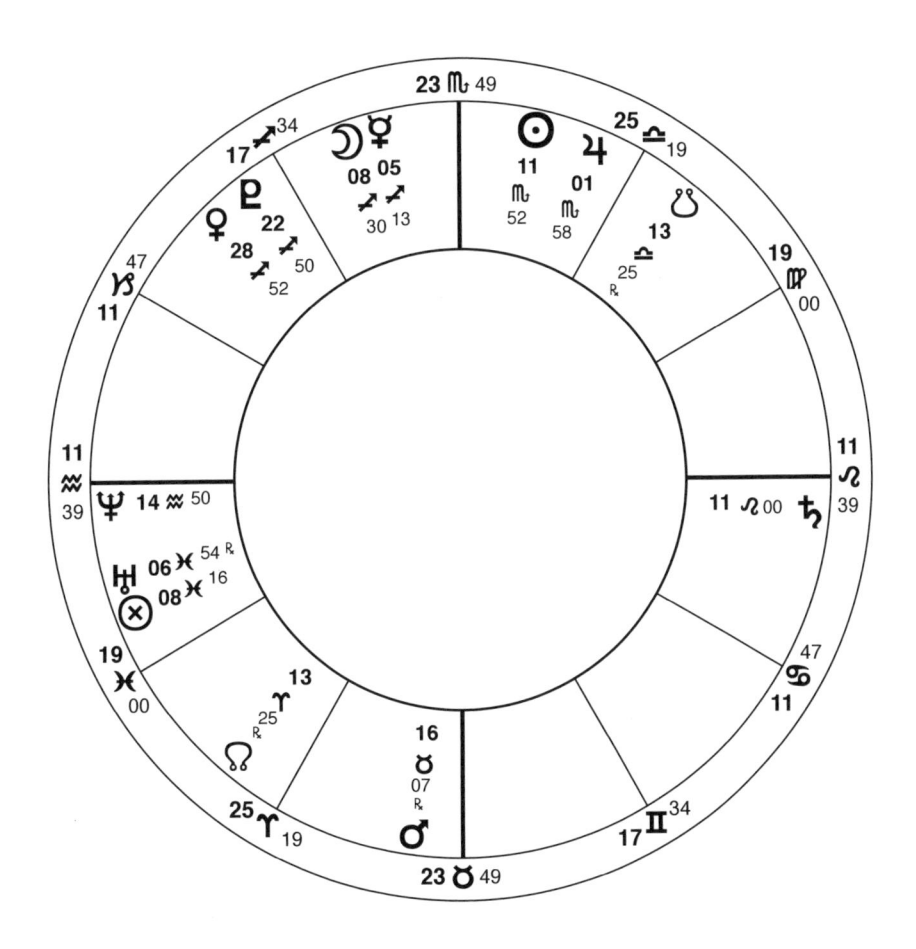

〈誰會贏？〉中國海岸時間（CCT）2005年11月4日12:55 pm，香港。

「不。證詞正確，結論錯誤。再想一次。這個一宮主星的位置跟我們剛才看到的哪裡不一樣？」

「這裡的土星在七宮始點上，那裡的土星是在七宮始點內。」

「所以是？」

「喔！行星在宮始點上控制該宮位。我們隊控制了他們隊。我們贏了。」

「一點也沒錯。位於宮始點『內』，行星受該宮位控制；位在宮始點『上』，行星控制該宮位。像這樣強大的證詞幾乎就是結論了。還有其他值得注意的地方嗎？」

「七宮主星似乎沒有跟我們說很多。」

「沒錯，它沒有。它位在九宮，這個宮位不好也不壞。它在自己的喜樂算是得到一些尊貴，但與一宮主星的強大配置相比微不足道。沒有太多關於七宮主星的證詞；一宮主星的證詞很有力，我隊會贏。」

「七宮主星入相位和火星對分相，而火星控制了它，這是什麼情況？」

「小子，好問題。如果這是一場長時間的比賽，例如世界大賽（World Series）、美洲盃帆船賽（America's Cup）、西洋棋冠軍錦標賽（chess championship），或甚至板球對抗賽（test match），這個相位就會是一個重要的證詞。對於一場短暫且一次性比賽，例如足球或橄欖球，它的距離就差太遠不用看；如果它相距1、2度內，對這個問題就有意義了。」

「太陽和土星之間的四分相又是什麼情況？」

「無關緊要！即使這是一個緊密的入相位，在這裡也毫不相干。相位把兩件事結合在一起，在這例子它把我隊和對手聚在一起。但我們『知道』這一定會發生：否則就不會有比賽。我們不需要去證明兩隊的出場。我們不是有了這個相位才要比賽，也不會因為沒有相位就不用比賽。你可能看過某些卜卦判斷會賦予其中相位重大意義，如果真的是這樣，那麼這個離

相位顯示雙方隊伍已經較量過，這場比賽也一定打完了。當然不是，這例子提問時的情況就不是這樣。」

「太簡單了！我們可以一眼就看出這題的判斷。」

「這倒是真的。我們有一個明確而強大的證詞支持其中一隊，而這對判斷來說還不夠：我們仍然要快速查看整張星盤，確保沒有任何力量相當的證詞支持另一隊。但小子，經過練習，你就可以像這樣在幾秒內判斷好星盤。」他似乎被打動了，卜卦占星真是一個美妙的工具。

「不過你要知道，我是慢慢帶你入門。」他揉了揉肩膀，顯得不服氣。「並不是所有星盤都這麼簡單明瞭。接下來這一張就有點複雜。同樣的問題：『我們會贏嗎？』」布蘭妮在睡夢中翻身，我拂去她另一邊側腹上的灰塵，畫了一張新的星盤。他若有所思地看著它。

「我知道您在說什麼了，」他說，「這張星盤好像沒有一個強得很明顯的證詞。」

「那就從頭開始，看看我們能發現什麼。一宮主星是水星。水星的狀態如何？」

「它在七宮，但是離宮始點太遠了，而且它甚至還和宮始點的星座不一樣。這個證詞沒那麼強。」

「喔，我的好孩子！」我得意地笑著：「很好，很正確。它離宮始點幾近14度，大大降低了位在敵人宮位的負面影響；而在不同的星座就像被一層保護性的絕緣體包住。不過對好人來說，這仍然是一個次要的負面證詞，沒什麼值得慶幸的。還有其他的嗎？」

「它逆行，還在太陽光束下。這些都是弱化。」

「沒錯。看看水星與太陽的距離，想必它很快就要轉順行了，這意味著它目前走得很慢還減速中。我們可以查看星曆表。」我擰了一下塞德那的尾巴。

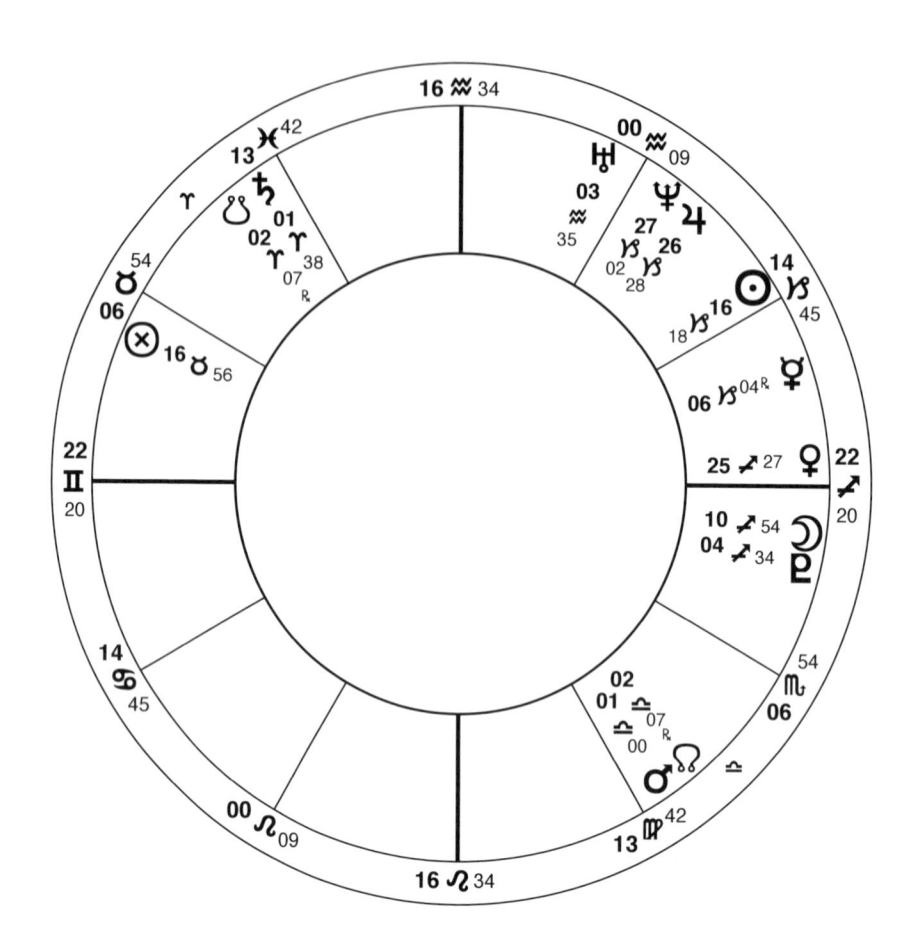

〈誰會贏？〉格林威治標準時間（GMT）1997年1月6日 2:12 pm，倫敦。

「慢速移動！」他大聲地嘎嘎叫。

「所以一宮主星是虛弱的。這對好人來說是個壞兆頭。」

「那火星和土星對它的四分相有影響嗎？」

「這是兩顆無力的凶星。這些四分相會很討厭，但一宮主星已經離開

相位將近5度，這距離遠到不會有任何顯著的效應。現在看看七宮主星，木星的狀態如何？」

「在它的弱宮，啊，」他後仰遠離揮棍距離，急忙補充道：「但是大師您有跟我說過必然尊貴在這些星盤不重要。」

「對，偶然尊貴更重要。」

「偶然尊貴的話，木星在八宮，這不太妙。加上它在太陽光束下，您看，它快要焦傷了！」

「它距離太陽還有10度。再說一次，快要焦傷是詢問長期賽事才有重要性的狀態，例如世界大賽。這可以顯示敵人隨著比賽長時間的進行逐漸失去力量。只有行星真正進入焦傷的關鍵位置時，我們才有必要在短期賽事的問題考量這狀態。但沒錯，它正因位於八宮內且在太陽光束下被削弱力量。到目前為止，這兩顆行星還比不出高下。」

「大師，」他勇敢地用幾乎聽不見的音量說：「木星離海王星只有半度。」布蘭妮在睡夢中發出憤怒的吼叫，而塞德那則把頭埋進翅膀裡。這年輕人畏縮了起來，深怕自己說出那顆天外行星的大膽行為會引來我的怒火。不過我輕聲細語地回答他：「真的很近，近到在許多問題都值得關心一下它，可以作為某種欺騙或錯覺的指標；而我看不出它在這裡有什麼足以影響比賽結果的意義。」塞德那再次探出頭來，看起來既訝異又失望。

這小子繼續仔細研究星盤。高貴的讀者，我深信你也同樣認真研究。「十宮主星亂糟糟的，」他終於說話了，「是有位糟糕的裁判嗎？」

「十宮主星確實是一團糟：它入弱，緊密合相南交點，又受無力火星的對分相。如果這是一張裁判盤，其中十宮主星代表著法官，那麼這位法官簡直壞到沒法度。不過，我們最好盡量別在競賽盤扯上裁判。就算裁判無能或偏頗，比賽仍然是由參賽者雙方一決勝負。但十宮主星在這裡可能還有一個角色，那就是好人勝利宮位的宮主星；不過這只是次要角色。」

「所以說四宮主星就會是敵人勝利宮位的宮主星？」

「可以這麼說。不過一樣，也是小角色，像這種次要證詞最不可能左右判斷。你有注意到四宮主星正好位在水星和木星中間嗎？」

「那是什麼意思？」

「不是很重要的意思。四宮主星可以顯示『事件的結局』，而這可能意味著雙方的勝率相當，是一場勢均力敵的比賽，也可能是傾向和局的證詞；但只算是個旁支佐證。永遠順著主要徵象星抓緊判斷的主線。」

「金星呢？吉星在七宮內一定對敵人有利。」

「位在射手座 25 度的金星，是外來的。它本質虛弱，就算不上是顆吉星，這是另一個次要證詞。雖然金星是幸運點的定位星，但它的所在位置就是敵人的手掌心，這會是另一個對敵方有利的證詞，不過一樣只是個次要的。到目前為止，整個局勢看起來勢均力敵。」

「那就是平手囉？」

「兩顆主要徵象星的力量相當時，試圖確認出哪一方更強大對我們來說太講究，所以看起來是和局。假如這是一場淘汰賽，一定要比到某一隊勝出，那麼先前那些次要證詞就會變得很重要；既然和局不可能發生，我們就會退而求其次，回頭從中試著撈出定下判斷的證詞。但是你漏看了東西，有個能夠明確判斷的主要證詞。」

「什麼？我們什麼都看了啊。」

「不，小子。再看一次。查看一宮主星和七宮始點。」我躺下來閉目養神。這可能得等上一段時間。

我在布蘭妮伸腳站起時被吵醒。天色漸暗，該幫她擠奶了。他仍然坐在她身邊，顯得心灰意冷。「來吧，」我說，把手放在他肩上。我們默默地走回山洞，腳步聲在山間迴響，這裡多麼安靜。我向布蘭妮打了個手勢，讓她再耐心等一等，然後把他帶到山洞後面的小屋，裡頭飼養著許多小型

哺乳動物。他被迷住了。「哇，牠們是什麼動物啊，大師？真是太可愛了。是花栗鼠？某種有袋動物？長鼻袋鼠？」

「都不是，小子。牠們是映點。每一位占星師都應該養一些像這樣的小動物。」我拿起一隻交給他。他拍拍牠，擁抱牠，搓搓牠的頭。「把牠帶出去，放到那張星盤上。」

他回到布蘭妮待著的位置，把映點靠上星盤，成為布蘭妮皮毛上一個隱約可見的小點。「大師！大師！我看見了！」他興奮得像是第一次養小狗的小男孩。「水星在摩羯座 6.04 [13]，它的映點在射手座 23.56 [14]，直接就在七宮始點內！一宮主星完全被敵人牽著鼻子走，好人一定輸了。」

「結果他們的確輸了。映點正是這張星盤中那個強大又具決定性的證詞，它等於一宮主星本體親臨一樣強大，如同你在我們先前判斷的第一張星盤中所看到的情況。你看，這些小動物很重要。照顧好我給你的那一隻。如果沒有使用映點，你會怎樣？」

「回大師，會搞錯。」

「大聲一點。」

「回大師，會——搞——錯——！」

「所以別忘了這一課。現在去餵飽你的小映點，我去幫布蘭妮擠奶。今天的占星課已經夠本了。」

隔天我們照舊一大早開始上課。吃完豐盛早餐的布蘭妮顯得非常溫順，在我借用她漆黑皮毛時，還躺著打起瞌睡來。「這一題的問卜者是挪威人，

---

13. 中譯注：即 6 度 4 分，其中「.」的用途為區隔度和分數字的小黑點，非小數點；作者對此標示方式的說明參見頁 274 和 276，其餘度數皆以此類推。
14. 如果你不知道如何計算映點，參見〈附錄 1〉。

問題是『挪威會打敗巴西嗎？』」

「這很簡單！」他看了一眼星盤就說出這句話。我請他說明一下。「問卜者是挪威人，所以他最喜歡的挪威由一宮顯示，他們的敵人就是七宮。一宮主星在續宮，七宮主星在角宮、非常接近上中天。敵人一定會贏。」

「你對這張星盤還有其他看法嗎？」

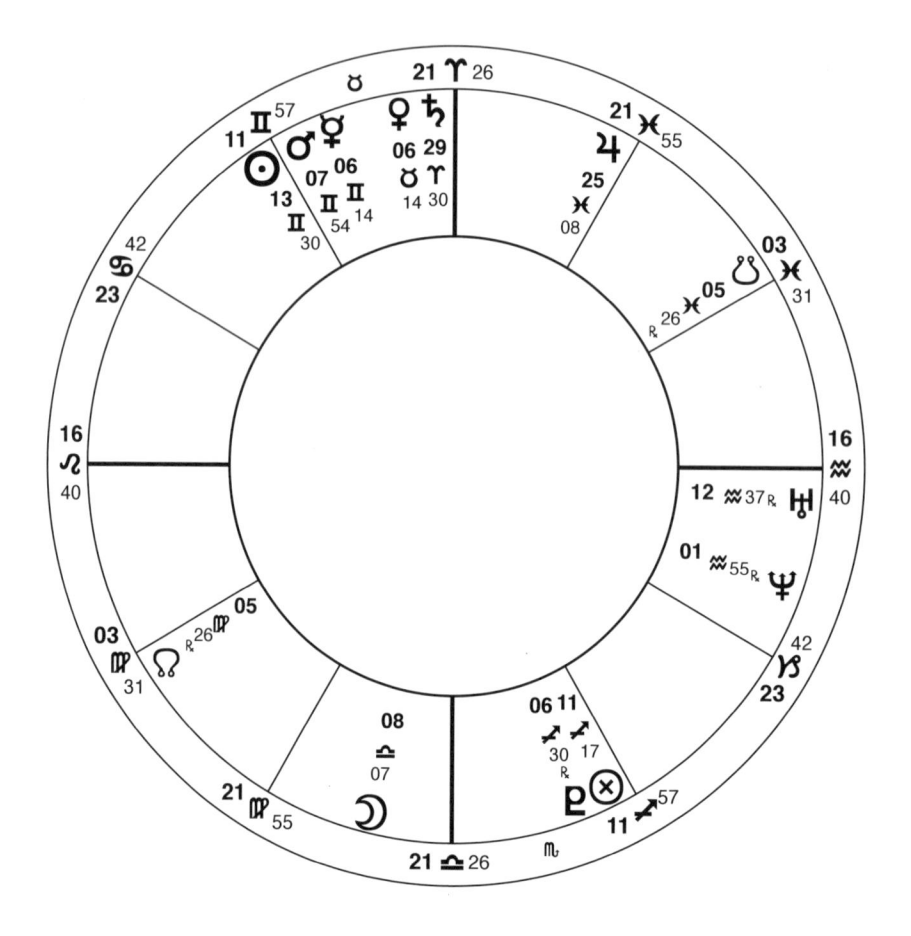

〈挪威會打敗巴西嗎？〉歐洲中部時間（CED）1998 年 6 月 4 日 9:46 am，奧斯陸（Oslo）。

「沒了。它真的很簡單。」他向後靠坐，看起來志得意滿。這種自滿的情緒對他來說應該視為警惕。棍子的敲擊節奏加重了我的語氣：

「只有大師才可以在這裡要聰明！看看容納。容納透露出什麼？」

這記當頭棒喝讓他回到星盤上。「太陽和土星之間有互容。太陽在土星的三分性，土星在太陽的旺宮和三分性。」

「所以是？」

「所以太陽對土星的主導權比土星對太陽的主導權大很多。」

「完全正確。尤其透過旺宮。」

「大師，我懂了。讓我接著說吧。」他再次充滿熱忱，急著挽救自己在我眼中的形象。「競賽盤中，旺宮是最強大的尊貴。因此也就會是最強大的容納，甚至比廟宮還要強大。」

「沒錯，確實如此。」

「所以說，土星在太陽的旺宮，給了太陽很大的主導權，大到可以超越宮位配置。挪威會贏[15]。」

「結果他們的確贏了。所有人都大吃一驚。」

他凝視著星盤，顯然在細細思索卜卦占星的精妙之處。「大師，」他問道：「我看到這裡有一道光線傳遞（translation of light），它重要嗎？」

「好眼力，小子。沒錯，月亮正離開火星的三分相，並入相位和太陽三分相，所以月亮把火星的光傳遞給太陽。火星是十宮主星，因此我知道你正在想的是：也許我們可以把十宮視為勝利的宮位。這確實是我當年判斷這張星盤的思路，現在我傾向不這樣做。我認為最好限定自己只看這些

---

15. 這個例子，也許是一九九八年世界盃足球賽（World Cup）最令人吃驚的比賽結果，是本屆賽事開始前就在電視上進行的預測。

卜卦盤的一宮和七宮。雖然你可能是對的，但像這樣使用十宮時要非常小心。」

「月亮三分相太陽通常不都是正面的證詞嗎？」

「所有條件都相同的情況下，確實如此；但它在競賽盤只有次一級的意義。這相位在我們試著對星盤評估數量時才會變得比較重要，對於 A 或 B 擇其一的情況就不重要。假如問題是『開這家店我能獲利嗎？』太陽和月亮的三分相值得一看；在這裡，它微不足道。」

「你準備好再解另一張星盤了嗎？」

「大師，我隨時都準備好了。」

「同樣的問題：『我們會贏嗎？』這是一場板球對抗賽[16]。在我們看過的大多數星盤中，雖然和局是個可能出現的結果，不過這些星盤都明確顯示出勝利的一方。但板球對抗賽出現和局的可能性非常高，你在判斷這張星盤時可要記住這一點。」

「啊！大師，這張星盤也有一個明確的證詞。七宮主星就在一宮內。」他試著趁我不注意的時候移到揮棍距離之外。

「沒錯，很好。」

「加上它在自己的陷宮。」

「不。我是說，對，它當然位在自己的陷宮。但要是七宮主星就位在一宮內，或是反過來一宮主星在七宮也一樣，肯定會在它自己的陷宮，這是必然的。也由於這是必然的情況，所以算同一個證詞，而不是兩個。正如我告訴過你的，注意不要自以為在累積證詞，實際上你只是重複同一個證詞換句話說罷了。總之，我們不用太在意這些星盤的必然尊貴。重點是偶然尊貴與容納。我再說一遍：『偶然尊貴與容納』。」

「大師，我明白了。喔，您看：一宮主星在七宮內。」

「沒錯。但這配置與七宮主星在一宮有什麼不同？」

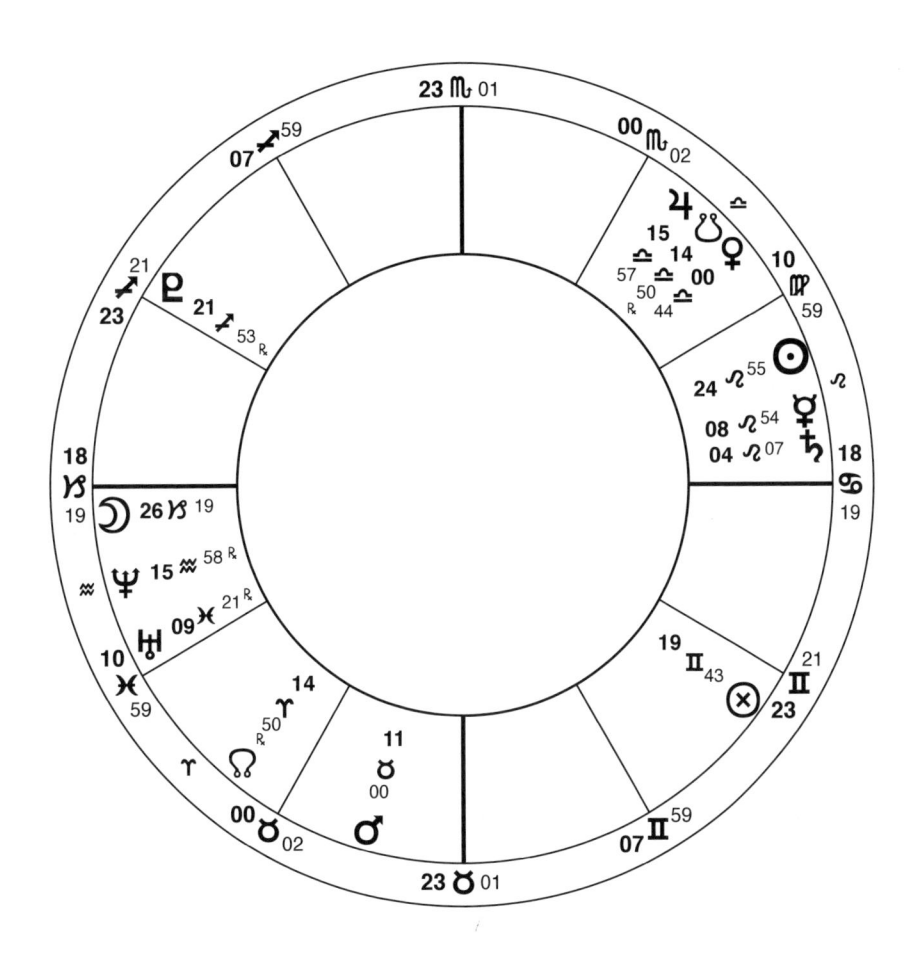

第一章　他前來展開了這趟學習之旅　　73

〈我們會贏嗎？〉英國夏令時間 2005 年 8 月 17 日 6:48 pm，布里斯托爾（Bristol）。

---

16. 板球對抗賽只在幾個主要的板球國家隊之間進行比賽，通常一場五天，而國際性的一日賽相較之下被認為重要性較低。

他想了一會兒。親愛的讀者，你也該多觀察一下。

「土星在七宮，但它和七宮始點不在同一個星座。」

「答對了，小子！做得好！」我大可彎身親一下他的額頭，但這不符合我占星大師的身分。「沒錯，就算一宮主星在七宮內，它也不在該宮始點的星座上，因此良好隔絕了位於該宮位的真正影響。雖說它不在七宮內更好，但與七宮主星在一宮的位置相比，就成了小事。假如七宮主星位在別的宮位，倒會增加這狀態的重要性；不過即使如此，它也不是什麼強大的證詞。」

「要加上它在自己的陷宮。」他一臉知道自己冒著又要挨打風險補了這句。他沒事。

「的確如此，這次你說得對。一宮主星並不會在這裡必然落入它的陷宮，因為它與七宮始點不同星座。你看出這點了嗎？」

「我是啊，大師。當行星在自己主管星座的正對面星座時，就是落陷的。按照定義，七宮始點的星座就是一宮始點的正對面星座，所以一宮主星在七宮始點的星座時，會自動在自己的陷宮，因此這些星盤中落陷在那裡並不重要。但是落陷在其他星座就會有意義，這裡的一宮主星就是在它另一個星座的陷宮。」

「但是，」我接著說：「在這些星盤中，必然尊貴的重要性都微不足道。我剛才跟你說過什麼？」

「『偶然尊貴與容納』。」

「所以說，這張星盤還有其他重點嗎？」

「回大師，沒有了。問卜者的隊伍一定會贏。」

「結果證實也是如此。不過這場比賽戰況激烈，我們從一宮主星的位置就可以預料得到。」

「沒有接近到變和局？」

「沒有。我們這裡沒有其他的重要證詞。行星位在宮位內與該宮始點同一星座,以及行星位在宮位內的另一個星座,二者之間有著巨大的差距。不僅競賽盤是如此:在任何占星盤上都一樣。當行星位在宮位內卻與該宮始點不同星座時,它在那裡的配置受到該宮位較少的影響,所以它影響該宮位的程度也較低。」

「所以您的意思是說,這張星盤七宮裡的太陽沒有幫到敵人?」

「只有一點微弱的助力。任何位在主要必然尊貴的行星都是吉星,太陽位在它的廟宮……」

「還有自己的三分性,」他插嘴道。

「是這樣沒錯。不過除了入廟這點,其他都很微弱。它位在自己的廟宮,因此很強大,一顆行星還能再變強到哪裡去?然後這顆必然尊貴強大的行星位在七宮內,這對七宮有利。但是……」他再次打斷我。這小子比布蘭妮還沒禮貌,但他充滿熱忱。

「它沒有和宮始點在同一個星座。」

「很好!你完全理解我的重點。看看它離宮始點有多遠。即使位在同一個星座的 26 度或 27 度,這樣影響力也會減弱。要是位在另一個星座——沒用,這只有缺乏重要證詞的情況下才有參考價值。」

「我們再解一張星盤。這題是詢問牛津大學與劍橋大學的賽艇對抗賽。問卜者支持牛津大學。」

「問卜者喜歡牛津,」他開始說道:「所以牛津由一宮主星代表,也就是木星。那劍橋要看七宮主星,水星。」

「沒錯。你有什麼發現嗎?」

「水星在比較好的宮位——十宮;木星在十一宮。這給了劍橋一點優勢。」

「沒錯。即使木星也位在自己的喜樂，不過水星的位置更好。然後呢？」

「一宮被南交點和入弱土星折磨。」

「但影響程度不大，因為它們與宮始點不在同一個星座。那七宮的狀況怎麼樣？」

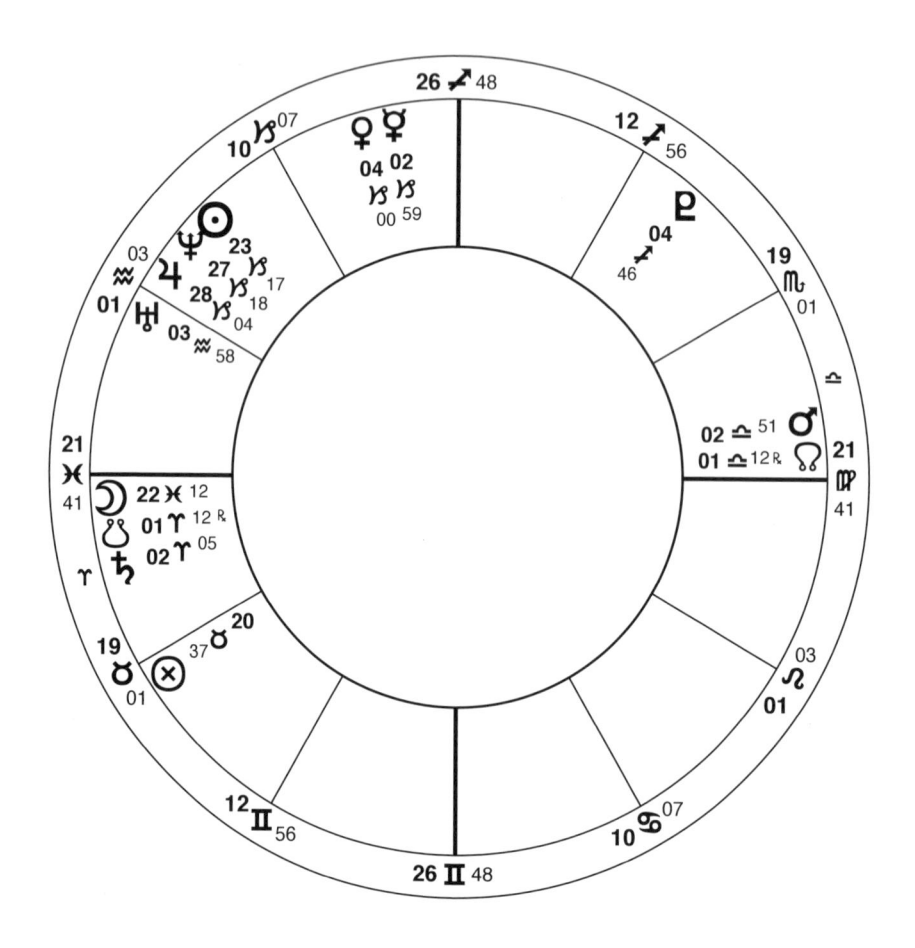

〈我們會贏嗎？〉格林威治標準時間 1997 年 1 月 13 日 10:15 am，倫敦。

「嗯……七宮裡面有顆無力的火星，所以也被折磨了，不過北交點是正面的，但它們都沒有和宮始點同星座。」

「沒錯，都沒有。如果這些是我們掌握到的全部證詞，我們可以看到七宮的折磨比一宮少；但假如這些是我們從中掌握到的全部證詞，那麼這張星盤也太單薄。回頭看看那些主要徵象星。」

「啊，大師，木星焦傷了！牛津不可能贏了。」

「那水星呢？那邊還有另一個有力的證詞。」

他搔了搔頭、下巴，還有手肘，最後決定：「水星跟火星和土星有緊密的四分相，這不是好事。」

「雖然它跟焦傷比起來不算什麼，但的確不是好事。不過這個不是我要的答案。」

他又開始搔抓身體，直到洞穴裡傳來的一道喵嗚聲啟發了他。「小動物！大師，水星的映點在射手座 27.01，就正好落在上中天，把水星放到一個非常強大的位置。有了這個和焦傷，劍橋一定會贏。」

「結果證實也是如此，小子。」

「再來看張星盤。這是另一場足球比賽：『我們會贏嗎？』」

「問卜者喜歡的球隊由一宮主星水星顯示，敵人是七宮主星木星。您看！七宮裡出現了可怕的東西：那裡有土星和南交點！」

「對。水星和木星的狀態如何？」

「它們都在角宮，但兩邊和宮始點不同星座；所以它們都有力，可是又沒有那麼強大。水星即將往後退回自己的廟宮。這一定很重要。」

「在這裡不重要，小子。如果這是一個長期的問題，可能如此；但對於一個短期事件，比如一場比賽的結果，我們就不能跨越星座的邊界。」

「好吧。那水星逆行了：這是弱化。它還被這顆壞土星對分相。」

「不過這距離幾乎差了 4 度：太遠了，不重要。土星也折磨著木星，

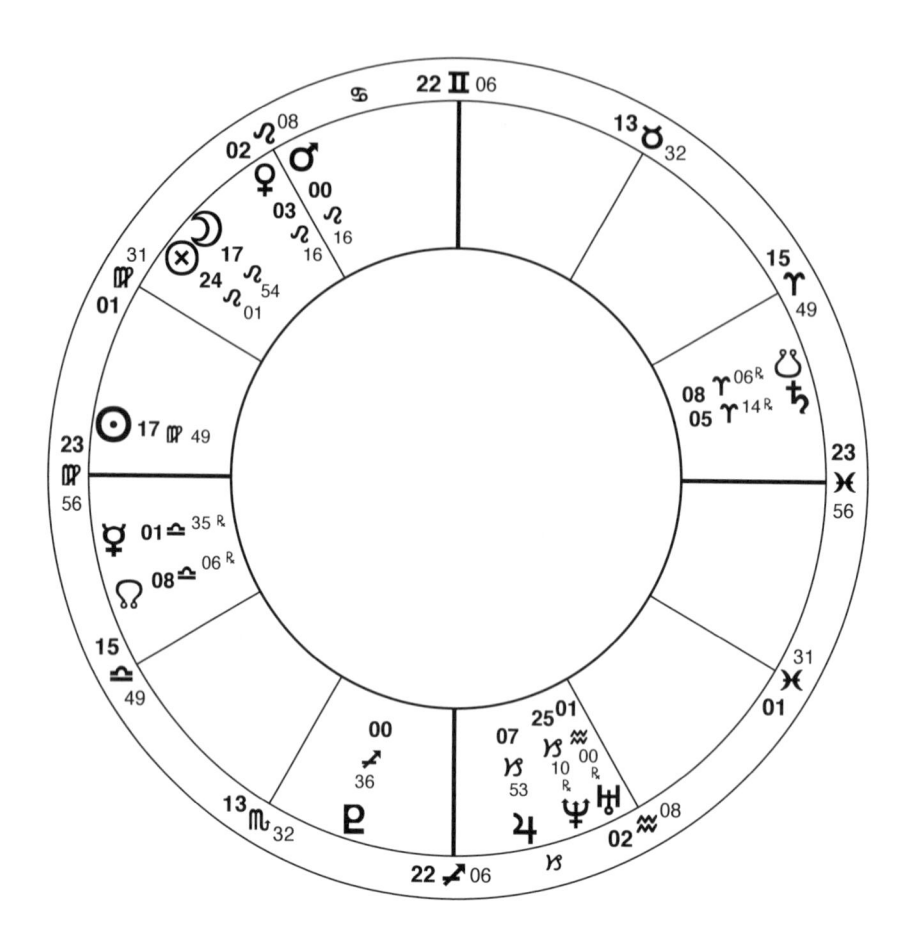

〈我們會贏嗎？〉英國夏令時間 1996 年 9 月 10 日 7:08 am，倫敦。

而且相位更緊密。」

「然後水星被外來的火星和外來的金星形成相位。這一定也算折磨。」

「很好。雖然並不算很大的折磨，但確實值得注意。」

「大師，差不多就這樣。水星是外來的，而木星在它的弱宮。它們之間沒有容納。全部都看起來差不多。」

「沒錯，從我們目前看到的情況來說，要將它們分出高下太難了。」

「所以是和局嗎？」

「很明顯這會是答案——而且結果通常正確；但這場比賽一定要有贏家。不論如何，你忽略了一些東西。」

他想了想，然後說：「大師，又是那些小動物，對吧？您看，木星的映點在射手座 22.07，正好位在下中天。」

「找得好！沒錯，木星的本體雖然在軸點處，不過因為它與該宮始點不同星座，力量不強。但從映點來看，它正好落在軸點上：非常強大。這裡還有兩個映點成立的證詞。哪兩個啊……？」

「啊，我看到了，土星和南交點的本體折磨著七宮，但是影響沒那麼大，因為它們和宮始點不在同一星座。不過它們的映點正好落在上升點，這對好人來說是壞消息。」

「答對了。那第三個證詞呢？」

「是北交點的映點，它正好落在七宮始點。」

他到目前為止表現得很好，打他這一棍幾乎讓我傷心起來；但這是我的職責。「蠢蛋！月交點彼此相對。如果其中一個在上升點，另一個就永遠在下降點。這不叫兩個證詞，是把同一個證詞說了兩次。現在，那個最後的證詞到底在哪裡？」

他絕望地盯著星盤，計算出他能看到的所有映點，直到他終於誤打誤撞找到了正確的那一個。「大師，是水星對吧？它的映點就落在七宮內，敵人的手中。」

「很好！我希望你明白為什麼要讓你接觸這張星盤。它說明了兩個非常重要的重點。第一，你不能忽視映點。在這個例子，無視映點：無法判斷。第二，它顯示出位在軸點且與該宮始點同星座，和位在軸點卻與該宮始點不同星座的差異。你會記住這些重點嗎？」

「大師，我會的。」他摸了摸頭做保證。

## ◎ 冠軍挑戰賽

「現在，我們來研究其他類型的問題。假設有人問我們『冠軍會贏嗎？』如同卜卦占星一貫的做法，我們務必要小心處理這個被問到的問題。由於該問題只是用了這樣的措辭提問，但它的意思並不一定就是指這樣的事。『冠軍會贏嗎？』這問句很少是真正的問題，因為大多數的運動賽事並沒有冠軍衛冕者。贏得超級盃（Super Bowl）或英格蘭足球超級聯賽（Premier League，簡稱英超）的球隊，或者，贏得法國網球公開賽（French Open）或一級方程式錦標賽（Formula 1 championship）的選手：他們是去年剛好獲得勝利的人。到了舉行今年的賽事時，他們就不再是冠軍。這情況在拳擊和某些武術競賽則有所不同，有時一些西洋棋比賽也是如此。這些賽事中，某位選手就是冠軍，並且繼續擔任冠軍，直到他被打敗、退役，或是被褫奪頭銜為止。」

「所以說他不只是去年剛好獲勝的人。我懂了，他會『擁有』冠軍頭銜，不是『拿過』冠軍而已。」

「正是如此。拳擊的冠軍挑戰賽，是為爭奪現任拳王的冠軍頭銜而戰。實際上我們真正詢問的問題是『國王會被推翻嗎？』我們就用美國政治來和這情況比較一下。有現任總統參選的總統選舉，就像一場冠軍挑戰賽：挑戰者試圖推翻在位者，即現任冠軍。沒有現任總統參選的總統選舉，為兩位挑戰者直接較量的比賽，也就是大多數運動賽事的情況。而團體運動中，我能想到冠軍挑戰賽的情況只有一次，那是發生在早期的英格蘭足總盃（FA Cup，簡稱足總盃）。去年的冠軍隊不用踢一路輪空（bye）到總決賽，所以那一年的賽事就是用來決定哪一隊可以挑戰去年的冠軍。不過那

是我出生前很久的事了，小子。」

「所以說，如果我們討論的是冠軍，我想一定有十宮吧。」

「沒錯。冠軍會得到十宮，國王的宮位。挑戰者會得到四宮，因為它是十之七宮：國王的敵人的宮位。」

「可是如果問卜者非常喜歡挑戰者怎麼辦？」

「假如問卜者是挑戰者的狂粉，那麼挑戰者會得到一宮。冠軍仍然擁有十宮。這種情況下的問題就是『我們會打倒國王嗎？』」

「那如果問卜者是冠軍的忠實粉絲呢？」

「那麼問題會是『我們會擊退這位挑戰者嗎？』我們──冠軍選手──會得到一宮；而挑戰者、我們的敵人，會是七宮。假如我們的自然徵象星（natural ruler）還沒有擔任宮主星的角色，也必須一起考量：

### 太陽代表冠軍──月亮代表挑戰者

太陽是國王的自然徵象星，月亮是平民的自然徵象星。」

「然後我再按通常的做法判斷星盤就好？」

「大致上是如此。不過，有三個不同的重點：

● 單憑尊貴上的某個重大變化，就能顯現結果。如果冠軍的徵象星即將進入的星座是它的弱宮，或是挑戰者的徵象星即將進入它的旺宮，我們就有一個明確的證詞可以證明某一方勝利。

● 阿拉伯點中的辭職與解僱點（土星＋木星－太陽）[17] 值得一看。夜

---

17. 如果你不知道如何計算阿拉伯點，參見〈附錄2〉。

間盤不必反轉公式。如果冠軍的徵象星與該點立即合相或對分相,這就是落敗的證詞。但要注意:你必須有其他證詞來支持這一點,否則他可能打贏比賽,然後宣布退役。

● 月亮空虛在大多數競賽盤都可以忽略,因為我們都知道將會有事發生:有一場比賽,也會有一個比賽結果。但在冠軍挑戰賽中,這是證明將會維持現狀的有力證詞。一切不變,所以冠軍會衛冕成功。」

「大師,您剛提到總統選舉。我可以用同樣的方法判斷嗎?」

「集中你的注意力啊,小子!不要分心。但答案是不行,你不能這樣做。那是選舉不是對打賽,因此月亮具有決定性的作用。它是選民的徵象星,所以,不論容納,只要月亮與其中一位候選人有相位,就會推翻任何其他證詞:那位候選人會勝出。同樣地,由投票決定的運動也是如此,例如冰舞(ice dancing)。」

「大師,我們可以看看星盤嗎?」

「當然。」我用笑容迎接他的熱忱。「這張卜卦盤是世界拳擊協會(World Boxing Association,簡稱 WBA)的輕量級冠軍挑戰賽。衛冕冠軍畑山隆則(Takanori Hatakeyama)迎戰朱利安・洛西(Julien Lorcy)。你怎麼看?」

「冠軍是畑山,要看十宮和十宮主星水星。挑戰者就看四宮主星木星。水星很強大,就在自己的廟宮。木星非常虛弱,就在冠軍的宮位內。冠軍一定會贏!」

我的棍子太久沒用了,立即又快又重地敲在他的後腦勺上。「到目前為止,你說的都對。這個證詞看起來挺有說服力,不過要繼續找。」

「大師,我知道。太陽在北交點上。這對冠軍選手一定也有好處。」

「對,沒錯。再繼續找。」

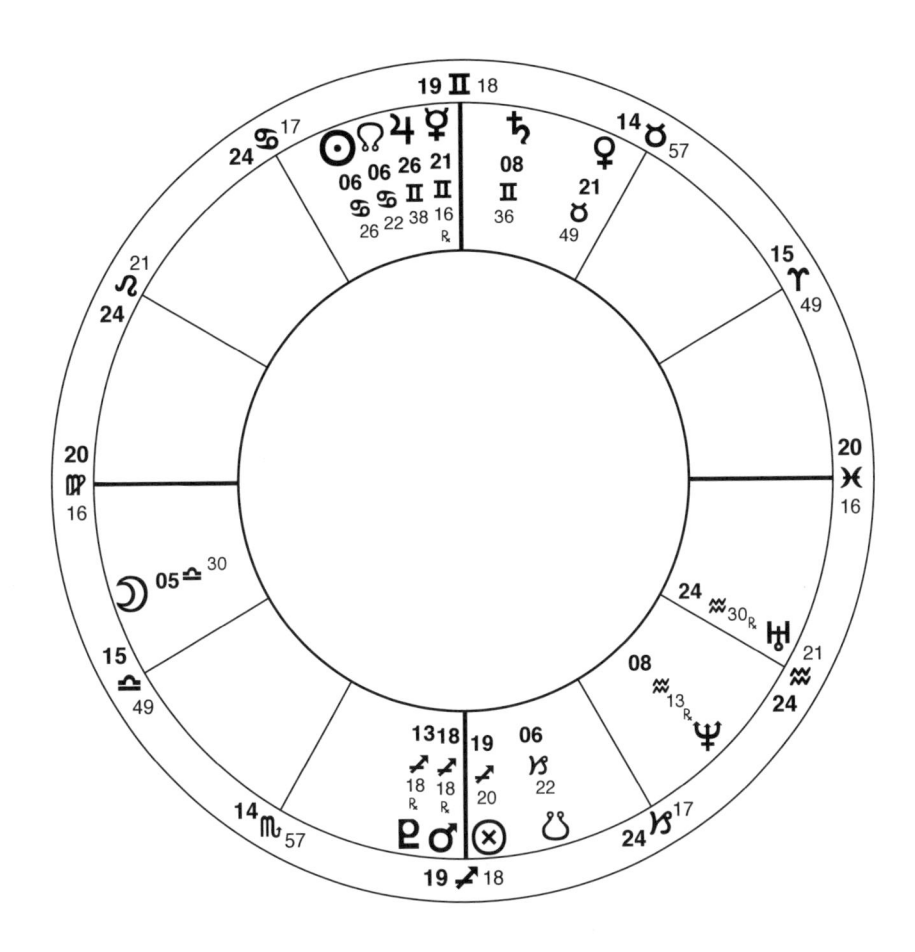

第一章　他前來展開了這趟學習之旅　　83

〈冠軍會衛冕成功嗎？〉日本標準時間（JST）2001年6月28日10:35 am，日本靜岡。

「水星逆行。我想這可能對冠軍不利，可是好像不是很重要。」
「不是不重要，而是要看水星在太陽後面的距離有多遠。這點告訴你什麼？」
「啊，它一定很快就會轉順行了。」

「嗯，非常好！沒錯，水星正在停滯中，這是極度無力的狀態。一個人靜止不動時，他要如何在運動比賽中獲勝？」

「大師，真的是這樣。現在看到幸運點在四宮。」

「與問題無關。幸運點不會增強宮位。還有一顆徵象星你沒有考量到。」

「月亮的話，哇，它馬上就要入相位太陽——記得要看容納！太陽被月亮控制，而月亮把太陽帶到它的弱宮。可能對冠軍來說不是好事，這樣子能夠打敗他嗎？」

「確實。正如你說，對畑山有利的證詞很強大。這是一場勢均力敵的比賽，但洛西靠積分勝出：冠軍被擊敗了。」

「但是，每年大約六月二十一日到七月二十二日這時候提問的任何卜卦盤，太陽肯定都被月亮主導，這就都對冠軍不利啊。」

「沒錯。所以太陽受月亮控制這點並不重要，重要的是容納加強這點——月亮主導太陽並帶入它的弱宮。但即使如此，這也還算不上大事，而是這個即將發生的相位強調了這個容納，進而使它成為主要證詞。」

「那它是哪一種相位重要嗎？」

「巨蟹座和天秤座之間你能有第二種相位？」

「回大師，不能。」

「那就不重要。這是另一張星盤。同樣的問題：『冠軍會衛冕成功嗎？』」

「大師，太陽又被月亮控制了。」

「但我剛才怎麼跟你說的？」

「它們之間有相位啊。」

「這只是一個離相位：它不重要。而且也沒有我們剛剛看到的那種可怕容納。不過你性子太急，錯過了更重要的一點。太陽在這裡代表什麼？」

第一章　他前來展開了這趟學習之旅　85

「回大師，它是四宮主星，代表挑戰者。我們不能把它當作冠軍的自然徵象星。」

「很好。我們還有哪顆星要考量？」

「十宮主星是土星，正好就在四宮始點上：是冠軍的強大證詞。只是它被四宮主星控制了。」

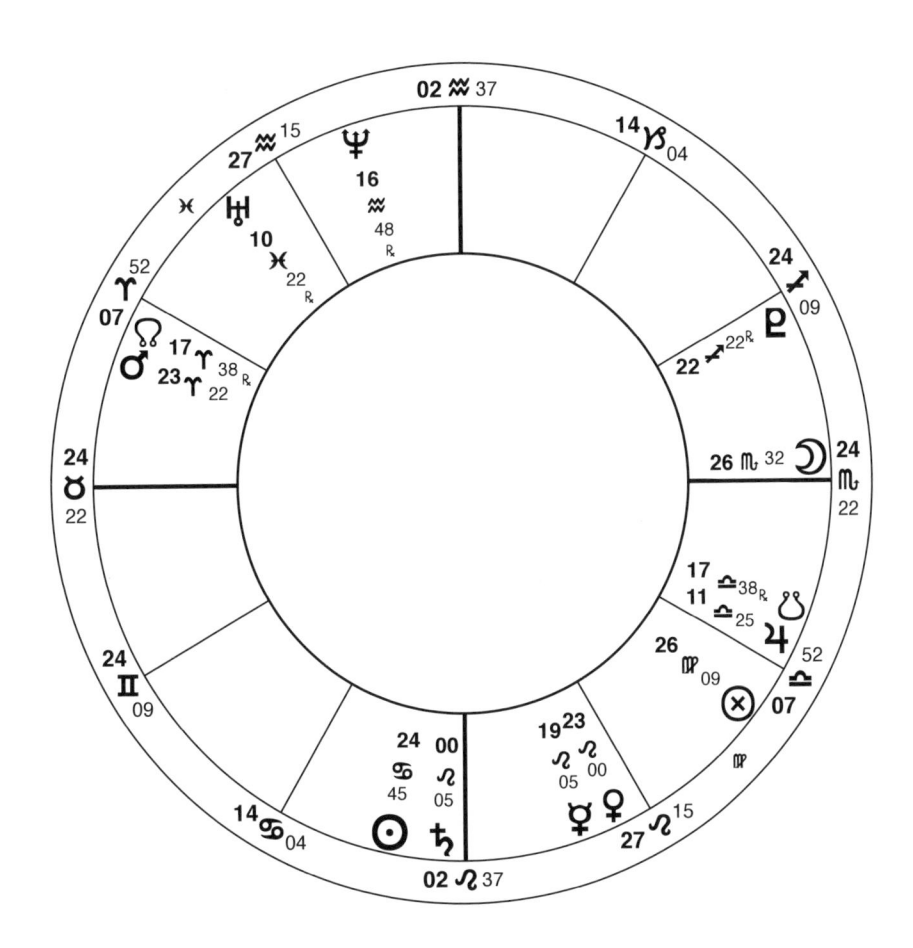

〈冠軍會衛冕成功嗎？〉美國東部夏令時間（EDT）2005年7月17日1:35 am，紐約。

「假如它是位在四宮始點上時,情況才是如此。忽略這點。重要的是它們整體的配置。」

「土星也在太陽光束下。」

「正是,但與它強大的宮位配置相比,只是一個次要證詞。如果土星焦傷,那才會是非常有力的證詞,何況太陽在這裡還代表著敵人,更是如此。」

「月亮在角宮,這一定對挑戰者有利。」

「沒錯,雖然這證詞也不如十宮主星位在四宮始點上有力。」

「大師,我看不出其他東西了。冠軍一定會衛冕成功。」

「結果證實也是如此。這位問卜者詢問的是羅尼・科爾曼（Ronnie Coleman）是否會蟬聯『奧林匹克先生』（Mr Olympia）的健美頭銜。」

「大師,這題非常簡單。」

「的確如此。既然現在我們說到了健美運動員,那就先離題一下,來看看有關選舉的卜卦盤。問題是『阿諾會選上州長嗎?』」

「大師,我該從哪裡開始?我需要知道問卜者對阿諾・史瓦辛格（Arnie Schwarzenegger）的看法。她是支持者?還是反對者?」

「問得好!沒錯,我們需要這些資訊來決定他會得到哪個宮位。她對他沒什麼想法,只是對於這種新奇的場面感到好奇才提問。」

「如果是這樣,他會得到七宮,這是『隨便一人』（any old person）的宮位。木星代表他,月亮直接走向木星。他會贏?」

「對,他會贏。不論相關行星的容納狀態如何,情況都是如此。我看過好幾次星盤裡,月亮位在其中一顆徵象星的弱宮還旺化另一顆徵象星,但月亮入相位的是前者,也帶給了那個人勝利。」

「我想那顆焦傷的水星沒辦法了。」

「非常正確。水星主管一宮,也就是七之七宮:史瓦辛格的敵人,他

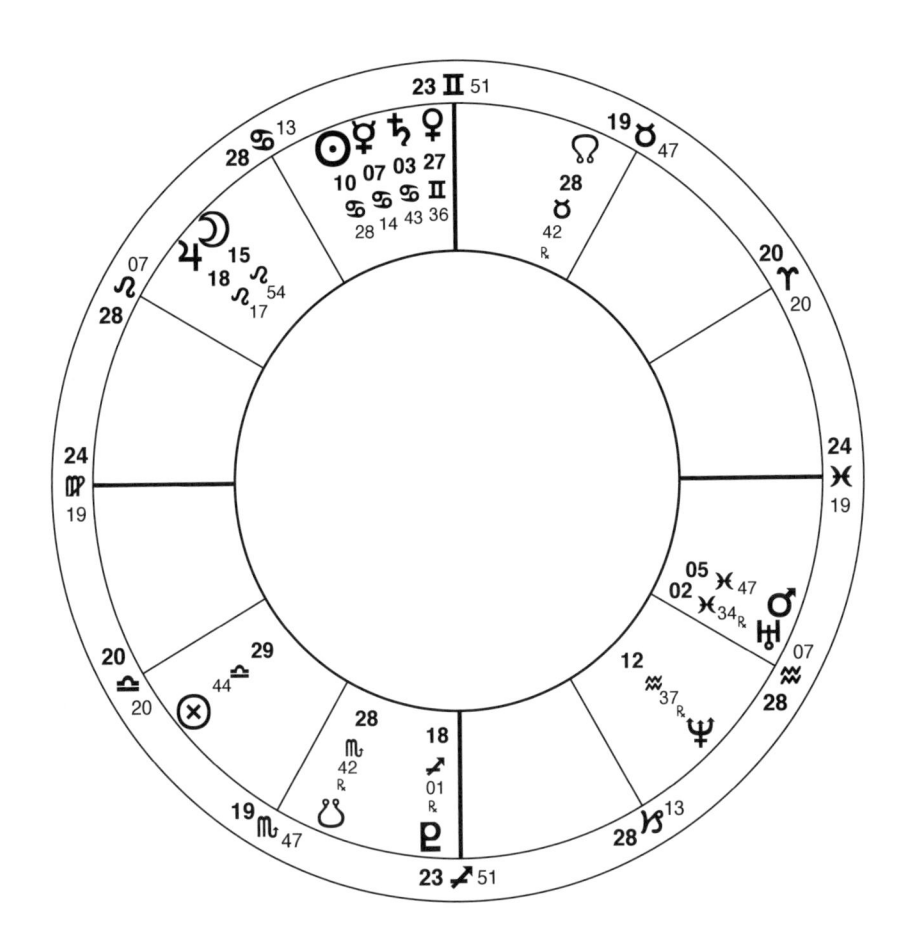

第一章　他前來展開了這趟學習之旅　　87

〈阿諾會選上州長嗎?〉太平洋夏令時間（PDT）2003年7月2日11:40 am，
加州艾斯康迪多（Escondido）。

們沒有機會獲勝。水星也旺化了木星，不過這點在選舉的重要性低於雙方對決的比賽，因為選舉的勝利是掌握在其他人的手上。」

我看得出他在為某些事困擾。他終於問出口了：「您說問卜者對史瓦辛格沒看法，那她提問的卜卦盤為什麼會有效？您說過假如問卜者對比賽

結果沒興趣，我們就沒辦法判斷星盤。」

「這裡的情況很不一樣，不是嗎？不是那種『誰知道什麼隊』和『那又怎麼樣伍』完全狀況外的比賽。這個案例情況特殊，問卜者應該對史瓦辛格的未來充滿好奇，而讓問題完全合理，就不需對他的輸贏抱有什麼偏好。儘管她並不關心他們之中誰會獲勝，但以她對這些人感興趣的程度來說，史瓦辛格早就和他的主要競爭對手不在同一個起跑線上。同樣地，假設首相東尼·布萊爾（Tony Blair）退出政界後打入溫布頓網球（Wimbledon）的決賽，即使我們不在乎他的輸贏，也能有張可以判斷的卜卦盤。因為我們對他命運感興趣的程度，可能就高於他的對手了。」

## ◎ 長期預測

「現在，讓我們將注意力從單場比賽移到一支球隊未來更長期的命運。看看這張星盤。問卜者支持查爾頓（Charlton），這是支過去一向在低級別聯賽中苦苦掙扎的球隊。那年賽季他們的排名靠前出乎意料地高。這個問題是在該賽季結束前一個月左右提出的，詢問他們的排名是否會再往上升。我們該從哪裡開始？」

「我們必須找出這支球隊的徵象星。問卜者支持這支球隊，所以這是個『一宮問題』，代表查爾頓的是一宮主星，也就是太陽。」

「他們的高排名星盤如何顯示？」

「太陽在白羊座，這個星座是它的旺宮。它入旺了，就像字面意思說的，被抬高了。」

「沒錯，並且帶上入旺特有的誇大感。這支隊伍的表現超出了自身實力。」

「太陽在白羊座的最後幾度，所以它很快就會離開自己的旺宮。這支

隊伍會往下掉。」

「不。這個問題問的是那年賽季。當問題本身帶有時間的限制範圍時，可以將徵象星所在星座的最後一度作為該限制範圍的終點。因此，白羊座的最後一度就顯示賽季的結束點。」

「所以說他們會維持入旺到那年賽季結束。」

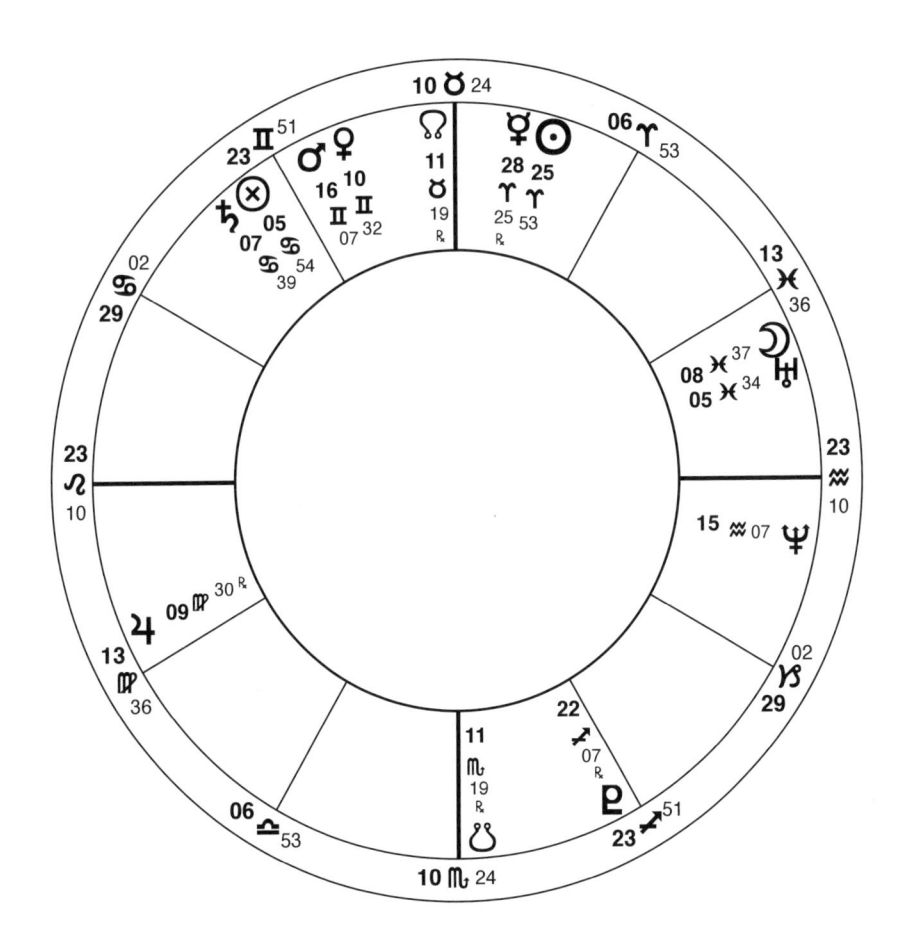

〈查爾頓的排名會更高嗎？〉英國夏令時間 2004 年 4 月 15 日 1:58 pm，50N48 00W32。

「沒錯。不過我們還可以再多透露一些資訊。太陽的旺宮度數是多少？」

「是白羊座的第 19 度。從白羊座 18.00 到 18.59。」

「所以是？」

「啊！所以它已經過了那個度數、那個超級旺化的位置。他們可以保持入旺、排名高於預期，但他們最好的狀態已經過去了。」

「結果證實也是如此。」

「可是大師，」他怯聲問道，「那意思是說，像在這種情況的問題中，球隊的表現就會一直保持大致相同的水準。徵象星在離開自己的界或外觀時，可能顯示排名會稍微下降，但不會直線往下掉。要是徵象星所在星座的最後一度就是賽季結束點，那球隊都不會遇到尊貴掉很多的落差了。」

「看情況。剛好這張星盤是透過行星的必然尊貴顯示目前的高排名；在另一張星盤也許就不是如此。例如，這顆行星可能正離開與北交點的合相，並移向與無力土星的合相，這就會顯示運勢大幅下滑。」

「喔，我懂了。那水星的合相有什麼影響嗎？」

「與問題無關。它的效應對我們的徵象星來說沒有意義，不是每一件發生在星盤上的事、甚至每一件發生在主要徵象星上的事都要納入考量。假設這個卜卦問題是『奶奶什麼時候會到？』它很可能是指來傳教的耶和華見證人（Jehovah's Witnesses）比她先上門拜訪，但這不會對她抵達的時間有任何的影響。」

「大師，好好玩喔。我們可以再解一張星盤嗎？」

布蘭妮發出抗議的聲音，開始對她保持靜止的義務感到不耐煩，我只好放她去吃草，在一塊石頭上刻出下一張星盤。

「這題是我自己的提問。巴恩斯利足球俱樂部（Barnsley）是一支小本經營的小型俱樂部，那時它是史上首次晉級英格蘭足球的頂級聯賽。人

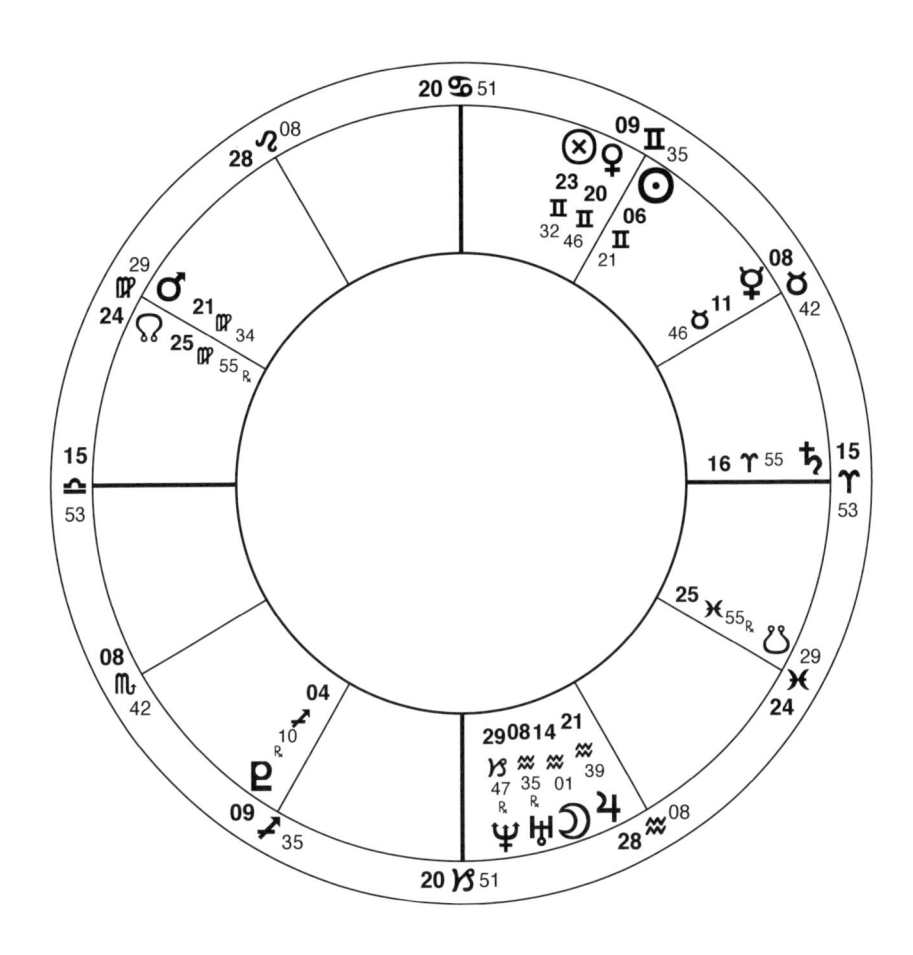

第一章　他前來展開了這趟學習之旅　91

〈巴恩斯利會降級嗎?〉英國夏令時間1997年5月27日4:10 pm，倫敦。

們普遍認為，它在那些富裕的足球俱樂部中不會存活太久，到了下個賽季結束時這支球隊降回原級別的可能性非常大。我提問：『巴恩斯利會降級嗎？』那麼，小子：我們該從哪裡開始？」

「我們必須從問卜者開始調查。只有弄清楚他對巴恩斯利的看法，我們才能決定要看哪一個宮位。大師，您是巴恩斯利的支持者嗎？」

這年輕人的唐突詢問氣得我漲紅了臉，怒不可抑地站起來斥責他：「我可是占星大師！長年來的冥想和禁食已淨化我的心靈，早就練到心如止水成了秋月下的靜潭，內心平靜的我怎會為了支持巴恩斯利這種餘暇愛好而煩惱？你到底把我想成什麼人了？」

「大師，對不起！」他嗚咽著。

「我的確是對他們身為弱者有惻隱之心，」我繼續說著，慢慢恢復泰然自若的樣子，「但一定要記住指導原則：把一宮分配給該隊伍的前提是，問卜者必須將他們視為『我們』，現在非常肯定巴恩斯利是『他們』。所以說，」為了避免他以為我討厭這支球隊又再次使我暴怒，我出於善意地補充：「這也不是我將他們視為敵人的緣故。」

「所以說您對他們沒有任何感覺。他們是『隨便一人』，這樣的人就由七宮代表。」

「正是如此。現在看看星盤，首先查看七宮本身。你有什麼看法？」

「一顆嚴重無力的土星就在七宮始點內，這是一個很大的折磨，對巴恩斯利來說是壞消息。」

「確實。對於詢問有關降級的問題，這點並不具有決定性，但的確增加降級的可能性。」

「大師，我想這就像醫學問題。重病的證詞並不等於說他們一定會死亡，但真的會增加死亡的可能性。」

「沒錯，就是這樣。現在，七宮主星的狀態如何？」

「那要看火星，它剛進入十二宮。」

「這說明什麼？」他一臉茫然地看著我，於是我給了他提示：「如果你卡住了，永遠回到問題上，它會提供如何解讀星盤的脈絡。這個問題問

的是什麼事?」

「巴恩斯利會不會掉到降級。」

「那十二宮是哪種宮位屬性?」

「它是果宮。」

「這代表什麼?用『果』[18]這個字是取什麼意思?」

「回大師,是果子熟了『掉下來』的意思。啊,所以他們要降級了!」

「正是如此。這不是簡單又漂亮的一手嗎?」

「真的,大師。所有果宮都有這樣的效應嗎?」

「對,都有。因為這就是果宮的意義。同樣地,我們可能會遇到七宮主星進入的星座是它的弱宮[19],這也可以從字面意思理解。那現在它是在十二宮裡,正突顯了判斷的重點,完美地代表了這支球隊即將回到那個被遺忘的狗窩。」

「大師,我們不用看一下八宮嗎?」

「不用,小子。看了就代表我們對整個情況理解錯誤。問題不在於這支足球俱樂部是否會滅亡,而在於這支隊伍是否會降級到下一個等級的聯賽。有時降級後的財務狀況可能會導致俱樂部倒閉,但這兩個概念本身就截然不同。看看這張星盤。」我在石頭上又刻劃出一張星盤。

「這位問卜者支持登地聯(Dundee United)。同樣在登地市裡的另一間足球俱樂部登地(Dundee),有著非常嚴重的財務問題,甚至面臨倒閉的威脅。問題是:『登地會倒閉嗎?』我們該從哪裡開始?」

---

18. 中譯注:原文 cadent 意即為下跌、下降。
19. 中譯注:原文 fall 意為跌落、下降;中文術語弱宮帶有不足、損失、被降格的含義。

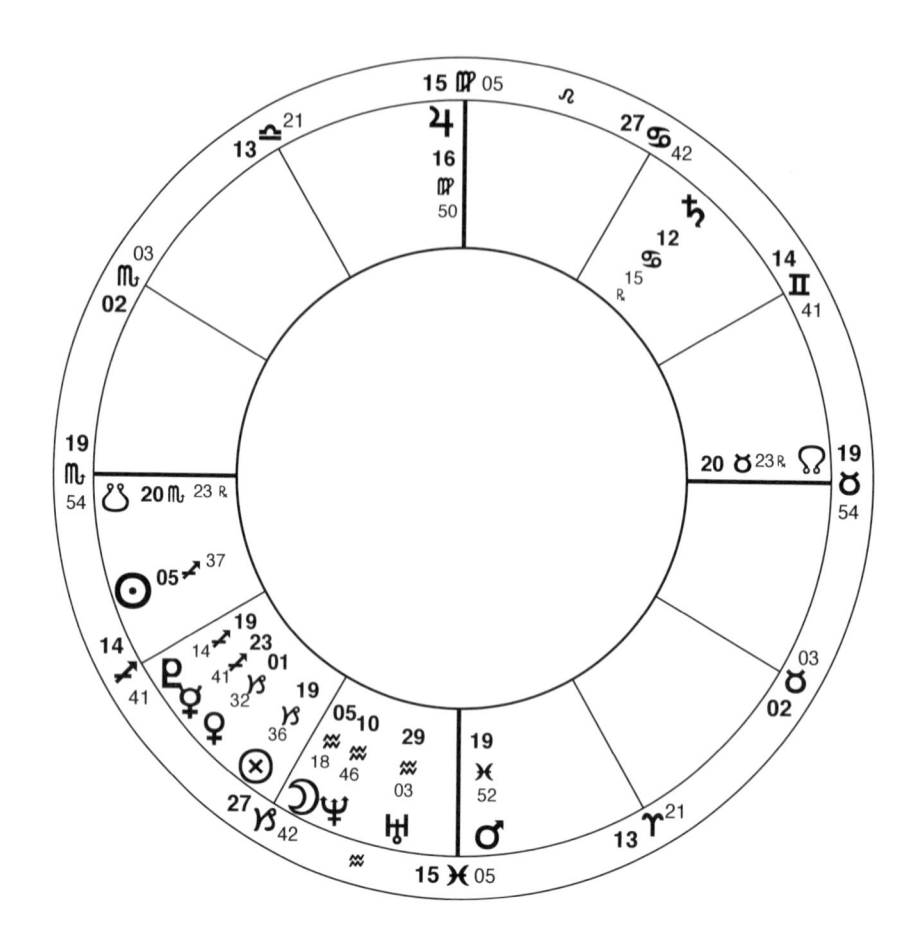

〈登地會倒閉嗎？〉格林威治標準時間 2003 年 11 月 28 日 6:50 am，蘇格蘭登地市（Dundee）。

「先找出徵象星。登地是問卜者支持球隊的本地對手，看樣子他們應該是敵人，所以是七宮。」

「對，七宮。不過我們不能一律假設另一支本地球隊就會是敵人，但這例子是這種情況沒錯。從查看七宮開始。」

「北交點靠近七宮始點。這是一個好兆頭。」

「對登地來說,當然是,」我笑著說,「我不確定我們的問卜者會不會認為這是個好兆頭。」

「可是北交點逆行了。」

「你可以忽略月交點的行進方向。這沒有任何影響。現在查看七宮主星。」

「是金星。」

「那死亡的徵象星是哪一顆?」

「是七之八宮的宮主星,掌管敵人的死亡宮位。那裡是根本盤的二宮,由木星主管。您看木星和金星之間可怕的互容,兩顆行星都在對方的弱宮。」

「確實很可怕。金星最近才進入木星的弱宮摩羯座,一定是最近發生了一些事件,才讓這支球隊比平常更加害怕倒閉;但害怕倒閉並不能證明會倒閉。同樣地,木星也位在自己的陷宮,這是一顆狀態不佳的壞木星;但假如木星就是八宮主星,不論它的尊貴多少,都還是會帶來死亡。」

「而且它的位置這麼靠近上中天?」

「這一點只顯示目前對死亡的恐懼有真實的依據:它很有可能會發生。然而,反過來說也不盡然:即使木星位在果宮,也不等於這是毫無理由的恐懼。我們還必須另外考量哪顆行星?」

「大師,我知道!當我們研究某個人的死亡時,我們必須同時考量轉宮後和根本盤的八宮。兩者都會致死。」

「沒錯,就是這樣。木星是轉宮後的八宮主星;根本盤的八宮主星是水星。我們先從水星開始。你可以將金星和水星連結起來嗎?」

他想了想,然後跑進山洞裡。他再次出現時,正抱著他的寵物小映點並搔著牠的耳朵。「金星和水星會透過映點合相。」

「好眼力。但是映點不會致死。」我在小映點的鼻子前轉動一片草葉，讓牠用小爪子拍打著。「你能將金星連結到木星嗎？木星才會致死。」

「我來。金星入相位和木星三分相，登地遇見死亡，球隊倒閉了。」

「再看一次。金星的動態要做什麼？」

「金星將會和土星對分相。」

「這對金星和木星的相位有什麼影響？」

「回大師，這是禁止（prohibition）。它妨礙金星到達木星那邊，沒有死亡了。但是，」他提問時，小映點正一邊啃著他的手指：「我們不能把這看作是光線傳遞嗎？金星把土星的光傳給木星？」

「這是一個聰明的問題。但不行，因為這道光線傳遞在此脈絡中毫無意義。它會將土星和木星連結起來，把土星代表的一切與死亡相連。我們並不關心死亡會發生什麼事，或者土星可能代表的東西會發生什麼事；我們只關心登地會發生什麼事。假設，要是土星收集到金星和木星的光，土星的代表物就會將登地和死亡連結，這樣子就很重要。把土星的代表物和死亡連結起來毫無意義。」

「所以土星把登地從死亡那邊救出來了。但這是一顆非常壞的土星。」

「對，很好。土星位在自己的陷宮，這個入相位又是對分相，所以拯救球隊的過程並不愉快，幫助償還俱樂部債務的恩人一點也不大方。這支俱樂部後來進入嚴格的行政管理，還影響球隊的成績表現一落千丈。不過儘管困難重重，球隊仍舊死裡逃生了。」

「大師，我們可以再解一張星盤嗎？」

「當然可以，好孩子。我讚許你的熱忱。在當年賽季結束時，有位兵工廠（Arsenal）的支持者詢問『我的球隊會在下一個賽季贏得任何賽事嗎？』你怎麼看？」

「這個問題是一位球迷提出的，所以由一宮主星代表兵工廠，也就是

水星。」

「他們要是有拿到什麼冠軍會怎麼顯示？」

「一宮主星和十宮主星之間的相位，或者也可能是月亮和十宮主星之間的相位。」

「避免使用月亮作為共同徵象星，除非問卜者真的上場參加比賽。不過一宮主星和十宮主星之間的相位是典型的指標沒錯。星盤上有這樣的相位嗎？」

「沒有。不過兩顆行星之間互容有力，這一定有幫助吧。」

「確實，這點最讓人充滿希望。它代表兵工廠想要勝利——更重要的是，勝利也想要兵工廠。但我們還是需要一些什麼來證明這個雙向的願望能夠成為事實。」

「水星會進入自己的廟宮，您說過星座的邊界顯示這段時間範圍的終點……」我失望的表情讓他不敢說話了。

我掂量著手中的棍子，決定現在需要一根更結實的才行，於是我走進山洞裡拿取。步步逼近的懲罰讓這年輕人的腦袋清楚了起來，因為我離他還有一段距離時，他就喊道：「啊，大師！我知道我錯在哪了！上個賽季已經結束了，金牛座的終點就不可能是上個賽季的結束。所以如果說水星離開金牛座有意義的話，顯示的就是下個賽季的結束。他們下個賽季結束時沒辦法贏得任何賽事。」

「所以這點無關緊要，完全不重要。」我只輕輕地敲了他一下，讓他長點記性。「水星目前在做什麼？」

「它正朝著上中天前進。可是距離太遠了，我們應該也不用看對吧？」

「通常是這樣沒錯，我們確實會這麼想。不過，你看看這段距離的度數。水星抵達上中天需要 13 度，而水星這時候移動得比平常快一點，所以我們可以把時間比例縮短一些來看……」[20]

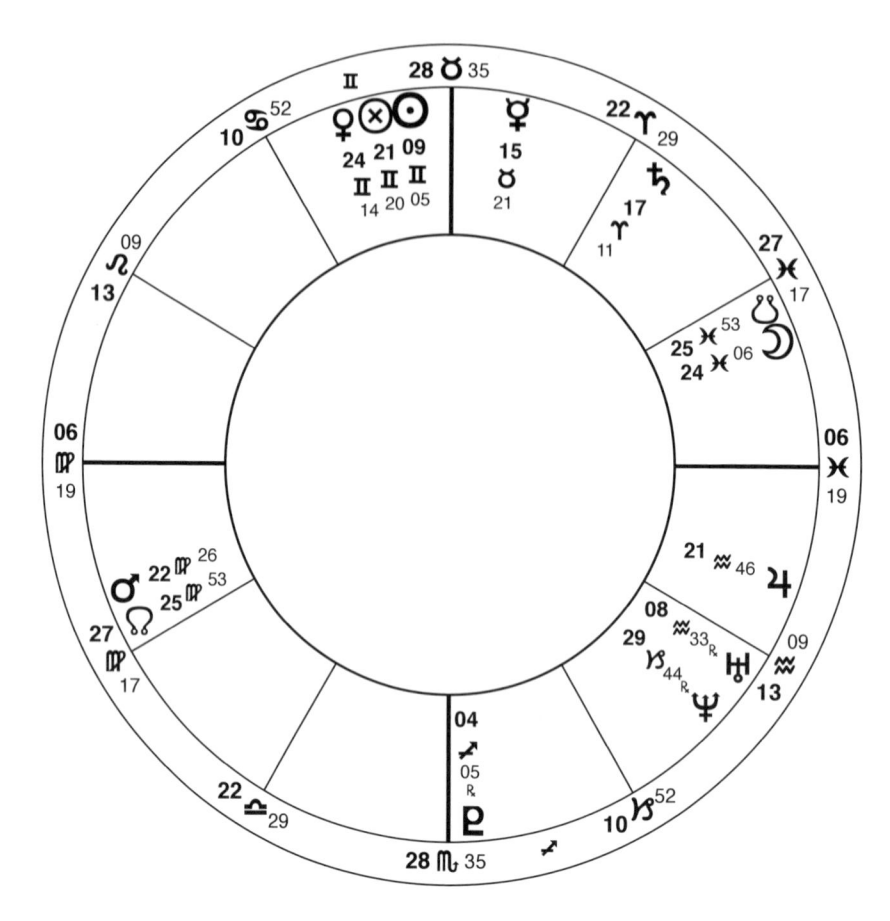

〈兵工廠會贏得任何賽事嗎？〉英國夏令時間 1997 年 5 月 30 日 12:14 pm，倫敦。

「如果說每一度代表一個月，這樣子水星走到上中天正好是一年，剛好可以在下個賽季結束前獲得勝利！所以兵工廠會贏個什麼回來。」

「正是如此。只是說會是什麼冠軍？他們一共參加四場賽事：一場在歐洲，三場在英格蘭——英格蘭足球全國聯賽（National League）、足總盃和次一級的淘汰賽制聯賽盃[21]。我們從歐洲開始，他們在那裡的表現如

何？」

「無力的土星在九宮始點：這對長途旅行的宮位來說是一個嚴重折磨。在那裡不會獲勝。」

「很好。次一級聯賽盃的決賽在三月，距離當時只有十個月；勝利的指標顯示大約是在十二個月後取得勝利，就可以先排除這一場賽事。我們還剩下全國聯賽和足總盃，兩場都在五月決勝負。」

「大師，我想不出來，怎麼知道贏哪一場？」

「我們現在要描述勝利的輪廓，就必須查看代表勝利的行星：十宮主星。金星本身顯示勝利，它所在的星座就會描述出勝利的樣子。雙子座是哪種星座？」

他想了一會兒，然後高興地跳了起來。「是雙體星座（double-bodied sign）！顯示雙重性，他們兩場都會贏！」

「結果他們的確兩場都贏了。」

「天啊！大師，您預測兵工廠兩場都贏？在賽季開始之前？您的名聲可以一直流傳是真的厲害！」

「哎，不是。一場是在電視節目《今夜倫敦》（*London Tonight*），我說他們會贏得全國聯賽冠軍。另一場是在電視節目《月光下》（*Under the Moon*）說的，他們會贏得足總盃。我完全沒有意識到，將這兩次的說法合在一起就代表他們兩場都會奪冠。藝術是美妙的，但難免落到愚鈍的藝術家之手。」我再打他一下，確保他也記住了這一點。

---

20. 參見《卜卦占星教科書》第十三章關於應期的討論。
21. 中譯注：此處指英格蘭足球聯賽盃（English Football League Cup）。

「比較這張星盤，」我繼續說道，「同樣的問題：『兵工廠會在下一個賽季贏得任何賽事嗎？』這題是在上一個賽季結束後不久，一位兵工廠的球迷提出的問題。」

「兵工廠再次由一宮顯示，」他開始說著：「因為問卜者是球隊的粉絲，所以這一次球隊是太陽代表。」

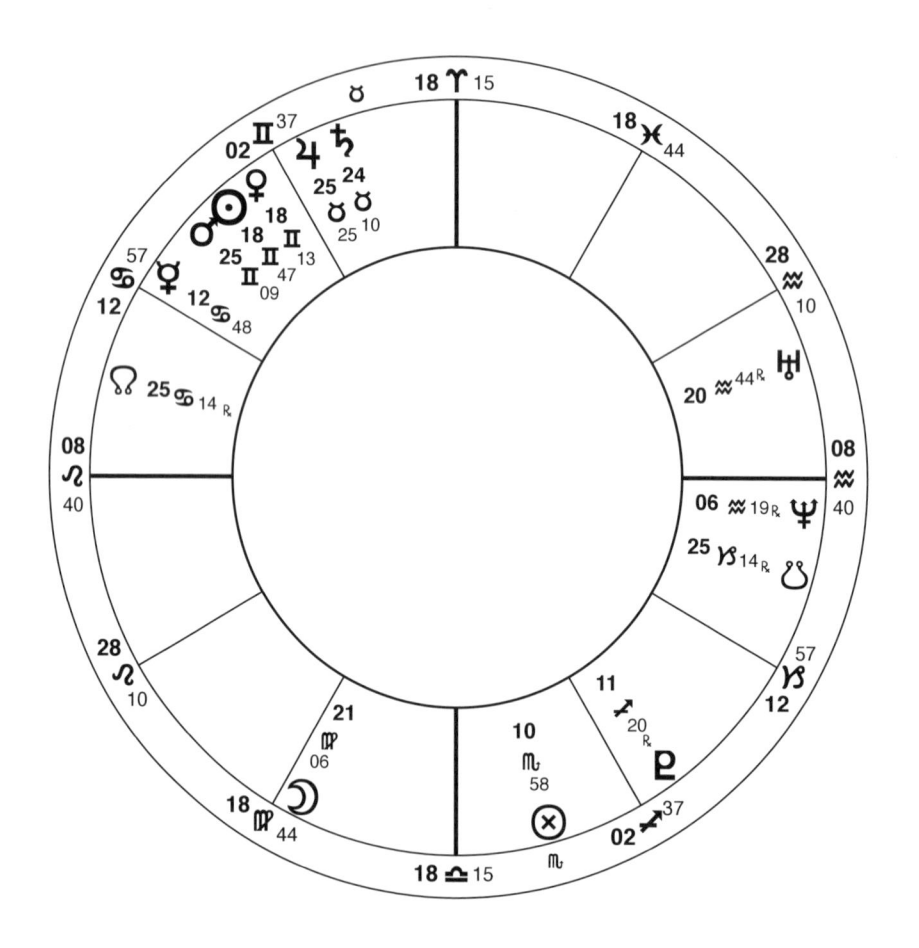

〈兵工廠會贏得任何賽事嗎？〉英國夏令時間 2000 年 6 月 9 日 8:56 am，倫敦。

「有任何將太陽與十宮主星連結起來的相位嗎？」

「太陽入相位和火星合相，火星就是十宮主星。」

「對。不過？」

「不過什麼？」幸好占星大師如僧侶般奉獻全身心的精神，先讓我沒了頭髮，否則我一定會把頭髮一把把扯下來。「太陽會先發生什麼事？」

他回頭又看了看星盤。「金星先完成和太陽合相。」

「所以是？」

「回大師，那是禁止。它禁止了太陽和火星的合相。」

「確實如此，不過這沒那麼重要。太陽和火星的合相本身是什麼狀況？」他無奈地聳了聳肩。「孩子，做好準備吧。所有跟隨占星大師學習的人都必須撐過一個啟蒙儀式，現在你的時候到了。」我撿起一塊早在黎明前就被山風吹乾的犛牛顎骨，開始用一顆打火石為它塑形。他瑟瑟發抖地坐著等待幾個小時後，準備工作完成了。我把這塊骨頭放到火上烤到發光，然後用力地將它壓在他的額頭上。這句話是：

### 查閱星曆表

現在已成為他身上永不磨滅的印記。

「可是大師，這是什麼意思？」

我把星曆表遞給他。他一頁頁地翻著這些已被翻閱到起皺褶的莎草紙頁。「喔，現在我懂了。這兩顆行星在換星座之前，太陽都追不上火星；要走到巨蟹座10度、超過巨蟹座三分之一那邊才會完成相位。我還以為會更早發生。」

「這就是為什麼查閱星曆表至關重要。你認為行星之間正在發生的事情，很少真正發生在行星之間。你知道太陽移動得比火星快，但你不也發

現它要花上這麼多時間才能追上火星而驚訝，不是嗎？」

「非常驚訝！」他恭敬地說。

「所以我們知道太陽與十宮主星之間沒有任何連結。裡面還有沒有其他什麼可以顯示勝利？」

他像隻狼般在星盤上來回巡視，但一無所獲，直到說出：「上中天在太陽的旺宮。」

「的確如此。好觀點，不過無關緊要。如果有太陽在那裡，就真的好；但沒有太陽，這一點就沒有特殊意義。」

「所以說兵工廠在下個賽季什麼都不會贏。」

「他們的確沒有。但是我們能在這裡發現一些好消息嗎？畢竟，如果可以在不曲解占星藝術的情況下讓客戶滿意，也是件令人愉快的事。我們仍然有太陽和火星的合相，並且會發生在下一個星座。」

「可是您說這被金星禁止了。」

「就這個賽季的事件而言，也就是目前星座範圍內發生的所有狀態，這個合相並不算在內。我們問題範圍僅限本賽季：該星座的終點。在此之前，這個合相不會發生，所以金星其實沒有禁止到什麼，它禁止的是本來就沒有的東西。而且禁止是發生在該星座邊界內：本賽季期間。只是……？」

「只是合相會在下一個星座完成，兵工廠會在下一個賽季拿個什麼冠軍。」

「很好。那麼他們會贏得什麼賽事？」

「完成合相時，火星在……」我打斷他的話，一整天下來用棍子打這樣就夠了。

「不是這樣看。火星現在在哪裡？」

「在雙子座，是雙體星座。他們又贏兩場？」

「沒錯,他們又贏了兩場。」

「大師,所以贏得兩場賽事冠軍不是什麼大事,感覺很常發生啊。」

「九〇年代中期之後才是這樣,在此之前很少見。然而這些預測在當時是出乎意料的,因為幾乎沒人認為有球隊一定能像這樣打破曼聯（Manchester United）在英格蘭足球界的統治地位。這可能性低到當我在《今夜倫敦》做出前一場賽事的預測時,那位採訪我的人甚至說出:『我完全相信約翰‧弗勞利,直到他跟我說兵工廠會贏得聯賽冠軍。』一年後,他們重播了這段訪談。」

「大師,我一定會記住,如果問題是關於特定賽季的事件,徵象星目前所在星座的終點就是那個賽季的結束時間。」

「一般來說,是這樣沒錯;但你必須用常識來思考。如果賽季才剛開始而徵象星卻已位在目前星座的 28 度,那麼該星座邊界就不會顯示該賽季的結束時間。始終都是斟酌的藝術。」

他停頓了一下,才開始說道:「我們可以問某一隊會不會贏,那我們可以問是『哪一隊』會贏嗎?選出整個比賽的冠軍?」

「理論上,這非常單純。我們就起一張星盤,找出第一個與十宮主星形成相位的行星,如果沒有,就找即將合相上中天的行星。」

「超簡單!」

「哎,不簡單。等到要決定那顆獲得勝利的行星究竟指的是哪一支球隊,或個人運動中的哪一位選手時,你就知道問題在哪了。雖然這看起來似乎也很簡單,不過我很少成功過。最直觀的方法是利用俱樂部的綽號。近年英國足球界有一個趨勢,就是拋棄傳統的綽號,換一些什麼來勁的、聽起來像美國人的名字。我懷疑這些新名字是能幫得上什麼。況且許多傳統的名字與球隊之間有實際的連結。例如,刀鋒（The Blades）最早的球員和支持者都來自鋼鐵廠,而磨坊主（The Millers）則是來自各家磨坊。」

「那問題在哪裡？」

「想想看：最近英格蘭足球的頂級聯賽一直由紅軍（The Reds）、紅魔（Red Devils）和槍手（Gunners）主導。」

「火星，火星，火星。」

「然後假設刀鋒大爆冷門踢進冠軍決賽。」

「好多火星啊。」

「就是這麼多。再舉另一個例子，這次來看蘇格蘭足球。哪顆行星代表哈茨（Hearts，心臟）？」

「當然是太陽。」

「對。或者說，也許是。以名字來說沒什麼『當然』就怎樣。這支俱樂部的全名是中洛錫安哈茨足球俱樂部『Heart of Midlothian』（中洛錫安之心）——這是一座著名監獄的名字。」

「所以是土星。」

「但這支俱樂部的綽號是源自果醬餡餅（jam tarts）並與哈茨（Hearts）押韻的醬寶茨（Jambos）。」

「原來是金星！太混亂了。」

「如果是個人選手就更困難了。僅有少數選手的名字與占星有明顯關連：網球選手維納斯・威廉絲（Venus Williams）[22]；司諾克撞球（snooker）選手約翰・維戈（John Virgo）[23]；但大部分父母哪有這麼配合。以維納斯・威廉絲來說，當她狀態好的時候，假如金星是代表優勝者的那顆徵象星，那我們就有理由相信金星代表的是她，而不是該屆大賽中其他潛在的金星選手。這種情況真的太少了。」

「這招用來排除像她這樣的熱門奪冠選手可能很有效。」

「確實如此。但要是我們知道這點就滿足，不如直接問『維納斯・威廉絲會贏嗎？』」

「所以說這種問題我們沒有其他方法了？」

「看看這個。『哪一隊會贏得英超冠軍？』我不需要為這個例子刻出一張新的星盤，只需要更動一些數字和移動月亮的位置就好。

「有任何行星入相位十宮主星嗎？沒有，我們已經知道太陽要到下一個星座才能追上火星。有任何行星可以合相上中天嗎？沒有。大師，那現在該怎麼辦？」

「我們手上沒有任何有關勝利的指示，但總有人會成為贏家。綜觀整張星盤，你還有注意到什麼嗎？」他看起來和布蘭妮一樣茫然。「沒有嗎？看看月亮──是什麼狀態？」

「啊，月亮空虛了！什麼事都不會發生。」

「看好了，肯定會有事發生。比賽如期舉行就一定會有冠軍。我聽過很多關於賽事盤月亮空虛的胡言亂語：『什麼都不會發生。』、『不會有結果。』哼！」塞德那扇著翅膀，並對這種愚蠢的行為憤怒地嘎嘎撻伐。「這樣說只能表示那些比賽永遠都不會結束的意思，即使是和局也算是一種結果。」

「大師，所以它到底是什麼意思？」

「這是表示不會有任何改變的證詞。它可以被推翻，但假如我們沒有與它相斥的證詞，就沒有推翻的著力點。上一個賽季獲勝的球隊將再次贏得冠軍。這季比賽剛結束，曼聯贏得了英超冠軍──他們會在下一個賽季再重演這一壯舉。」

---

22. 中譯注：原文以 Venus 為名，與行星金星（Venus）同字。
23. 中譯注：原文以 Virgo 為姓，與星座中的處女座（Virgo）名稱相同。

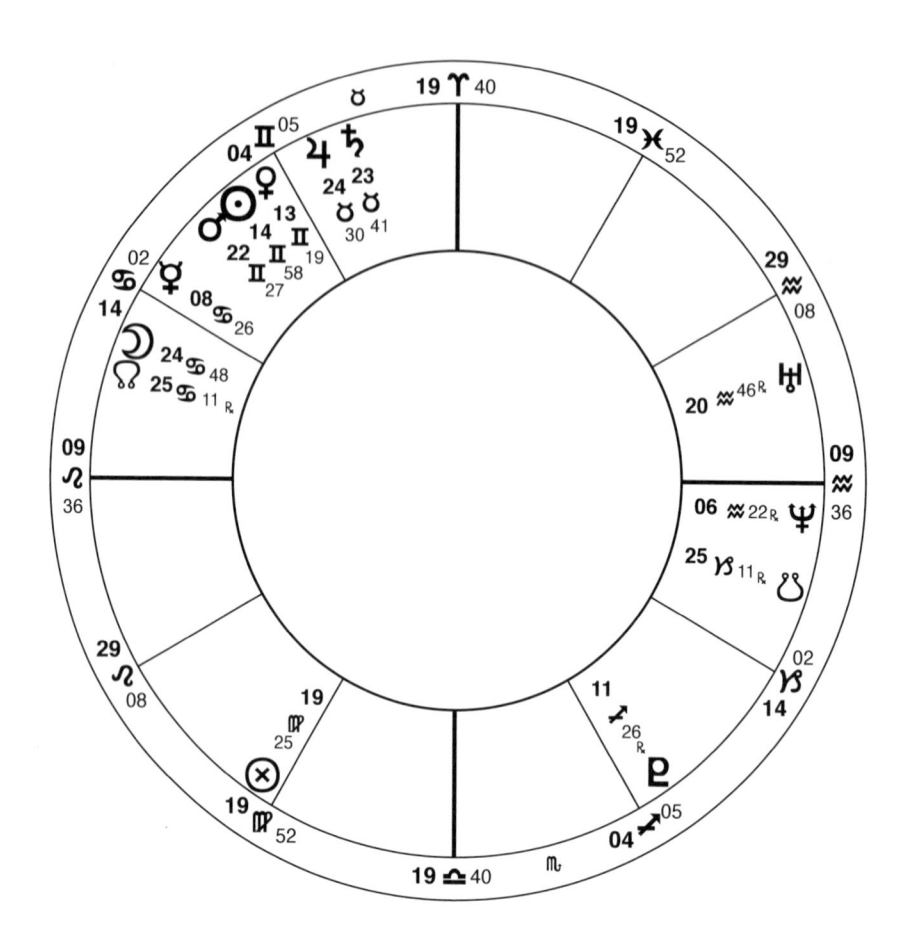

〈哪一隊會贏得英超冠軍？〉英國夏令時間 2000 年 6 月 5 日 9:17 am，倫敦。

「大師，我會記住這點的。我一定不會只用自己想從星盤上看到的訊息來下判斷，一定會對星盤可能暗示的一切保持警覺。」

「很好，小子。但也要注意問題脈絡，有時這也會成為指引我們判斷的依據。例如，蘇格蘭足球聯賽（Scottish football league）幾乎總是塞爾提

克（Celtic）和流浪者（Rangers）的兩強爭霸。由於宗教分歧，塞爾提克成了天主教的足球俱樂部，流浪者則是新教徒的足球俱樂部；因此，任何有興趣提出這個問題的人，就算稱不上是球迷，也很可能偏向支持其中一隊。所以如果問『哪一隊會贏得蘇格蘭聯賽冠軍？』我們可以把這個問題當作『我們』對抗『他們』，一種雙方之間的直接較量來處理，而這場較量將持續整個賽季，不僅是單場比賽而已。」

「大師，我知道了。可以吃晚餐了嗎？」

「去吧！」我用棍子捉弄了他一下，打發他上路。

當我們坐著咀嚼乾根菜當晚餐時，他問道：「大師，我很想知道您判斷兵工廠星盤的故事。您怎麼會從同一張星盤做出兩個各自獨立又不同的預測。這過程到底是怎麼發生的啊？」

「那是我為某位球迷解讀過的星盤。然後有兩個電視節目請我提供一些預測。卜卦占星一直都是預測體育賽事最可靠的方法，因此我會盡可能使用手邊解讀過的卜卦盤。我在兩個不同的場合都拿出了這張星盤，其中一個場合我滿腦子只有一種說法，另一個場合又只有另一種說法。」

他咯咯笑了起來。「大師，聽起來您對自己大腦的控制力沒有很強啊。」

「那你又有？也許你可以決定去思考某件事，但你能讓某個特定的念頭出現在腦子裡嗎？這就是為什麼荷馬（Homer）總是談論著眾神將想法傳到某某人的腦海中，如果這個想法沒有被傳送，那麼想法就不會出現。」

「所以我們沒什麼可以做的了。」

「完全沒辦法。不過我現在要告訴你，我學習占星學的過程中最寶貴的一課。事情發生在一九九九年五月二十六日晚上。曼聯踢進了歐洲足球俱樂部最負盛名的歐洲冠軍聯賽（UEFA Champions League，簡稱歐冠聯賽

或歐冠盃）的總決賽，比賽將在巴塞隆納舉行。有個電視節目邀請我去看球賽，要先對比數進行預測並封存，等賽後再公布預測結果。」

「哇，大師！這是一趟巴塞隆納之旅。」

「我當時也是這麼想，可惜結果不是。只有去倫敦沒那麼芬芳的街角裡一家運動酒吧看電視轉播而已。總之，我起了張星盤：不是卜卦盤，而是一張以開賽時間設置的星盤。晚點我會告訴你這該怎麼做。星盤顯示奪冠熱門的強隊會獲勝，那是曼聯。我對此非常有信心。不過我必須預測比數，再怎麼說這只不過是有根據的猜測。星盤上顯示的進球數不會很多，但看起來敗隊會進一球。進球數少，敗隊得一分：比數似乎很有可能是二比一。最大的問題是，星盤顯示勝利要到比賽後段才會現身。究竟多晚？是比賽正規時間快結束的時候？加時賽（extra time）？PK大戰（penalty shoot-out）？我必須寫出明確的預測：這個節目沒什麼興趣了解『但是』或『也許』。」

「大師，好可怕啊！」

「也不會。我當時並不擔心這些。我沒有想要證明什麼。不論預測結果是對是錯，都無損占星學這門技術的有效性或我作為占星師的能力；而不論出於什麼原因，結果只能證明一件事，就是本次的預測是對還是錯。還有，這節目不以對抗性為賣點，也會過幾天才播出。要是我預測錯誤，他們很可能就把這段剪掉。畢竟，『占星師算錯了！』並不是什麼頭條新聞。」

「有道理。」

「但是參與這項任務的人很多。主持人、導演、攝影師、燈光師和音效師：他們全都是為了這件事大老遠專程趕到倫敦這處荒涼的地方。我確實覺得如果我算錯了會讓大家失望。」

「大師，所以您做了什麼？」

「我盡了所有占星師該做的本分,把這一切託付到聖母手中,請求祂賜予我完成應行之事的恩典。我寫下預測並把它交給酒吧的老闆,他大張旗鼓地把它鎖進保險箱中。」

「然後呢?」

「過了九十分鐘,曼聯〇比一落後,他們踢得很糟糕;對手拜仁慕尼黑(Bayern Munich)主導了整場比賽。比賽只剩下因處理受傷的三分鐘補時,這間酒吧想也知道擠滿了曼聯的球迷,所以氣氛一整個低迷到不行。攝影機拍下這位冷靜的占星師向球迷們保證,剩下的時間綽綽有餘。曼聯進球了,所有人心裡都想著準備進入加時賽。曼聯又踢進了一球,接著響起終場的哨聲。這場比賽的精彩結局是我們大多數人前所未見。隨後保險箱被打開,預測解封:『曼聯在比賽正規時間二比一勝』。」

「哇!大師啊!太精彩了!」

「是說,也不盡然。其實是紮實的占星學識和上天恩典做出的正確選擇。那是我最寶貴的一課:無論我們的知識多麼淵博,注意力多麼集中,我們都無法強迫二股想法合而為一,一切都是恩典。我的教導可以提供你一些知識,如果你努力用功,練習、練習、再練習,知識將不斷增長,到時我就必須介紹你到其他地方取得恩典了。」

隔天一大早,我又從洞口的野生高山棕摘了一些葉子,畫上一些星盤。「這些星盤你自己解解看,」我告訴他,「你會在〈附錄4〉找到判斷的解答。」

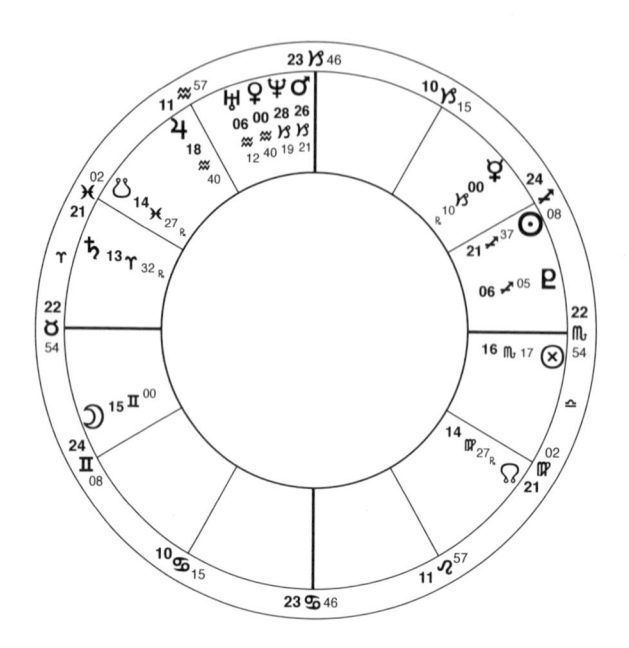

〈例題星盤1：這場比賽我的球隊會贏嗎？〉格林威治標準時間1997年12月13日2:14 pm，倫敦。

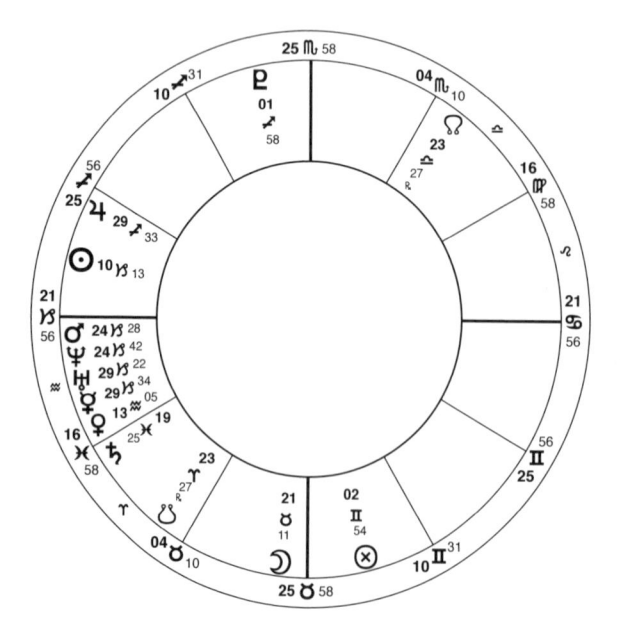

〈例題星盤2：(指定的球隊)會贏得這場盃賽的冠軍嗎？〉問卜者既不支持也不討厭這支隊伍，純粹出於好奇而提問。格林威治標準時間1996年1月1日8:54 am，倫敦。

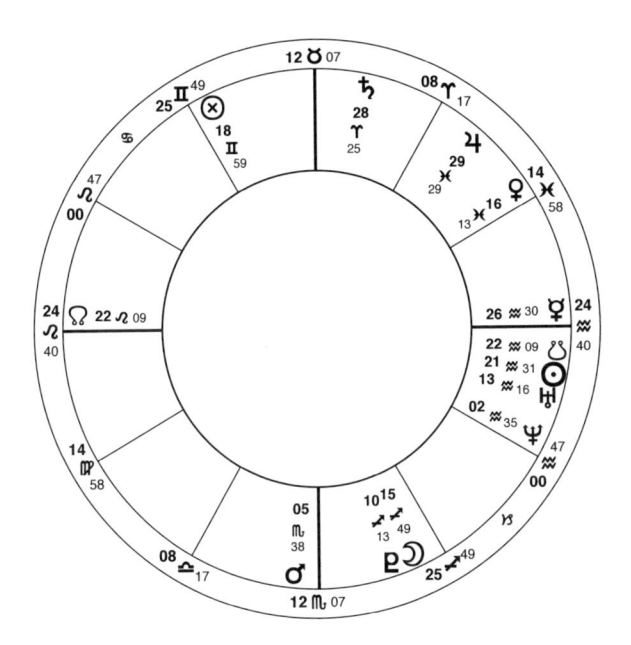

〈例題星盤 3：這場比賽我的球隊會贏嗎？〉格林威治標準時間 1999 年 2 月 10 日 5:18 pm，倫敦。

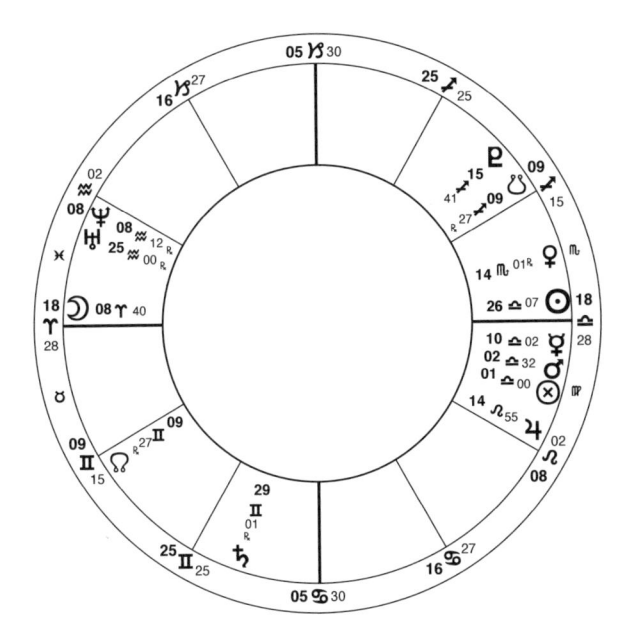

〈例題星盤 4：我的球隊會降級嗎？〉本賽季排名墊底的球隊，將會降級到下一級聯賽。英國夏令時間 2002 年 10 月 19 日 5:44 pm，蘇格蘭登地市。

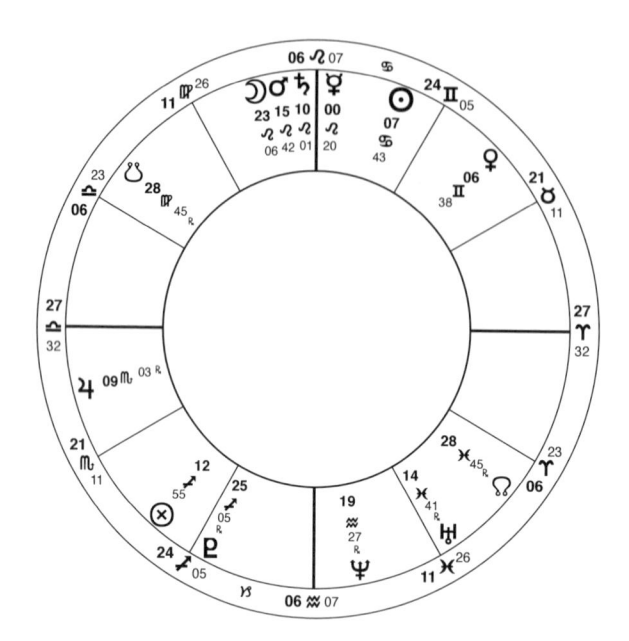

〈例題星盤5：這場比賽冠軍會衛冕成功嗎？〉英國夏令時間2006年6月29日3:26 pm，50N07 5W32。

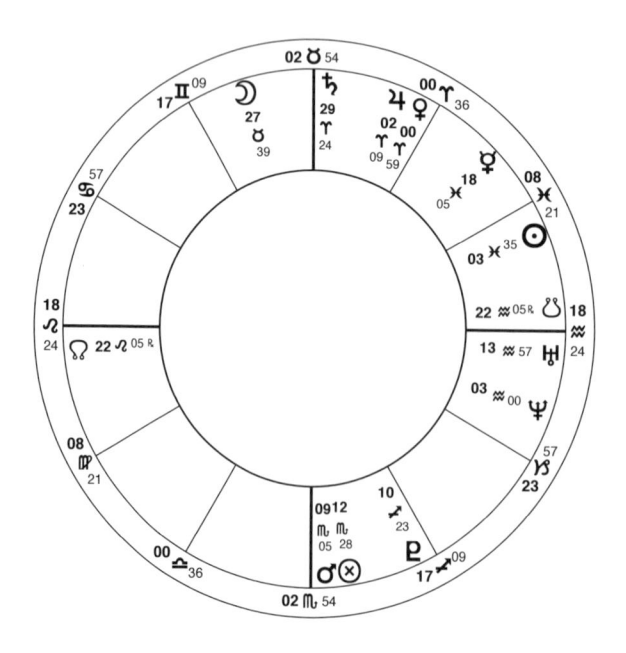

〈例題星盤6：我的球隊會贏得升級嗎？〉本賽季結束時，排名前四名的球隊將升級到上一級聯賽。格林威治標準時間1999年2月22日3:55 pm，倫敦。

## 插　曲

# 「一代拳王」[24]

　　誕生星盤的七宮，尤其是七宮的宮始點，是最能清楚地指出命主如何與世界互動的位置。位在七宮始點 1 度或 2 度內的行星，將對這個人與他人的相處方式產生主導性的影響，無論對方是他心中「重要的人」，還是一般組成整個世界的普羅大眾。如果有顆行星位於此處，通常就是這位命主的熟人被問起他的樣子時會提到的特點。

　　那麼，當我們發現一位因痛毆打人而聞名，出手還很重的男人，竟然是金星在他本命盤（nativity）的這個位置上時，很可能會為此大吃一驚。然而，要是我們回想起穆罕默德・阿里（Muhammad Ali）深受大眾厚愛的形象——與麥克・泰森（Mike Tyson）這類令人畏懼的人物之間鮮明的對比——這個配置就不那麼讓人想不通了。毆打人或許成了他的職業，並因此受人仰慕，享有盛名，但他並沒有留給大眾一個暴力者的形象。

　　就其相關配置而言，金星對分相上升點，即星盤中命主自我的部分，而金星主管十宮，顯示阿里與權威的衝突，不論在他選擇的運動領域或面

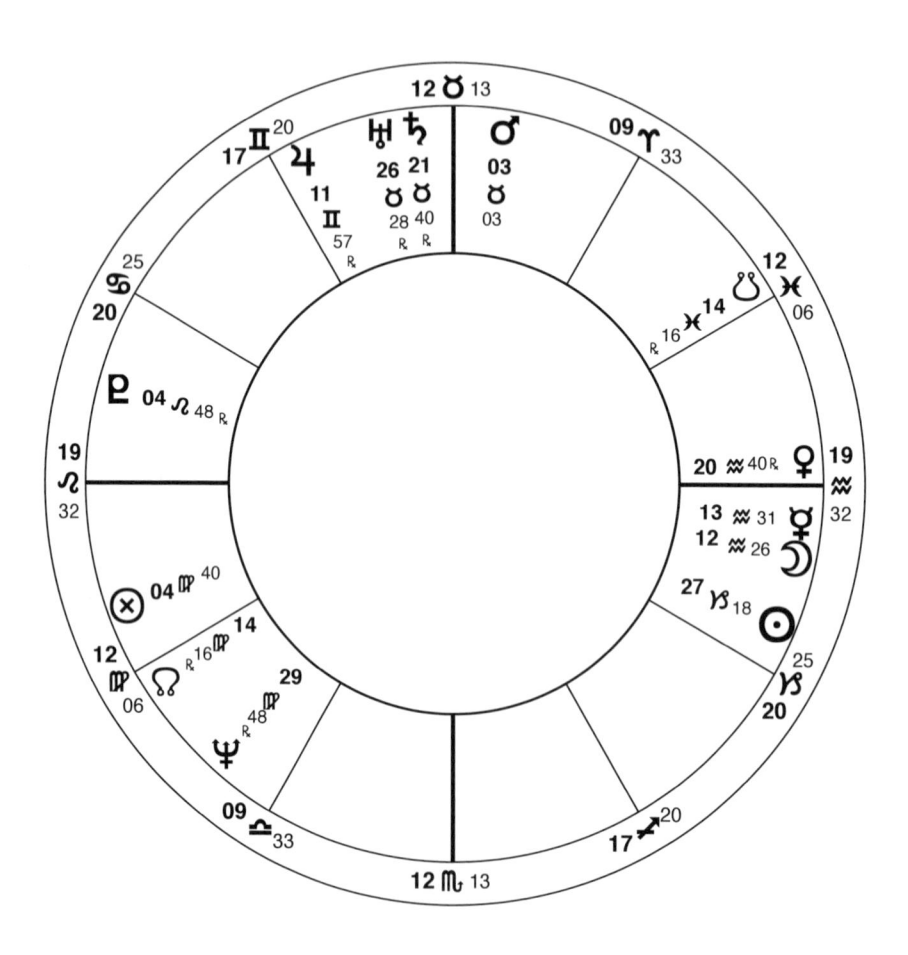

〈穆罕默德・阿里〉美國中部標準時間（CST）1942 年 1 月 17 日 6:35 pm，肯塔基州路易維爾（Louisville, Kentucky）。

對外界皆有此情況。金星與七宮主星、敵人之間的互容道盡了一切：第一個出手奪去他冠軍頭銜的不是他的對手，而是權威當局。

有一顆像金星這樣與上升點呈緊密相位的行星，會對命主的外貌產生重要影響。而這顆行星既是金星，又位在水瓶座這個有聲星座（voiced sign），所以聽到他經常公開表示：「我很美！」也就不足為奇！

上升點自身坐落在恆星軒轅九（Algenubi）上，因而為命主的性格添上色彩。軒轅九位於獅子座的天文星座，所以我們可能預期會看到像百獸之王般強大的暴力行為。從星座圖像來看，這顆恆星位在獅子的口中，所以除了兇猛、不可抗拒的力量、冷酷的撕咬之外，我們還預計有大量且兇猛的低吼聲，這些都出自獅子的嘴巴。哪兩顆行星的結合能夠描繪出一位重量級拳擊手？當然是火星和土星。正如托勒密所說，軒轅九的本質即是火星和土星的合體[25]。根據恆星權威維維安・羅布森（Vivian Robson）的說法，軒轅九「帶來一種大膽、狂妄、殘忍、無情、野蠻和破壞的天性，但具有藝術鑑賞力和表達的本領」[26]。金星可能會緩和其中一些跡象——雖然他在一九六七年對戰厄尼・特雷爾（Ernie Terrell）刻意拉長折磨的舉動，依舊是「一個殘酷的野蠻行為」[27]——但以作為「路易維爾的大嘴巴」

---

24. 原文'THE SPORTSMAN OF THE CENTURY'，此稱號來自《運動畫刊》（*Sports Illustrated*）和 BBC。
25. Claudius Ptolemy, *Tetrabiblos*, p. 49; trans Robbins, Harvard UP, 1940.
26. Vivian Robson, *The Fixed Stars and Constellations in Astrology*, p. 123; London, 1923, reprinted Nottingham, n.d.
27. 引述自記者特克斯・莫爾（Tex Maule）的觀點，http://en.wikipedia.org/wiki/Muhammad_Ali。

（The Louisville Lip）的人物特寫來說，羅布森對軒轅九的描述與此不謀而合。

所有軸點和七大行星中的五顆行星都位在固定星座，為阿里提供了必要的韌性，讓他被肯・諾頓（Ken Norton）擊碎下巴後還繼續打了十回合，而他的「倚繩戰術」（rope-a-dope）也仰賴於此。他對手的徵象星是土星，七宮的宮主星。土星目前逆行，處於即將轉向順行的狀態。為此，它必須減速到靜止，「進入停滯」。行星失去速度時就會失去力量，就好像它累了一樣。因此，如果阿里能夠引誘他的對手漫無目的地出拳使力，當他像這樣靠在繩索上吸收掉所有攻勢時，對手就會感到疲憊不堪。事實證明這招確實有效。

同時，阿里的速度非常快。當土星這顆行動最遲緩的行星，作為對手的徵象星位在金牛座這個行動最遲緩的星座時，他不用太刻意就能比對手更快；但其實他快得不得了。一宮的宮主星，阿里本人的主要徵象星，是太陽。太陽的移動速率從來沒有顯著的變化，所以我們不好說它移動得到底是快還是慢。然而，阿里雙腳的徵象星卻截然不同。雙腳由十二宮顯示，其宮主星是月亮。阿里出生時，月亮的運行速率非常快，每天移動超過 14 度。腳步快速，又與敏捷的水星緊密合相，我們看到了著名的「阿里滑步」（Ali shuffle）：

> 我步如蝶舞，攻如蜂刺；
> 你眼跟不上，拳打不著。

第二章

# 事件盤

「喔,太好了大師!現在我已經摸透了卜卦占星,應該沒有知識超出我求知的心。我目前還有什麼辦不到的嗎!」

「相當多啊,年輕人,」我一邊回答,一邊整理我的棍子,想找一根夠結實的來打消他這種狂妄的念頭。「除了你自己容易犯錯的這個最大弱點之外,藝術本身也有侷限性。」

「不!」他喊道,「這不可能。這種天球藝術怎麼會有侷限性?您是不是藏了什麼沒跟我說,只把一些黑暗的奧祕透露給……」

「……給有美國運通卡的人?」我打斷了他的話,「不。他們接受指導時唯一的不同,就是我用了更大根的棍子。儘管藝術可能是神聖的,但藝術家卻是平凡的,只能看出凡人生活的各種可能性。這個世界並不神聖,不是完美的,所以占星學中也沒有完美的容身之處。我們可以研究星象,但我們人,仍在地球上。」

「大師,您也是嗎?我決不相信您會犯錯。」為了證明我的論點,我向他揮了一拳,失手了。「所以說,卜卦占星的這些侷限性到底是什麼?」他揉著被我第二次揮拳擊中的肩膀問道。

「占星學的一切都應該慎用,小子。我希望你現在已經有足夠的智慧意識到這一點。鹽可以增加菜餚的風味,但鹽本身就是一道可惡的菜。卜卦占星尤其如此,因為卜卦占星非常容易上手,所以很容易誘使不謹慎的人過度使用。有些為戀愛煩惱的人會問『這個人嗎?是這個人嗎?』還有一些衣著凌亂潦倒的演員,他們每一次試鏡都會問『這次嗎?是這次嗎?』這不是占星學,而是渴望魔法的無能。這並不值得鼓勵,因為不可能提供那樣的魔法。事實上,這般兩三次的詢問之後,宇宙似乎就失去回應的興趣。在你前往我洞穴的路上,肯定見過使用《易經》占卜的人吧。」他點了點頭。「那麼,你也許會想起那句爻辭:『昔示,你不察,又何纏問我乎?』卜卦盤也有類似的反應,顯然它們已無意回答這個問題。」

「但是同一個問題肯定可以問不止一次吧？」

「嚴格說來，提出同一個問題，就如同想要踏入一模一樣的水流兩次，那是不可能的；但我明白你的意思。就像你說的，人們的確會就一些緊迫的問題反覆提問。不過，當我們這樣做了一陣子之後就該明白，卜卦盤應該會在我們直接要求回覆的訊息之外，教導我們一些什麼：要麼顯示這些資訊沒那麼重要，不然就是提示我們可以撇開夾在中間的占星學，自己直接參與事件，從而感知我們需要知道的一切。我們可能會請教那位善於預測天氣的老水手是否有場暴風雨即將來臨，只是一旦他三、四次地為我們指出相同形態的雲層之後，出於禮貌，我們就該讓他好好抽煙斗，自己去判斷預兆。星辰也該得到相同的尊重。」

「那麼假如有人反反覆覆問同一個問題會怎麼樣？」

「過一陣子——很短的一陣子——星星失去興趣，它們就把球收一收回家了。」

「所以就像童話故事裡，善良的仙女給你三個願望一樣，這些就是你能得到的一切？」

「也不盡然，但卜卦占星確實要慎用。想想看：我們有一位球迷，當他們要與本地對手進行恩怨對決時，提問『我的球隊會贏嗎？』然後在淘汰賽對上強大的超級明星隊時，重複問了這個問題；然後在賽季末決定他們下個賽季參加哪一級聯賽的關鍵比賽之前，又再問一次。或是，我們有另一位球迷，是在每一場比賽前都會問『我的球隊會贏嗎？』這兩人就有很大的差別：一位是合理使用卜卦占星，另一位則不是。如果第二位球迷在比賽前就問了這個問題兩次，原因是他不喜歡第一次得到的答案，那差別就更大了。」

「知道了，大師。我們不能在每一個不重要的時刻還一直問同樣的問題。而且您已經告訴過我，當問卜者對這一隊或另一隊都沒有偏好時，我

們不能用卜卦占星。」

「沒錯。有充足準備的賽事占星師，會有先見之明把不同球隊的眾多支持者塞進櫥櫃裡，因為他們每個人都隨時準備跳出來，詢問球隊下一場比賽的卜卦問題。如果沒有經過充分思考就什麼都問，那麼很快就會遇到卜卦占星的侷限性。事實上，這些侷限性出現在運動場的情況比其他所有領域都還要明顯。」

「我覺得卜卦占星是一種非常棒的方法。」

「確實如此，這是目前為止最可靠的方法；但它只適用於特別的時刻。如果我們想要預測日常的運動賽事，我們需要另一種技術。」

「我知道！我知道！」他大喊著，像溜溜球一樣上下跳動。「我們可以用誕生星盤。」

「哈！對──誕生星盤法。你說說看我們該怎麼做？」

「我們可以查看參賽者的星盤。這會告訴我們今天誰成功了，誰失敗了。」

我看了看我的棍子，又拿在手裡仔細掂量了一下。希望落空了，我覺得這根棍子還不夠結實，沒辦法給這種答案應有的沉重打擊，因為有些占星師顯然很認真地聲稱他們使用的就是這種方法。「讓我們試想一場足球比賽。每隊有十一位球員，外加五位替補球員，他們有可能上場比賽，也可能不上場。兩隊的球員名單通常開賽前不久才會宣布，這樣就有三十二張星盤需要研究。其中最多有十張可能無關緊要──但你不知道是少幾張，也不知道是少哪幾張。再加上領隊（manager）的星盤，為數可觀。你有記下他們所有人的星盤時間嗎？我很懷疑。接著我們就得研究這些星盤了。」

「這很簡單！我們只需要知道當天行星的位置。」

「對，流運（Transit）。」我打了個響指，塞德那就一蹦一蹦地跳到我這邊，嘴裡叼著一本古老的皮面裝訂書。「小子，你瞧瞧：《占星學大

辭典》。」我打開書並唸出來：「流運法：巴比倫語，意思是『我懶得做正確的占星學』。」他瞅著我，好像我踩到了他最喜歡的玩具。

「威廉・里利的《基督教占星學》（*Christian Astrology*）長達約八百五十頁。他用了三個章節來論述流運法，比該技法應得的章節篇幅多了兩個半[28]。然而，每當聽到一些占星師說起流運，你會以為那樣就包含了全部的預測技法。你研究過流運法嗎？」

「回大師，我當然有啊。」

「你從來都沒有注意到，你害怕的土星流運時是如何的⋯⋯沒事？而你如此翹首盼望的木星流運時卻⋯⋯沒事？在體育方面，流運愛好者尤其喜歡火星流運。根據里利的說法，火星流運『會讓命主變得暴躁或熱情』[29]。如果有人從事職業運動，我倒希望他真能讓自己激情澎湃！除此之外，這樣流運還能告訴我們什麼？」

「那麼流運法有什麼用處？」

「少得可憐。無論我們占星調查的主題是什麼，用處都如此地少。流運愛好者把占星學當作一種聖經占卜（bibliomancy）：打開星曆表，看哪，你就能得到預測結果！事實上差得遠了。沒有背景的流運毫無意義，我們必須首要研究──並徹底研究──誕生星盤。舉例來說，如果不知道誕生星盤中木星的確切含義，以及它的相位結構，我們就無從得知流運木星代表了哪些可能性。木星遠不止是天球版的聖誕老人，它主管了本命盤的哪些宮位？它有多少尊貴？它與其他行星的容納關係如何？假如我們能回答這些問題，也許就會發現流運木星是最不可能為命主帶來成功。只有先了

---

28. p. 741.
29. p. 741.

解本命盤的整體狀態，我們才能開始從這裡進行預測。」

「聽起來好像很費力。」

「這是一項艱巨的工作。你對這場比賽的結果有多感興趣？我們甚至都還沒開始動工。接下來，我們必須考量推運法（progressions）和回歸盤（return charts）。推運法是蛋糕，回歸盤是糖霜。流運法？它只是蛋糕上的櫻桃。去掉櫻桃，蛋糕的味道還是一樣。」

「您是說我必須把三十四張星盤的這些事全做完？大師，我學占星學不是因為喜歡做苦工。」

「艱苦的勞動只是開始。光是辛勤作業還不夠，你也必須培養敏銳的判斷力。所以，你會看到球隊的明星球員打出了他人生中最精彩的比賽；但他仍然可能輸球收場，即使是一對一的比賽也是如此。或者，你會看到一位浪人球員（journeyman player），他與自己的偶像成為對手並走上同一塊草皮比賽是他運動生涯中最輝煌的時刻，但除此之外，他的球隊輸球對他來說毫無意義。又或者，你會看到有位前鋒經歷了災難性的一天，他受傷了，再也沒有回到場上比賽──但他踢進了致勝的一球；或者球隊輸了，但賽後這位球員簽下一份豐厚的新合約，所以對他來說，這一天是成功的，儘管比賽輸了。」

「好複雜啊。」

「我們決不能忘記，運動員也是人。這場比賽對於看臺上尖叫的球迷可能別有意義，對於球員只是辦公室裡的又一天。從他的角度來看，比起比賽結果還有更重要的事，例如開賽前跟領隊吵了一架。你原先認為將會為他贏得比賽的流運木星，其實是他的妻子要生了；流運土星的四分相則是他的車子拋錨了。」

「喔，大師，我們還是不要從本命盤做預測了。」

「非常明智，小子。」他露出了深思熟慮的表情，目光空洞地望著中

間的距離，我能夠意識到我已經說得夠多了。不過，我也發現他的手指有些抽動。「你有問題嗎？」

「大師，我現在明白用流運法是錯的了。請為我的愚蠢打我一頓。」

「你是學生，」我說，盡力擠出慈祥的笑容：「你的工作就是負責犯錯。」我用棍子拍了拍他的肩膀，但我的心思已不在這上頭。

現在他又提了問題。「可是大師，如果研究所有選手的誕生星盤太費工的話，我們不能用球隊的誕生星盤嗎？或者假設我們遇到一對一的比賽，難道這也不能用？」

「看來你喜歡做苦工啊，不是嗎？」我開了一瓶最好的高海拔喜瑪拉雅山脈馬爾貝克紅酒補補身，讓自己不要為賽事預測耗費這麼多精力。振足了精神後，我開始道：「我們這裡有兩種情況。一對一的個人較量以及團隊戰。我們先來看看一對一的比賽。」我用棍子敲了敲他的指關節，確保他在專心聽講。「小子，你說的沒錯。在一對一的比賽，本命盤可以告訴我們一切，前提是你有做完我剛才列出的所有工作，而且你能夠牢記某些現實才行，這些現實往往會被遺忘。」

「大師啊，我是占星學的學生，現實的地方我很少去。您指的是什麼？」

「讓我們以國際政治為例。不久前，美國的好公民們才剛選出能在未來四年裡無視他們意願的人。現任總統喬治・布希（George Bush）的對手是約翰・凱瑞（John Kerry）。占星師們從四面八方的縫隙裡爬出來預測結果。」

「大師，我記得很清楚，他們裡頭很少有人說的是對的。」

「確實如此。我們可以不考慮大部分從星象中只看到自己一廂情願想法的人。但是，即使是那些冷靜判斷比賽的人，也有一個共同的錯誤：占星學太多，現實太少。正如偉大的威廉・里利說的……」男孩迅速站起來，

敬了個舉手禮。「……未做好結合斟酌的藝術。」

「大師，怎麼說啊？」

「占星師們會研究凱瑞的本命盤，包含推運法、回歸法，啊，當然還有流運法，並發現一些有力的正面證詞。他們因此得出結論，認為他一定會勝選。」

「那有什麼問題嗎？」

「問題在於占星調查與現實情況不符。一年多前，很少人聽說過凱瑞這個人。大選之夜，他出現在全世界的每一台電視上；他只差一個州就能成為總統。當然，他的星盤顯示了成就：無論輸贏，這都可能被證明是他一生中最成功的夜晚。」

「我懂了。就像在其他領域的比賽，他可能拿到銀牌也覺得很開心。」

「完全正確。無論政治理論怎麼說，先從實際情況來看。目前有一位現任總統，不論凱瑞的表現如何出色，除非現狀發生變化，否則他不可能勝選。如果布希不會輸，凱瑞也不可能會贏。白宮不會有空缺讓凱瑞填補上。」

「所以說，占星調查必須從布希的星盤開始。假如布希的星盤顯示他不會輸，那我們甚至不用去看凱瑞的星盤。」

「沒錯，就是這樣。我們需要看到布希敗選的證詞，或者是他搬家的證詞，因為他的房子是跟著工作一起動的。並沒有這樣的證詞存在。」

「所以，雖然這看起來像是一場直接的較量，但我們不能就這樣來判斷。」

「正是如此。我們必須分清楚比賽的性質。小子，告訴我，像這樣的比賽，與拳擊冠軍爭奪戰和澳洲網球公開賽（Australian Open）的決賽有什麼區別？」

他的表情顯示出他腦子裡轉著各種想法，而塞德那則兩腳直跳，嘎嘎

地叫嚷著「我知道！我知道！」我讓鳥兒在我耳邊悄悄告訴我答案——當然是正確的——然後轉向年輕人這邊。「在冠軍爭奪戰中，」我解釋道：「情況就像布希和凱瑞一樣。不論挑戰者表現得多出色，只要冠軍不輸，就沒有空缺。而澳洲網球公開賽則不同，即使其中一位決賽選手贏得了去年的公開賽，他也不是目前的冠軍。」

「這樣我們就可以比較本命盤了？」

「可以。不過我們已經討論過這樣做的侷限性——更不用說它所涉及的工作量。如果這是球員們唯一一次打進過的決賽，我們可能預想得到星盤上有一些鮮明搶眼的證詞；但假如這正是他們唯一一次打進過的決賽，那麼即使在輸家的星盤上，我們也要能預期到會出現強大的證詞；拿到亞軍還是相當不錯的成就。如果是瑪蒂娜‧娜拉提洛娃（Martina Navratilova）的星盤，她贏得了一場又一場的網球公開賽冠軍，那麼我們就不會預期她的每一次勝利都會在星盤中綻放占星煙火的記號。這只是辦公室裡的又一天。」

「可是我們應該能用星盤看出比賽當天誰的表現比較好吧。」

「那又如何？也許你想和塞德那來一場飛行比賽。塞德那的星盤上可能出現各種折磨，他可能會完成他有生以來最糟糕的飛行，而你可能比以前更賣力地揮動手臂，但他還是會打敗你。」

「好吧，大師。那我們先不看個人的誕生星盤，我們能查看球隊的誕生星盤嗎？」

「小子，這聽起來是個好主意；但我還沒發現它成功過。這可能主要是因為很難找到具有代表意義的星盤。畢竟，大多數體育俱樂部誕生的起源都是一群小夥子在某片空地上打球。官方星盤通常涉及的是作為企業的俱樂部，而不是作為一群小夥子打球的俱樂部，後者才是我們關心的對象。」

「這樣為什麼我們不用具有運動意義那一刻的星盤？不要商業意義

的？」

「通常是沒得用,任何重要的開創性時刻都會消失在記憶的迷霧中。即使我們知道俱樂部首場比賽的日期,也很少知道開球的時間。」

「大師,那我們還有什麼可以用的?我們可不可以拿比賽本身起一張星盤,然後用這張盤進行預測?」

「你說到重點了。這裡的問題就是所有事件盤(event chart)的難題:哪個人得到哪個宮位?」

「我聽說,事件的發起者會得到一宮。」

「你覺得這是個好主意?想想看:如果有一隻狗咬了你,而你決定為這事件起一張星盤,誰會得到一宮?」

「回大師,我猜是那條狗,牠是發起行動的對象。」

「但假設狗會咬你是因為你踩了牠的尾巴。那這行動是誰引發的?」

「大師,看來事情沒有那麼單純,對吧?」

「確實沒有。有人說,我們可以用這觀點看比賽的事件盤[30];但我們不能這樣做,行動是雙方共同發起的。李・里曼(Lee Lehman)拿棒球舉了例子,說是主隊投出了第一球;但同樣可以說是客隊促成了發起行動,只要人到場就好。」

「那擲幣贏的球隊?或者開球的那支球隊?」

我對這年輕人好聲好氣太久了,我的鬆懈開始影響到他的智慧。在聽到他提出這樣的意見之後,我不得不把他的腦袋帶去煮熟。將他浸在鍋裡煮上幾分鐘,確實對他的思維有一定的幫助,不過燉菜裡混入了他的怪味,讓我不想再用這種方法來糾正他。

「你知道『預』測這個詞吧?」等他擦乾身體後,我問他。

「回大師,有聽過。」

「如果我們要『預』測某事,在事件發生之前進行才有用。」

「回大師，是這樣沒錯。」

「我們很容易就想到使用自然徵象星：火星代表紅襪（Red Sox），月亮代表白襪（White Sox）。但這是行不通的——更不用說我之前提到的問題，當紅衣對紅軍，或槍手對紅魔比賽時會發生什麼狀況。」

「我聽說把上升星座分配給主隊會有效。」

「我還聽說月亮是奶油乳酪做的。不管人們如何堅持，這都是行不通的。」

「好啦，然後呢？」

「里曼認為，許多賽事都可以根據波那提預測圍城戰（siege）結果的指示來進行判斷[31]；我不認同，『圍城』的比喻並不恰當。例如，她聲稱通常可以把主隊視為被圍城的一方，理由是大多數的運動賽事中，主隊獲勝的次數比客隊多。但假設我的國家正在入侵你的國家，如果我軍駐紮在你國家的首都周圍，那是圍城；要是我軍與你軍開戰對決，雖然你軍是在主場作戰，但並不構成圍城戰：這是一場激烈的對戰。她認為主隊有優勢，因此圍城戰成立；但這裡沒有『因此』的道理，很多因素都可以增加某方軍隊贏得戰爭的可能性。占據高地的軍隊比必須上山進攻的軍隊有優勢，先到達戰場的軍隊因為可以先選陣地而更有優勢；但無論是剛才說的這些還是任何其他因素，都無法將一場激烈的對戰轉變為一場圍城戰。」

「這樣我懂了。」

---

30. 此例引用自 J. Lee Lehman in *Predicting the Outcome of Games or Confrontations: Where to Start, in The Horary Practitioner*, vol 9, issue 24, 1998.

31. 同前註。

「里曼還將圍城戰的方法應用在冠軍爭奪戰那一類的比賽，在這種情況下的冠軍，只需避免失敗就能保住冠軍地位，就像被圍困的城市不必擊敗進攻者──民眾可以坐等敵人自行離開。但冠軍爭奪戰仍然不是圍城，圍城的意思是『坐下』：軍隊圍在城門口坐下。假如我們見到有位拳擊手試圖坐在拳王腳邊等他投降來贏得冠軍，或者，實際上是拳王坐下來什麼都不做，只期待挑戰者最終會離開，這些畫面都有違常理。這是一個錯誤的比喻，冠軍與挑戰者的對決不是四宮的問題──『這座城市能撐得過圍城戰嗎？』──而是十宮的問題：『國王會被廢除嗎？』」

「好吧，大師，所以說我們到底該怎麼做？」

## ◎ 判斷方法

「以開球的時間和地點設置星盤。使用普拉希德斯宮位制（Placidus houses），這比照所有事件盤辦理。然後把一宮分配給上盤的強隊（favourite），七宮分配給下盤的弱隊（underdog）。[32]」

「為什麼？」

「因為它有效。」

「我怎麼知道哪一隊是被看好的強隊？」

「如果你有興趣去查看星盤，這部分你的運動知識通常會告訴你；如果沒有，問問莊家就知道了。」

他看起來很不安。「可是大師，博彩業者真的是這種典範？我們可以承認他們是天球界的仲裁者嗎？」

「如果能有一雙天使之手在天空中展開一面旗幟，告訴我們哪支球隊是真正的大熱門，那該多有好啊！但這雙天使之手似乎正忙於其他事務，所以我們只能湊合著用。莊家的賠率是我們眼前最好的衡量標準，它們通

常蠻可靠的,不過也有一些事要注意。記住,這些賠率設計的目的是引誘沒什麼研究的普通玩家(Joe Punter)下注,因此並不完全反映莊家對哪支球隊最有可能獲勝的看法。例如,假設你的國家有支代表隊要與一群卑鄙的外國人比賽。」

「喔!勇敢的選手們!我隨時都會買他們打敗那群討厭的傢伙。」

「還有很多人也是這種心態,沒有仔細評估過各隊的真正實力。因此,你們國家隊的賠率可能會比實際情況要低一些。如果每支隊伍的賠率大致相同時,你可要記住這一點。」

「大師,如果賠率都一樣,沒有上盤的話怎麼辦?」

「那太遺憾了,我們就不能使用這個方法。」他看起來非常沮喪,期待的翅膀徒勞地拍打著,可憐的年輕人。「我們不可能什麼事都辦得到。讓我們為能做的事開心,別為我們辦不到的事感到悲傷。」

「大師,所以說:一宮給上盤,七宮給下盤。」

「也把十宮分配給上盤,四宮分配給下盤。四宮是七之十宮,因此每支隊伍也都有各自的勝利宮位。其他宮位保持中立。」

「那我們就開始衡量各徵象星的力量?」

「小子,我很高興你問了這句,現在我就可以順勢強調最重要的一點,」我回覆他,手帶著節奏猛力地拍打他的後腦勺,讓他明白我的意思:

---

32. 中譯注:在此主題中,favourite 和 underdog 為博彩術語,即博彩公司參照比賽雙方實力差距所訂定於投注盤口(betting line)的顯示名稱。其中 favourite 的中文術語為讓分方的「上盤」,用於指稱參賽雙方中公認實力較強、較被看好獲勝的選手或球隊,通常亦為大眾投注的熱門;而 underdog 的中文術語為受讓方的「下盤」,是公認實力較弱、可能落敗居下位的另一方投注名稱。此二者一般來說可稱為「強隊」和「弱隊」,臺灣閩南語稱為「正盤」和「反盤」。

## 這與卜卦占星的方法不同
## 不要混用

以防萬一，我重複了一遍。再重複一次好了。

「我們處於占星食物鏈的最底層，」我繼續說道，「占星學的技法有層次之分。層次愈高，相對應的技法就愈複雜。例如，卜卦占星是較低層次的一種運用，對它來說月亮很重要，恆星通常不大重要。當我們上升到世運占星學（mundane astrology）的層次時，月亮的作用就微乎其微了，因為它的快速運動轉瞬即逝，在那裡根本不會有影響；而像恆星和大會合（Grand Conjunction）周期這種慢速運動的野獸才是最重要的。」

一提到慢速運動的野獸，布蘭妮就在睡夢中抽搐起來，好像我想從她身上得到什麼似的。我拍拍她給予安慰，她很快又安穩了下來。「現在，我們的層次甚至低於卜卦占星。就好像我們在研究一些原始的生命體，它們幾乎沒有什麼能力，只有漆黑的洞穴中偶爾閃現的微光才能顯示它們的存在。這些星盤也是如此。我們關注的就只是微小的移動和某些狹窄規定內的宮位配置。」

「像是有哪些？」

「首先，**檢查宮位配置**，我們要查看一、四、七、十宮的宮主星。看看其中是否有任何一顆接近這四個宮位中的任何一個宮始點？」

「要多接近？」

「非常接近，坐落在宮始點上的，最多在它前面幾度；包進宮位裡頭的，最多就在宮位內側幾度。」

「這範圍好窄。肯定就是說大多數的星盤都不會有這樣的證詞吧？」

「沒錯，確實如此。為累積證詞而累積證詞沒有意義，我們就只做有意義的事。現在，要記住：

## 事件盤核對表

上盤： 一宮和十宮
下盤： 七宮和四宮

檢查：
宮位配置： 一、七、四、十宮主星
月亮
幸運點（僅限於映點！）
相位： 月亮
幸運點（本體及映點）
幸運點的定位星
其他參考點：月交點
焦傷
外行星

位在宮始點上的行星能控制該宮位
位在宮始點內的行星受該宮位控制

所以：

- 一宮主星坐落在七宮始點，是上盤會贏的有力證詞。
- 一宮主星就位在七宮內側，是上盤會輸的有力證詞。
- 七宮主星位在一宮始點上，對下盤有利。
- 七宮主星就位在一宮內側，顯示下盤在上盤的主導權之下。

其他等待考量的宮位也是如此。例如：

- 十宮主星位在七宮始點，有利於上盤。
- 十宮主星位在七宮內側，有利於下盤。
- 七宮主星位在十宮始點，有利於下盤。
- 七宮主星位在十宮內側，有利於上盤。

以此類推。」

「那位在自己宮位這些地方的行星呢？」

「也很重要，但這些不如涉及敵方宮位的證詞有力。例如，一宮主星不論位在一宮始點或一宮內側都是強化，只是說，雖然得到了強化，卻少了它可以主宰七宮時那種正面克敵的力道。一種就像有位戰士在比武場的一端揮舞著寶劍，另一種的戰士也揮舞著寶劍，還多了一隻腳踩在敵人的脖子上。」

「所以說，十宮主星在十宮這些地方是支持上盤的證詞。」

「對。」

「四宮主星在四宮這些地方會對下盤有利。」

「沒錯。」

「大師，假如這顆行星逆行了呢？」

「如果它逆行在敵人宮位之一的內側，那麼逆行並沒有區別：都還是在敵人的主導權之下。假如它逆行在敵人宮位之一的宮始點上，這依舊是個正面的證詞，只是不如它位於相同位置且順行時那麼地有力。」

「大師，還有那些小動物吧，牠們怎麼看？」

「問得好！小子你說的沒錯，映點在這裡很重要。以證詞來說也許沒有本體配置那麼有說服力，但肯定值得注意。因此：

- 一宮主星的映點位在七宮始點，有利於上盤。
- 一宮主星的映點位在七宮內側，有利於下盤。

然後其餘排列組合皆以此類推。」

「那其他宮位配置呢？」
「無關緊要。」
「一宮主星在果宮？」
「無關緊要。」
「有顆徵象星在十二宮？」

我用棍子重重地敲了一下，終於把我的意思說清楚了：「無關緊要，無關緊要，無關緊要！就算星盤裡沒有別的證詞——還是無關緊要！你在懷疑我沒有認真解這些星盤嗎？認為我們在這裡只用了最有限的調色盤？

沒有必然尊貴

沒有偶然尊貴

沒有容納

它們在這些星盤根本不起作用。除了我告訴你觀察這些宮始點前後 2 或 3 度的嚴格參數之外，其他的宮位位置毫無意義。一宮主星位在七宮內 6 度並不是受到輕微影響，而是完全沒有影響。一宮主星也許位在一宮內 6 度，而七宮主星隱藏在十二宮內：兩者都毫無意義。」

「大師，為什麼是這樣？」

「因為我們需要如此靈敏的工具才能進行這項調查。試想一下：關於運動賽事的卜卦提問可以在白天的任何時間提出，或者——要是占星師沒有預先設限的話——也可能是在晚上。然而，比賽本身只能在有限的時間

區段內開始，尤其是我們只關注某一運動項目的時候。如果今晚的比賽在七點三十分開始，那麼明天的比賽很可能也在七點三十分開始，下週一的比賽是如此，下週五的那一場比賽也是如此。假如我們允許將這些緩慢變化的證詞納入判斷，我們就會對所有的這些比賽給出相同的結論：都是上盤贏或者都是上盤輸。那根本不可能發生。」

「所以說我們必須追求短暫的變化。」

「一點也沒錯。如果我們看到某晚開球的時候是水瓶座上升，土星主管上盤，太陽主管下盤。假設土星就位在獅子座，要是我們根據容納來判斷，那就需要非比尋常的證詞組合才能勝過這一點，不然上盤會輸，一場又一場。因為土星在每個星座都會停留兩年半的時間，所以明年的同一時段也會出現一連串完全相同的意外結果。」

「我懂了，大師。接下來我們該怎麼做？」

「接下來我們查看**月亮的宮位配置**。月亮不代表任何一隊，我認為對它最貼切的描述是

### 月亮顯示事件走向

- 月亮入相位一宮或十宮的宮始點或緊貼其內側：勝利迎向上盤。
- 月亮入相位七宮或四宮的宮始點或緊貼其內側：勝利迎向下盤。
- 也要考量它的映點。」

「這樣看起來，月亮在某一隊的宮位裡，就像有一股巨大的能量湧進那一隊，幾乎有種宇宙都在為它歡呼的感覺。」

「就是這樣，小子。說得好！」

「那如果月亮在星盤上的其他地方呢？比如說在二宮，或是五宮？」

「無關緊要。我們已經看完了月亮。接下來查看**幸運點**的宮位配置。」

「大師，我好像抓到了竅門，讓我來試試。幸運點在一宮內側，顯示上盤贏了；在七宮內側，顯示上盤輸了。」

「哎，不是這樣，判斷幸運點沒那麼簡單。記住，有一種查看幸運點的方式，就是把它當作一種星盤上的月相標記。新月時，幸運點正好位於上升點，它在整個朔望月（lunar month）中以逆時針方向繞著星盤運行，直到滿月時正好位於下降點；到了下半月，它會完成逆時針方向的旅程，又回到上升點。」

「所以，假如我說的是對的，那麼在新月前後開始的比賽，上盤都會贏，在滿月前後開始的比賽，他們都會輸。」

「沒錯，這種情況並不會發生。如果真的發生了，我們應可預期民間智慧會注意到這件事。」

他看起來若有所思，然後眼睛裡露出一絲狡黠的笑意。「大師，我知道了──又是那些小動物對嗎？您喜歡這些小動物。」

「我承認，這些小傢伙很可愛，但牠們會討人厭地咬你一口。我會對映點有好感，就只是因為它們在星盤中表現得很好。不過，你說的對：我們必須從映點著手。」

**關注幸運點的映點，無關本體配置**

雖然隨著每個月的展開，幸運點在星盤上持續穩步前進，但它的映點會到處跑來跑去。幸運點的映點可能出現在該月中任何時間的任何地點。至於它的含義，現在你已經大致有個概念：

● 幸運點的映點接近一宮始點：上盤贏。
● 幸運點的映點接近七宮始點：上盤輸。
以此類推。」

「這只是一個映點，我想它應該不是那麼有力的證詞吧。」

我拍了拍他的耳朵。「算你運氣好，那些小傢伙都回到洞裡去了，沒聽見你說的話。它才不是『只是』！如果幸運點的映點位居重要位置，那麼它就是判斷這些星盤最強大的單一證詞之一。也許是所有證詞中最有力的一個。」

「我要在夜間盤反轉幸運點的計算公式嗎？」

「永遠不用！不這麼做的理由是更深層次的原因，但也有兩個原因與我們討論的內容直接相關。其一，幸運點的位置是顯示整個月的月相，月相不會天一黑就立即改變。其二則是根據經驗，幸運點在這些星盤的作用非常重要，以至於很多時候我們單憑幸運點就能做出判斷。不論是白天還是晚上，我都能使用日間的計算公式得出準確的判斷。」

「那其他的阿拉伯點呢？也許勝利點有用？」

「我從來沒使用過。我見過別人這麼做，但並未被說服。如果你離開這裡後想用它們做實驗，盡量去試，不過我從未感覺到少了它們有什麼不足。畢竟，你想做多少工作？」

這讓他陷入思考，於是我停頓了一下才繼續說下去：「現在我們接下來討論**相位**。」

「啊哈！一宮主星四分相七宮主星：上盤贏！」

「不，小子，不是這樣。我們的主要徵象星之間很少能有相位，因為只有相位很緊密時才會與我們有關。但即使有這樣的相位，記住，我們現在並不考量偶然尊貴、必然尊貴或容納。因此，我們無法確定形成相位的

這兩顆行星哪一邊的結果更好。」

「所以說我應該忽略一宮主星和七宮主星之間的相位？」

「沒錯——不過有個例外。如果我們正在判斷一張訴訟的卜卦盤，那麼對立雙方徵象星之間的相位，就說明他們將會庭外和解。大多數的賽事盤是不可能得出這樣的結論：例如洋基（Yankees）與紅襪比賽，我們可以假定雙方球員不會在比賽中途解決彼此的分岐，然後結伴前往最近的酒吧。然而，如果眼前的是一場西洋棋比賽的星盤，我們就可以把一宮主星和七宮主星之間的相位視為和局的證詞。然而當其他所有證詞具有一致性，也就是說：假如某方選手處於絕對優勢時，這個證詞很可能就會被推翻。」

「所以是拳擊比賽中，場邊助手丟毛巾？」

「那樣不是和局啊，傻小子，那叫投降。」

「明白了，大師。如果說我們現在對這些相位不感興趣……我知道了！您說過我們要專注在最短暫的事情，這意思是說月亮的相位一定很重要。」

「對，沒錯！雖然宮位配置可以起到決定性作用，不過大多數星盤中，有意義的宮位配置並不會出現。其中大部分很可能是**月亮的相位**決定了這些星盤，比其他任何證詞所占的比例都來得多。當然，我們只關注『入』相位：尚未發生的相位。而且，我們只在有限的範圍關注相位，這會隨著運動項目的不同而變化，包括不同足球規則之間的差異：

足球（八十分鐘或以上）的比賽：最多 5 度
　　　　　　　　　　　　　　　如果規則有加時賽，則增加 1 度
足球（少於八十分鐘）的比賽：　最多 4 度
　　　　　　　　　　　　　　　如果規則有加時賽，則增加 1 度
板球（一日賽）：　　　　　　　最多 13 度
板球（郡際賽或對抗賽）：　　　直到月亮目前所在星座的終點

判斷其他運動項目時則堅持以 5 度為限，這讓我取得了不錯的成果。而包括網球在內，一些頂級賽事的比賽持續時間通常會比一場足球賽更長。如果你要判斷很多網球或棒球比賽，你可能會發現經驗將讓你把這個限制範圍延長一點。」

　　「您是說，如果月亮在板球對抗賽的星盤中位於 1 度，我們可以允許月亮離開該星座之前形成的所有相位，到 29 度。但假如說月亮已經在 29 度呢？」

　　「法則是：

### 星座的終點是相位的極限

　　別想去看月亮進入到下一個星座裡的相位。例如，以足球賽來說，如果月亮位在 28 度，我們就只有 2 度的運行距離，這不會把它帶入下一個星座──就算你喜歡那裡看起來會形成的相位。不過就經驗表示，一級板球賽（first-class cricket）可以例外，因為這些比賽耗時之長，遠遠超過其他運動。因此如果，也只有在板球對抗賽或郡際賽的星盤中，當月亮位於星座很後段的度數時，我們才可以讓它進入下一個星座。」

　　「大師，那我們該怎麼判斷這些相位？三分相好，對分相壞？」

　　「不，相位的性質似乎並不重要。我們有四顆主要徵象星：一、七、十、四宮主星。無論其中是哪一顆與月亮在範圍內形成最後一個相位，那一顆就會獲勝。

### 月亮的最後一個相位獲勝
### 本體合相通常是決定性的最後一個

比方說,我們在判斷一張足球賽的星盤。月亮即將與十宮主星形成四分相,然後運行4度半後與七宮主星對分相。最後一個相位是七宮主星,而七宮主星是下盤的徵象星之一:下盤贏。」

「就算是對分相?」

「就算是對分相。」

「那十宮主星的第一個相位是什麼狀況?是不是說上盤很早就取得領先?」

「有可能。這可以顯示他們在比賽前段能取得優勢。雖然場上優勢並不總是能轉換到記分板上;但通常如此。」

「那如果月亮直接和十宮主星形成相位,然後就都沒有了會怎樣?這是不是就顯示上盤贏?」

「對。」

「那假如它目前和十宮主星形成合相,然後再和七宮主星形成對分相,我要忽略後面七宮主星的對分相?」

「沒錯,不要把月亮帶過合相。合相就視同最後一個相位來處理。」

「那些小動物怎麼看?」

「映點非常重要,尤其是透過合相或對分相的情況。雖說映點的其他相位不那麼可靠,但要是沒有其他強過它的狀態,似乎也能起作用。」

「月亮和映點的合相也是最後一個相位?」

「不。這就是為什麼我說本體合相通常是決定性的,映點合相往往就不是了,至少在月亮它平常5或6度範圍的比賽中不算。我們可以把月亮移到它們之外。但是,如果我們必須讓月亮移動超過5或6度才能到達映點合相,它似乎就會因為抵達那裡感到非常高興,於是停了下來而不再繼續前進。這種情況主要發生在板球比賽,我們可以在更大的範圍內移動月亮。可以說,長距離的映點合相能成為最後一個相位,短距離的則不是。」

「大師，現在我們正在研究月亮和我們四個主要宮位的宮主星相位，但假如月亮是這些宮位的其中一顆宮主星怎麼辦？」

「這是個麻煩。我覺得生氣是很恰當的反應；但遺憾的是，壞情緒並不能改變什麼。月亮在事件盤中非常重要，這種角色混在一起的情況非常幫不上忙。我建議：

● 如果月亮是一宮主星或七宮主星，保持月亮作為事件走向，使用月亮的定位星作為該宮位的宮主星。

● 如果月亮是十宮主星或四宮主星，保持月亮作為事件走向，以該宮位沒有宮主星的情況來處理。

因此，如果星盤的上升星座是巨蟹座，而月亮位於天蠍座，那就讓火星替代為一宮主星來查看月亮的相位。」

我握緊手上的棍子，準備迎接他的下一個問題。他還是問了：「可是如果月亮在天蠍座，火星又是十宮主星的話，那該怎麼辦？」

「問題太多了，小子！你是處女座的嗎？如果是這樣，我們就會優先考量：讓火星作為一宮主星，以沒有十宮主星的情況處理。這樣的調整雖不理想，但我們還是盡力而為。當這些事件盤出現巨蟹座上升或下降時，我很少有信心能對此做出判斷：月亮的雙重角色會造成混亂。不過如果有時我們遇到自己的侷限性，那也不是什麼壞事。」

「大師，這些就是相位要看的所有內容了？」

「不。月亮的相位非常重要，然而**幸運點的相位**也很重要。這部分就比較複雜一點。當然，要讓幸運點保持靜止：它不會移動，是事物前來與它形成相位。

- 月亮能與幸運點或其映點合相、三分相、六分相，有利於上盤。
- 月亮能與幸運點或其映點四分相或對分相，有利於下盤。

保持和前面提到的相同範圍。但，最重要的是：

**與幸運點或其映點的相位都是決定性的。**

因此，如果月亮與幸運點對分相之前才走了 1 度，我們可以忽略它在該運動項目應有移動範圍內可能發生的所有其他相位。現在，我們繼續：

- 一宮主星與幸運點或其映點合相，有利於上盤。
- 一宮主星與幸運點或其映點對分相，有利於下盤。
- 七宮主星與幸運點或其映點合相，有利於下盤。
- 七宮主星與幸運點的映點對分相，有利於上盤。

然後我們有一個異常現象。就我的經驗是：

- 七宮主星與幸運點的本體對分相，有利於下盤。

這時候它的作用似乎要反過來才行得通。當你離開這座山，開始獨自使用這套方法時，我建議你仔細觀察它的表現。」

「大師，我會的。那一宮主星或七宮主星和幸運點的其他相位怎麼看？」

「我會忽略。它們似乎並不可靠。」

「這些相位多接近才要看？」

「保持在 5 度左右。不過由於我們現在討論的不是月亮，因此最重要的是，你必須

**確認這個相位真的會發生。**

如果行星在到達幸運點之前逆行，則相位不存在。同樣情況還有其他的禁止：如果一宮主星在到達幸運點之前先與另一顆行星形成相位，那麼與幸運點的相位就不算數。那顆介入的行星已經禁止它發生了。」

「那麼四宮主星或十宮主星和幸運點的相位呢？」

「這些宮主星就其本身而言，似乎力不足以決定比賽的勝負。如果你有多個不同的證詞，你可以根據與一宮主星和七宮主星相同的原理，將它們加入到各自支持的那一方證詞中。要不然就忽略它們。」

「大師，我想把這部分再弄清楚一點。當我們看宮位配置時，我們只考量幸運點的映點，忽略它的本體位置。當我們看相位時，我們既要關注它的本體，也要關注它的映點。」

「沒錯，就是這樣。我們還必須注意幸運點的定位星。」

「您是說幸運點所在星座的主星？」

「對。

- 幸運點的定位星入相位與幸運點合相，有利於上盤。
- 幸運點的定位星入相位與幸運點對分相，有利於下盤。」

他剛要開口，但我沒等他提出問題就回答道：「如果幸運點的定位星同時也是十宮主星或四宮主星，那就優先考量它身為幸運點定位星的作用。如果它同時也是一宮主星、七宮主星或月亮，則忘記它作為幸運點定位星

的角色。」

　　他開始顯得有些提不起勁,似乎目前傳遞到耳朵裡的資訊已經讓他感到疲勞。「小子,別擔心,」我安慰他說:「我們就快完成了。現在只剩幾項**零散的要點**。我告訴過你,不要在意偶然尊貴與無力;但有幾個例外:

- 北交點吉,南交點凶。
- 焦傷具有破壞性。

　　**月交點**的宮位配置似乎沒有重要性,例如北交點位於上升點並不利於上盤。但是,位在月交點上的徵象星將會得到幫助或受到損害,這是一個強大的證詞。在這種脈絡下,幸運點可以視為屬於上盤:幸運點位在北交點上會幫助上盤,幸運點位在南交點上時則幫到下盤。僅合相有效,最多就幾度之內。」

　　「那月亮呢?」

　　「月亮不屬於任何一方,所以它坐落在其中一個月交點上不會有任何影響。」

　　「**在核心**有嗎?那地方通常是最強化的位置。」

　　「在這裡無效。行星在核心——在太陽附近 17 分以內——可比喻成一個人被提拔坐到國王身邊。我懷疑它在這裡無法作用,因為該情境中沒有國王:我們只有兩個在泥漿裡摔角的主角,沒有國王能伸手把他們其中一人扶起來。**焦傷**必須比平時更緊密,我們可以說,距離太陽 2 度內的各種代表因子才會受到損害。

　　「所以說,幸運點焦傷對下盤來說是好消息,月亮焦傷就不算什麼?」

　　「沒錯。」

　　「行星會因為**逆行**而減弱嗎?」

「在這些星盤中，似乎沒有。當然，逆行會影響到他們所能形成的相位，所以不能完全忽視。」

「大師，那**恆星**怎麼看？」

「這個層次的占星學似乎還搆不著它們，即使是最有可能帶來勝利的軒轅十四，在這裡也沒有明顯的效應。不過外行星倒是值得注意。」

他揚起了一邊眉毛，顯然想知道是不是這種高山的稀薄空氣影響了我的思維。「我告訴過你，我們在這裡位於占星食物鏈的最底層！如果**冥王星**直接位在某個相關宮位的宮始點，會產生強大的破壞作用；假如冥王星合相或對分相幸運點、其映點、其定位星，這樣就會對下盤有利。事實上，冥王星似乎對被看好的一方懷有某種怨恨：他更不願意對弱者施以惡意。即使是位於二宮始點的位置，也會對上盤造成傷害。」

他使勁盯著我，想弄明白我是不是在耍他。我向他保證絕對沒有。「這些星盤裡有很多我只根據冥王星的位置就解出來，而且判斷得很準確。你要記下。」

「我記好了，大師，」他繼續說道，努力合上笑開的嘴角：「那麼**海王星和天王星**呢？」

「我沒有注意到海王星有任何一致的表現。可能海王星也不大喜歡被看好的一方，所以你解盤時可以多留意一下。天王星也似乎不大穩定，但如果天王星即將趨近上中天，就會對上盤非常有利，假如它合相幸運點也是如此；要是對分相幸運點，天王星則有利於下盤。」

「我想所有這些外行星的接觸一定都要很緊密吧？」

「非常緊密，最多就是 1 度左右的距離。最後，我們來看**土星**。除非它正忙於擔任一宮主星或七宮主星，否則它似乎是一顆凶星，折磨著它接觸到的任何事物。這種邪惡的意志似乎優先於它可能扮演的其他角色，比如十宮主星。」

「大師，您剛說『最後』。」

「是啊，年輕人，我們講完了。來吧，我們來喚醒這些夥伴，回到洞穴裡去。然後你就可以生火給我們做午飯。」經過一番催促，布蘭妮跟跟蹌蹌地站了起來。如果她有雙手，她一定會揉揉眼睛。塞德那跟著掉了下來，這串滔滔不絕的證詞如小溪般流過時也讓他睡著了。

我們默默地走了一段時間後，小子問我：「衡量這些證詞我們就能知道誰贏誰輸。可是您發表在刊物和電視上的許多預測，不僅提到勝負，還預測出正確的比數。大師啊，我要怎樣才能做到？」

我笑了。「小子，我給了你月亮，你還想要星星！預測比數並不是一門精確的科學，充其量只不過是一種有根據的猜測。但是，正如我先前的例子，這種猜測往往能被充足的知識證明是正確的。」

「任何運動我們都可以做到這樣嗎？」

「不，我只預測過足球賽的比數。其他得分較少的運動或許可以，但籃球、其他類型的足球、板球等運動肯定不行。這些運動比賽的分數太高，而且變化太多。以一支足球隊來說，進四球不尋常，進六球就很罕見，所以我們有個選項上的限制範圍。不過，按道理我們該去區分 79 分和 80 分嗎？真要區分的話，我們又該如何從星盤中找到 80 這個數字？」

「可是我聽過有人說，他們能預測籃球和美式足球的比數。」

「我還見過有人彈空氣吉他。一拿掉現實就讓演奏變得輕鬆多了。」

「大師，快告訴我方法吧。」

「作為粗略的指標，我們可以說，證詞量愈多，進球數就愈多。這不是一個簡單的等式：二個證詞＝二個進球；只是粗略的指標而已。因此，如果有一隊沒有利於它的證詞，該隊就不大可能進球；如果另一隊有很多支持的證詞，他們就有可能進很多球。」

「所以說我們可以預測六比〇的勝利！」

「小子，也許你會這樣預測，我可不會。六比〇的勝利是有可能發生，假如你預測到了，那看來應該會非常精彩；但就我們目前掌握的技法而言，做出這樣的預測簡直是蠢到不行。四比〇是大勝，六比〇也是大勝，我們並沒有辨別它們的工具——而且出現六比〇的可能性最低。」

他看起來很失望。我接著說：「記住威廉·里利常說的話：『結合斟酌的藝術』[33]。換一種說法是：『牢記現實的情況』。你不是在彈空氣吉他！大多數的足球比賽中，輸球的一方進球不會超過一個；其中大多數比賽的勝隊只會比敗隊多進一、兩個球。用這些參數範圍來進行預測，好好把事情做好，寧可冒著偶爾錯過精彩一擊的風險，也比一味追求精彩來得好。這種情況並不常發生：所以它才叫做精彩。」

「那平手呢？」

「原理一樣。如果證詞看起來很平衡，我們就可以預測和局，而證詞的數量可以讓我們謹慎地猜中進球數。我們稍後會看到一張典型零比零和局（goalless-draw）的星盤。你很快就會認識到，它們有一種陷入僵局的樣子，怎麼看都不會有事發生。」

這時候我們已回到了山洞，我讓他開始工作，而我則花時間重新恢復內在的平衡。他來叫醒我吃午飯，吃飯時他進一步確認問道：「大師，這個方法對所有運動比賽都有效嗎？」

「不。它適用於我測試過的所有運動——那是很多種運動項目；但它並不適合同時舉行的大量比賽。例如，試想司諾克撞球的初賽：我們可能有十幾場比賽在同一房間內進行，所有比賽都在同一時間開始。因此，它們都有相同的星盤。也許理論上，我們有可能從這些眾多比賽中找出占星學的蛛絲馬跡，只是我不知道我們該如何去做。但等到決賽時，這個方法

就能讓你知道勝負了。」

「所以說，它只在決賽有效？」

「不。不過這正是它用起來效果最好的時候。對於預測決賽結果——超級盃、澳網公開賽、歐冠聯賽的決賽，或酒吧舉辦的飛鏢賽決賽——它的表現非常出色。隨著比賽場次的普遍性增加，其卓越性也會自高點隨之逐漸下降。每到週六下午三點，英格蘭將有四十場或更多的職業足球賽開踢。英格蘭比司諾克撞球會場來得大，但這樣看起來也大不了多少。這些比賽大多數都有星盤，非處女座的人根本無從分辨，這個方法也就幾乎派不上用場。」

「那一次性聯賽可以用嗎？」

「在週日，這通常會進行兩到三場比賽，此時這個方法用起來的效果還算好，它滿足了我們的基本要求：用比不用的結果好。而平日晚上，往往只安排一場比賽，這時候它的效果就會好一些，儘管仍比不上真正獨一無二的比賽，例如決賽。但在週六時，雖然電視節目表通常堅持要有一場在中午前後開球，有另一場排在下午五點十五分，對於這情況它似乎就失效了，幾乎有種這些比賽某程度上就該一同在三點整開球的樣子，所以它們陷入了普遍性的泥淖之中。」

「會不會是因為這些比賽結果可以平手，所以效果沒那麼好？它們不像決賽，一定要有人勝出。」我疲憊地用棍子敲了敲他。

「平手很麻煩沒錯；但你會發現，在沒有和局的網球和其他運動中，也會發生同樣的情況。溫布頓網球賽第二輪：算了吧。決賽：效果很好。」

---

33. *Christian Astrology*, passim.

「可是大師，如果說這個方法肯定有什麼用的話，那應該在所有層次都會起作用。會不會是有一個分界點，在這以下占星學就停止運作了？」

現在到了示範的時候。我走進山洞，拿了一把斧頭回來。我把斧頭遞給他，吩咐他走到樹林中砍樹，好堆起來當柴燒。在他出發了一段路後，我吹了聲口哨吸引他的注意。「你要用扛的把木頭扛回來嗎？」我叫道，「帶上布蘭妮。」她小聲嘟囔了幾句，不情願地爬起來，前去和小子會合。

他汗流浹背地回來時，太陽已經下山，後頭跟著布蘭妮。她的身上堆滿了木頭，嘴裡還用犛牛語粗話抱怨著。他替她卸下木頭後，我讓他坐下並伸出他的右手。「那片指甲需要剪掉，」我說著，拿起斧頭並準備揮下。他驚恐地看著我，我看到他的服從與自我保護的欲望在搏鬥。「你現在明白了嗎？」我放下斧頭問道，「某樣東西在某種用途上是好工具，並不意味著它在所有用途上都是好工具。占星學沒有停止運作的分界點；有分界點的是這個特定方法不再有用，就像我們不會去研究木土合相來判斷一個人的生活事件一樣，然而這在判斷國家運勢時就非常有用。」

「大師，我明白了。」

「任何預測技術都一樣。它能做什麼就做什麼，別要求它做它做不到的事。我們必須以謙卑懇求的態度來接觸占星學，這不是我們能向她發號施令的。永遠記住：我們不必預測一切！我們能預測到任何事，本來就是個奇跡。」

一下午的勞作讓這年輕人疲憊不堪，幾乎無法保持清醒。「小子，去餵小映點，然後睡覺。明天一早，我們就開始練習一些星盤。」

隔天一大早，我們按計畫展開練習。「尤文圖斯（Juventus）是被看好贏得歐冠聯賽決賽的熱門強隊。消息靈通的人士認為，唯一的不確定因素就是他們究竟會進多少球擊敗多特蒙德（Borussia Dortmund）。小子，現

第二章 事件盤 149

在開始看盤吧。你看到了什麼？」

他看了看星盤，又看了看我的臉，然後再看了看我的棍子，似乎不敢說話。

「說啊，年輕人。到底看到了什麼？」

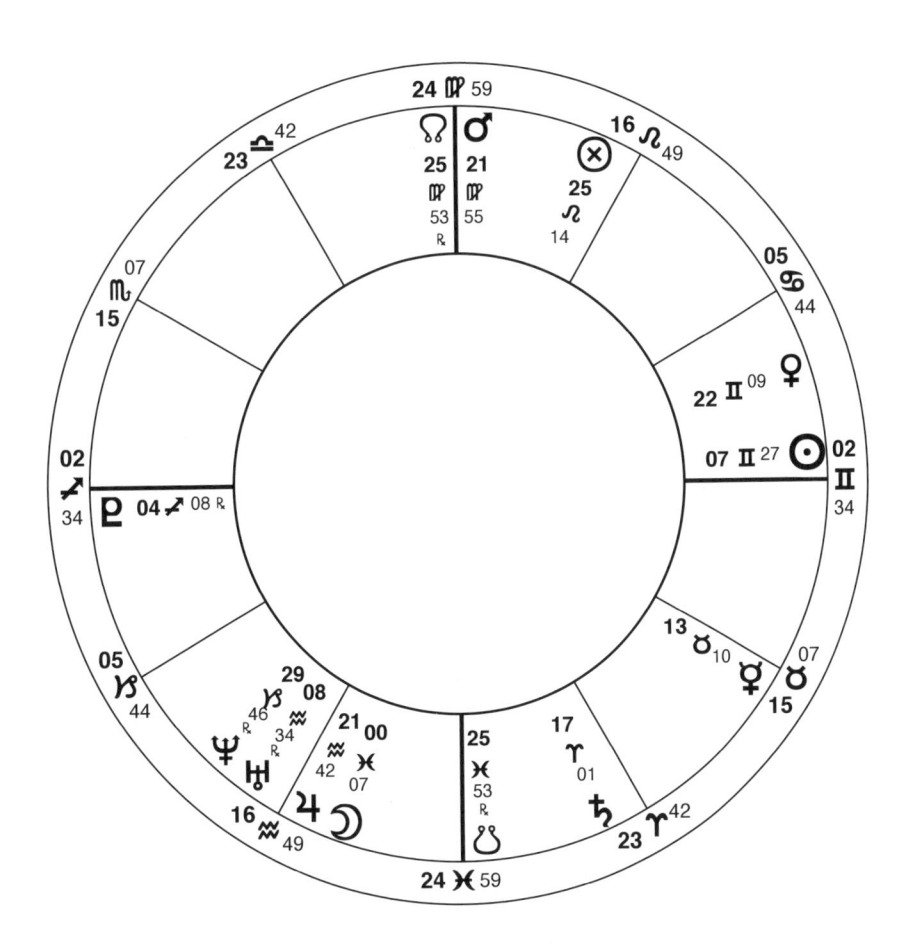

〈尤文圖斯對多特蒙德〉歐洲中部時間 1997 年 5 月 28 日 8:30 pm，慕尼黑（Munich）。

他小心翼翼地遠離易受攻擊的範圍，結結巴巴地說：「大師，您說過，冥……冥冥……冥王星可能很重要，它真的讓我很在意。」

　　「沒錯，小子！冥王星距離上升點只有1度半，而且正朝上升點逆行。這是上盤敗北的極有力證詞。」他如釋重負地露出笑容。

　　「還有什麼？」

　　他仔細研究他的核對表。「北交點正好就在上中天，但您說過這並不重要。火星往上中天前進，但是火星在這張星盤似乎沒有作用。」

　　「你說得沒錯，火星不是我們的徵象星之一。」

　　「太陽在七宮，而且太陽是幸運點的定位星。這可能對下盤有利。」

　　「好觀點。不過它離該宮始點還很遠。太遠了，不重要。」

　　「大師，我想不通了。一宮主星是木星，七宮主星是水星；可是上盤要一起看的十宮主星是水星，而且四宮主星是木星。我該怎麼辦？」

　　「很多時候，星盤並不會是我們希望的樣子，我們得要湊合著用。一定要優先考量的是一宮主星和七宮主星，這兩顆是我們的主要徵象星。所以這時候，我們必須以十宮和四宮沒有主星的情況來處理。」

　　「謝謝大師指點。現在我需要檢查月亮在做什麼。我能看到的只有一個相位，它和幸運點的映點有六分相，幸運點的映點在金牛座4度。」

　　「對，沒錯。映點的六分相不算有力，但值得注意，可以在我們想要預測比數的時候提供指示。假如我們沒有其他證詞，它甚至可以左右結果。」

　　「我必須看看我們的主要徵象星在做什麼。喔，您看！一宮主星木星，入相位和幸運點對分相了！」

　　「很好。所以我們有兩個強大證詞支持下盤，一個次要證詞支持上盤。多特蒙德以三比一獲勝，讓所謂的專家們大吃一驚。這個六分相顯然足以給出上盤一個進球。」

第二章　事件盤　151

「大師，我們能再來一題嗎？」
「當然好。這場比賽，蘇格蘭有望擊敗威爾斯（Wales）。你怎麼看？」
「一宮主星代表蘇格蘭。它在十宮，但是離宮始點太遠，所以不重要。」
「好小子，很好。」

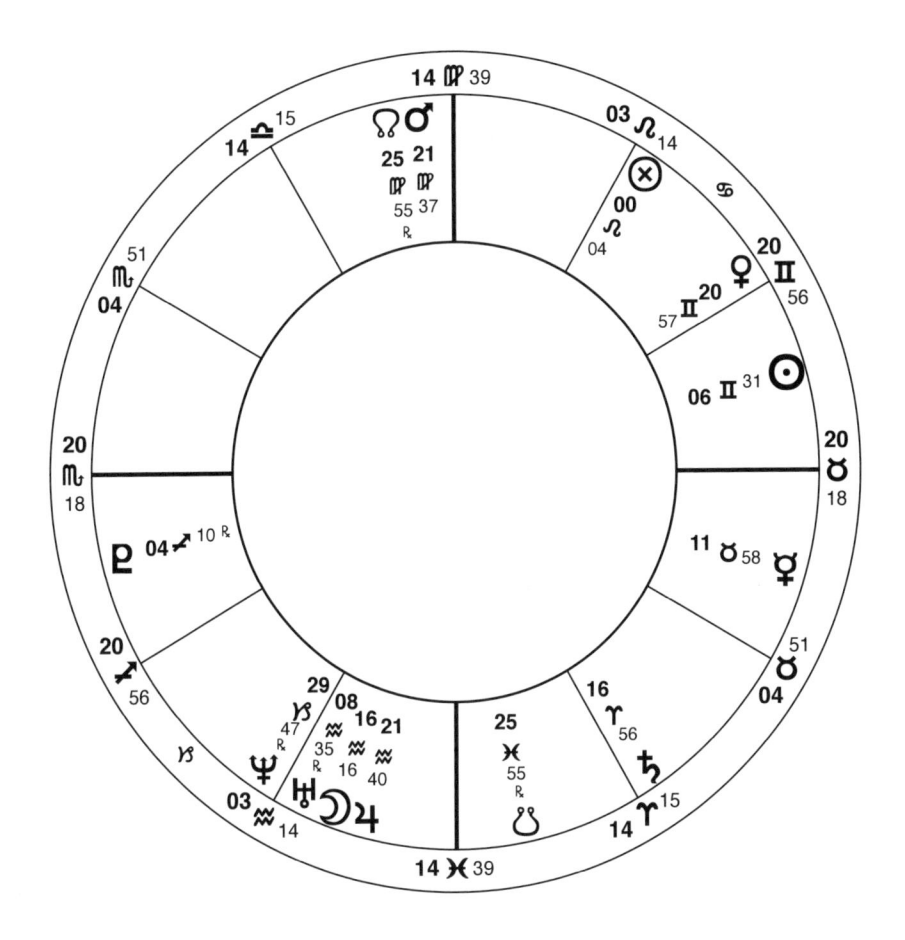

〈蘇格蘭對威爾斯〉英國夏令時間 1997 年 5 月 27 日 8:00 pm，蘇格蘭基爾馬諾克（Kilmarnock）。

「它靠近北交點。這一定對上盤有利。」

「也許吧。我認為這距離太遠，不能說是非常重要。」

「七宮主星入相位和一宮主星四分相，但是您說過這並不重要。先前它是三分相四宮主星，但我想這也不重要。」

「非常正確。月亮的動態如何？」

「月亮目前和土星形成六分相。土星的作用是凶星……」

「但月亮的角色是作為事件走向，所以我們不知道土星是對哪一隊不利。」

「然後和七宮主星金星形成三分相，有利於下盤。它的最後一個相位是和四宮主星木星的合相。大師，其他我看不出還有什麼。威爾斯一定會贏。」

「結果他們的確贏了。上盤沒有證詞，重要的是月亮的最後一個相位，威爾斯一比〇獲勝。」

「來看看這題。這就是我先前提到的零比零和局星盤，堪稱這種野獸的經典。告訴我你看到了什麼。」

他哼哼唧唧地咬著拇指，抓耳撓腮地翻找著他的核對表。「大師，我什麼都看不見，」他最後宣布，「從宮位配置上看不到，從相位上也看不到，這裡什麼也沒發生。」

「你明白我的意思了嗎？這不是一場簡單沒有進球的和局，而是零比零和局中的零比零和局──一場有史以來最無聊的足球賽。馬賽（Marseille）和貝爾格勒紅星（Red Star Belgrade）二隊皆在歐冠盃踢出刺激興奮的進攻型足球而贏得晉級決賽，球迷們期待著一場充滿技巧和奇襲的比賽。不幸的是，處於劣勢的紅星教練決定：『除非馬賽犯錯，否則我們無法擊敗他們，所以我告訴球員們要耐心等待 PK 戰決勝負。』紅星果然壓制住了比賽。儘管比賽很沉悶，但總得有人獲勝。小子，回到星盤上。告訴我誰贏了？」

第二章 事件盤　153

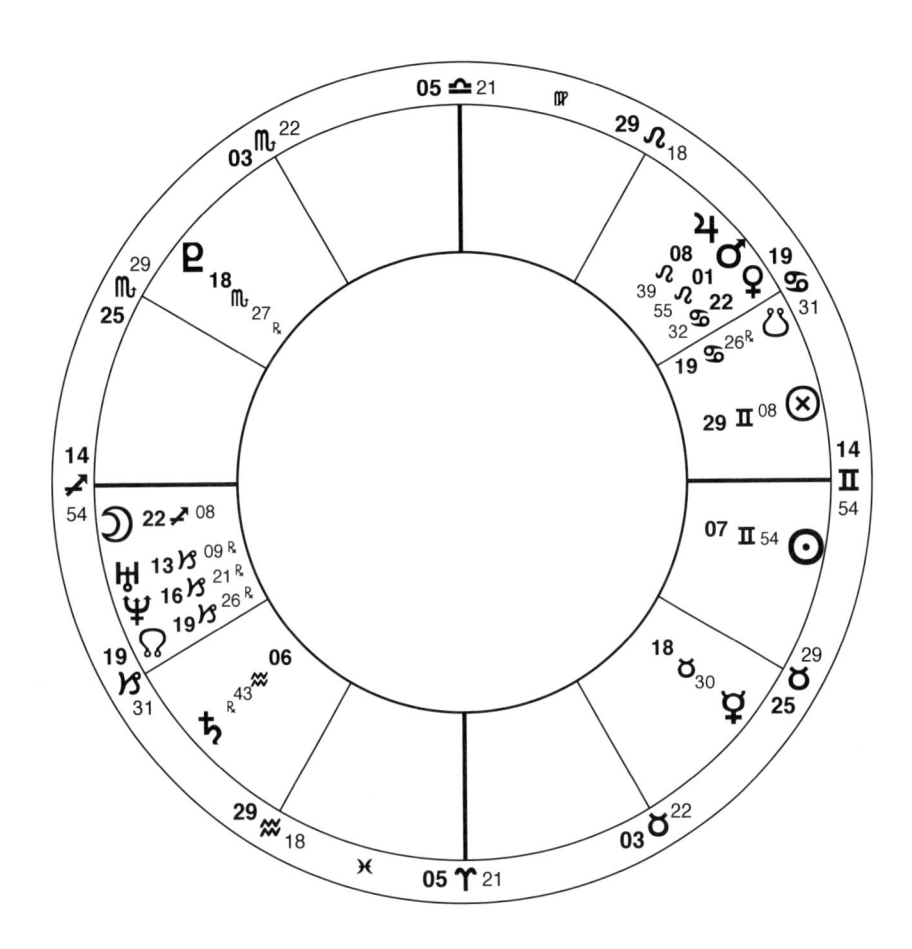

〈馬賽對紅星〉歐洲中部時間 1991 年 5 月 29 日 8:45 pm，義大利巴里（Bari）。

「大師，我試試。我知道這是沒有進球的平手，所以一定進入了加時賽或 PK 大戰。我可以讓月亮比平時移動得更遠一些。」
「那你發現了什麼？」
「回大師，它在 7 度內對分相幸運點！」

「沒錯,上盤一定會輸。紅星的無恥戰術奏效了。7度是我們在足球比賽中能給予月亮移動範圍的絕對極限,所以必須進行到 PK 戰決勝負。結果也證明如此。」

「大師,這一場您有預測到嗎?」

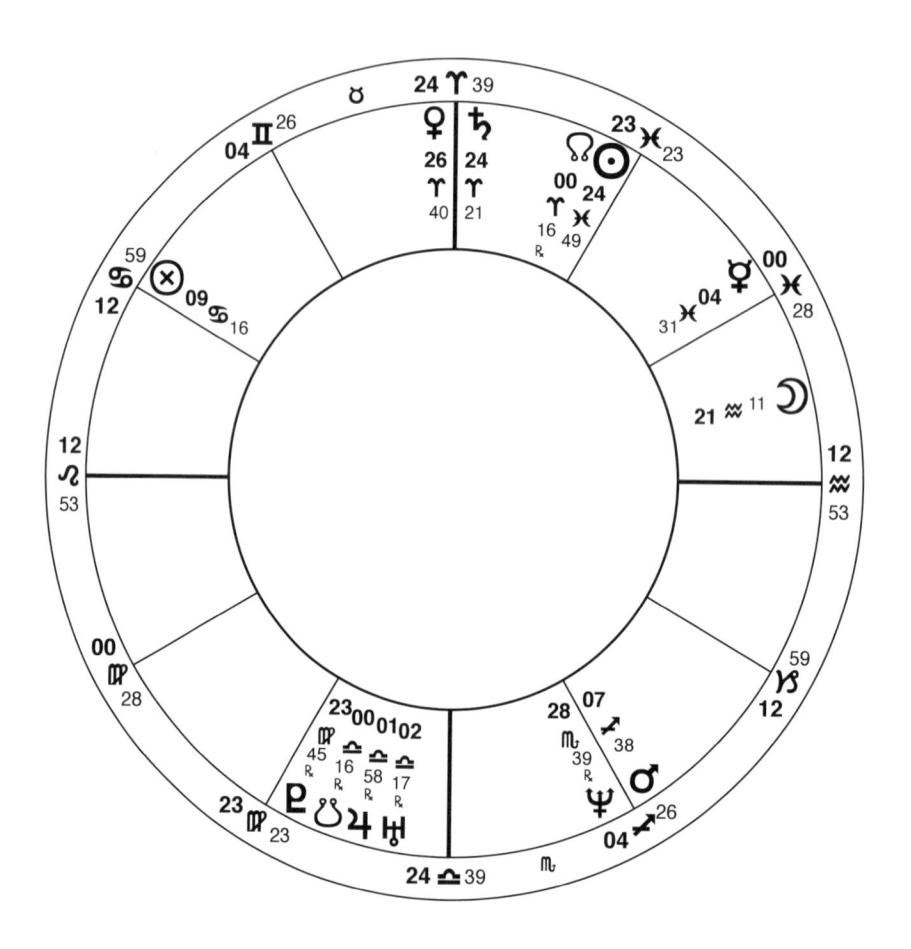

〈斯溫頓對兵工廠〉英國夏令時間 1969 年 3 月 15 日 3:00 pm,倫敦。

「喔，不！一九九一年？那是在我研發這個方法很久以前的事了。為測試有效性，我們可以把這方法帶回到過去，用在像這樣的比賽做驗證。這裡還有一題。告訴我你看到了什麼。」

「大師，軸點附近的配置很吸引我。四宮主星就在十宮內側。」

「那意思是？」

「四宮主星代表下盤，所以這有利於上盤。但是七宮主星快要來到十宮始點，這對下盤來說肯定是有利的，而且比四宮主星在十宮內側的證詞更有力，因為它這麼近更緊密了。」

有時，我真想伸出手去擁抱這年輕人，為他理解吸收的知識而感到滿心歡喜。但這樣的行為不符合占星大師的身分，所以我用棍子親昵地點了點他的頭。他看得出我對他很滿意。

「現在我需要查看月亮的動態，」他繼續說道，「它再3度六分相七宮主星，然後移動5度多就六分相四宮主星。這場比賽有加時賽的可能嗎？」

「有。」

「了解。那麼我根據四宮主星的位置，判斷下盤在加時賽中獲勝，上盤至少進一球。」

「小子，結果證實也是如此。斯溫頓（Swindon），這是一支來自英格蘭足球第三級聯賽的小俱樂部，進入加時賽後以三比一戰勝了強大的兵工廠。」

他看起來很得意，但在自我陶醉了片刻並深情撫摸塞德那幾下後，他問道：「大師，如果我想把這些方法教給我自己的學生，我怕我得去異教徒中冒險，因為他們的生活被那個黑暗的偶像『烤盤』（Gridiron）束縛了。我們能看一些美式足球賽的星盤嗎？」

「當然好。以防萬一，你必須做好充分的準備。這張星盤是二〇〇七

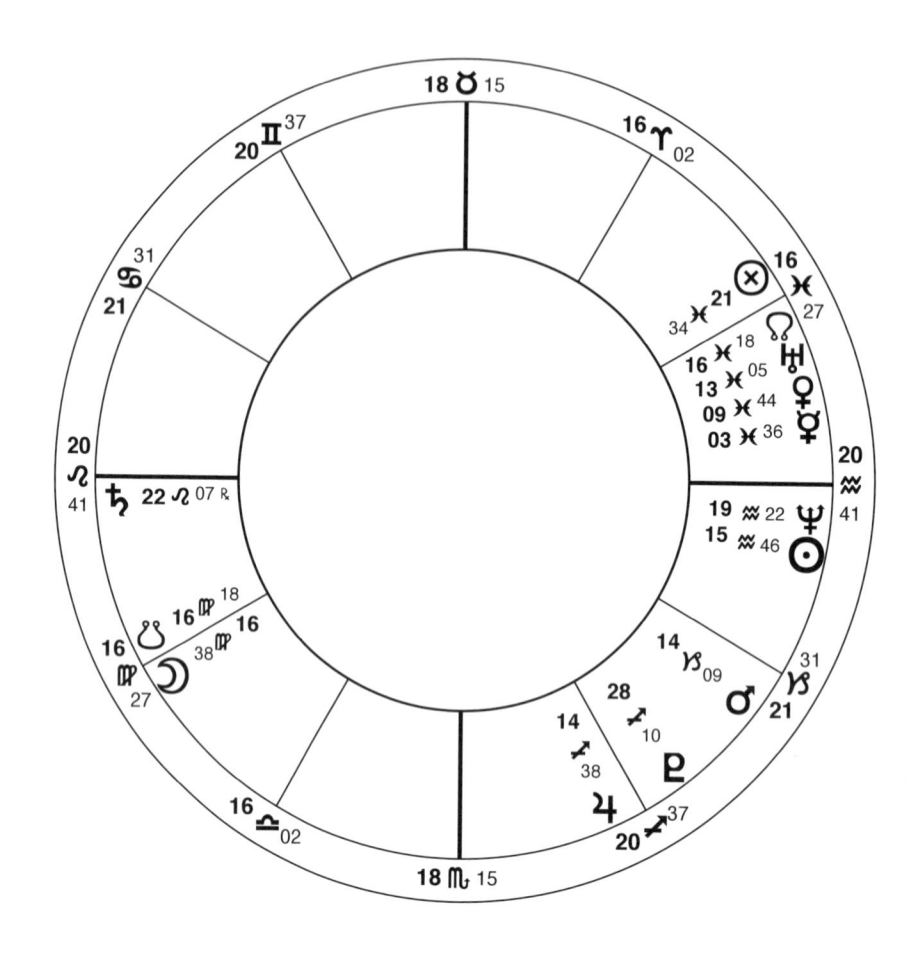

〈超級盃〉美國東部標準時間 2007 年 2 月 4 日 6:25 pm，
佛羅里達州邁阿密花園（Miami Gardens, Florida）。

年超級盃的比賽。印第安納波利斯小馬（Indianapolis Colts）被看好擊敗芝加哥熊（Chicago Bears）。看看你的工作表，告訴我你的想法。」

「我看到七宮主星就在一宮內。這讓下盤處於非常糟糕的局勢；但它

逆行了，正接近一宮始點。」

「不重要：這仍然不能使它對該宮始點有任何主導權。重要的是它的位置就被困在宮位內，它可能會敲打牢房的門，但仍然被關在監獄裡。你還看到了什麼？」

「一宮主星接近七宮始點。大師，這是不是太遠了？」

「對，距離七宮始點 5 度。太遠了，也與我們無關。星盤中有沒有相位？」

他想了一會兒。「月亮會對分幸運點，這對芝加哥熊有利。大師，我只能看到這些了。兩隊各有一個有力的證詞。所以誰會贏啊？」

「這個可怕的宮位配置一定比其他任何事都重要，上盤贏了。一個有力的宮位配置，尤其是一宮主星或七宮主星的位置，通常會勝過其他任何的證詞。這是另一場：一九九八年的比賽，堪薩斯城酋長（Kansas City Chiefs）憑藉出色的主場戰績，被認為必定能擊退匹茲堡鋼人（Pittsburgh Steelers）。」

「我看到月亮會和七宮主星六分相，然後再和一宮主星六分相。這似乎對上盤有幫助。」

「不過你看看與一宮主星的相位距離：將近 6 度。這對美式足球賽來說太遠了。所以月亮在範圍內的最後一個相位是七宮主星。」

「但是我以為美式足球會一直打下去。」

「只是看起來像那樣子，小子。從開球到終場吹哨前的時間確實很長，但每節十五分鐘共四節的比賽，是足球形式中比賽時間最短的一種，所以月亮的範圍較短。」

「水星是一宮主星，會和幸運點四分相。但是您說過這種相位不大可靠，不適合用。」

「沒錯，它們似乎時靈時不靈的。還有沒有？別忘了那些小動物。」

「啊哈！」他的眼睛閃閃發光，「我明白您的意思了。首先，四宮主星會和幸運點的映點對分相，從您先前解說一、七宮主星和幸運點的相位來看，我想這應該有利於上盤。」

「也許吧，不過這點我會非常謹慎。四、十宮主星與幸運點的相位遠

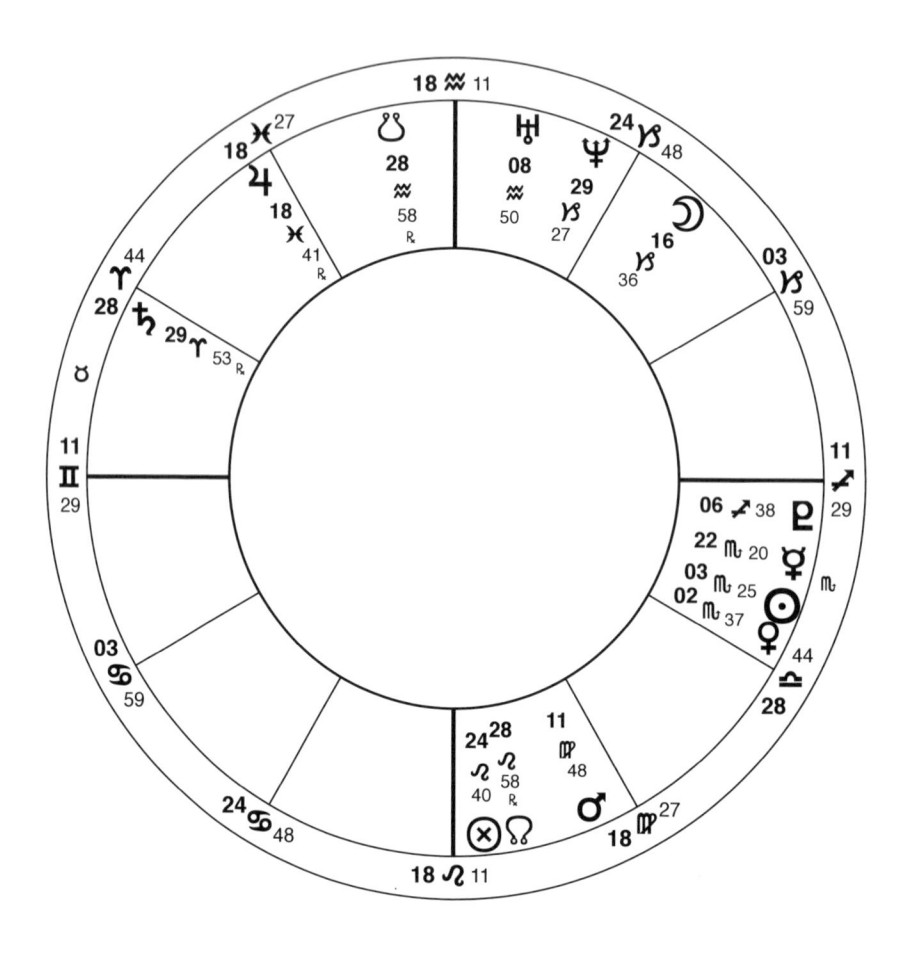

〈堪薩斯城對匹茲堡〉美國中部時間1998年10月26日7:20 pm，密蘇里州堪薩斯城（Kansas City, Missouri）。

比一、七宮主星的那些相位弱得多，有合相才算重要，頂多如此。你就再想想吧。太陽除了作為四宮主星之外，在這裡還有另一個角色。」

他又想了想，直到他想起：「是幸運點的定位星！所以說，幸運點的定位星會透過映點和幸運點對分相。這有利於下盤。」

「你答對了。記住我跟你說過的話：如果幸運點的定位星也是十宮主星或四宮主星時，我們必須優先考量它作為幸運點定位星的角色。」

「大師，就這些了嗎？」

「還有，再查看一下月亮。」

「好！月亮的映點在射手座13.24，就在七宮內。下盤掌控了比賽。」

「結果證實也是如此，匹茲堡贏了。再來一題？」

「好啊，大師。請出題。」

「我們來回顧一下歷史。你覺得這題怎麼解？」

「從宮位配置來看，沒有明顯的證詞。月亮會和一宮主星三分相——但月亮是七宮主星，我不覺得有重要到可以算進來。」

「非常正確。我們在這裡沒辦法保持月亮作為事件走向，而改用它的定位星作為七宮主星，因為月亮的定位星就是一宮主星。我們陷入了困境。」

「我想我最好再檢查一下那些小動物。大師，您看！四宮主星直接和幸運點的映點形成合相。也沒有其他的了。上盤一定會輸。」

「結果他們的確輸了，這是一九一九年世界大賽的第一場比賽。其中涉及著名的『黑襪』醜聞（"Black Sox" scandal），芝加哥白襪被收買，將系列賽放水輸給辛辛那提紅人（Cincinnati Reds）。你一定聽說過這句話『喬，告訴我，這不是真的』，據說這是一位小男孩對他的英雄——無鞋喬·傑克森（Shoeless Joe Jackson）的懇求。我們通常不會關注比賽結果以外的事，但二宮主星，也就是上盤的錢，它的位置在這裡很有意思，正好透過映點落在下中天，指出它與下盤的勝利有關；旁邊的海王星距離夠近，

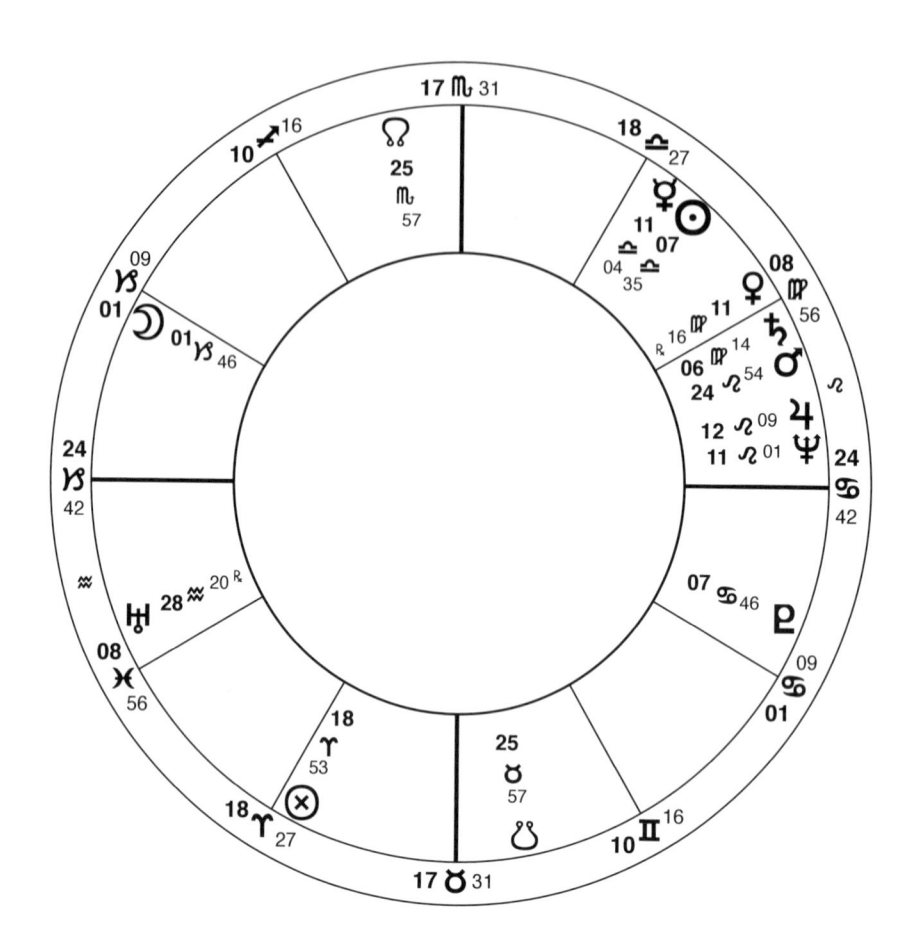

〈世界大賽〉美國中部戰爭時間（CWT）1919 年 10 月 1 日 3:00 pm，
俄亥俄州辛辛那提（Cincinnati, Ohio）。

暗示著有可疑的事在進行，而且還位在恆星柳宿增三（Acubens）上，這是巨蟹座天文星座中最亮的一顆星。因此，它與自發的欲望有關——在這例子是經濟方面的欲望——而且，根據恆星權威維維安・羅布森的說法，它與惡意、騙子和罪犯有關[34]。」

第二章 事件盤　　161

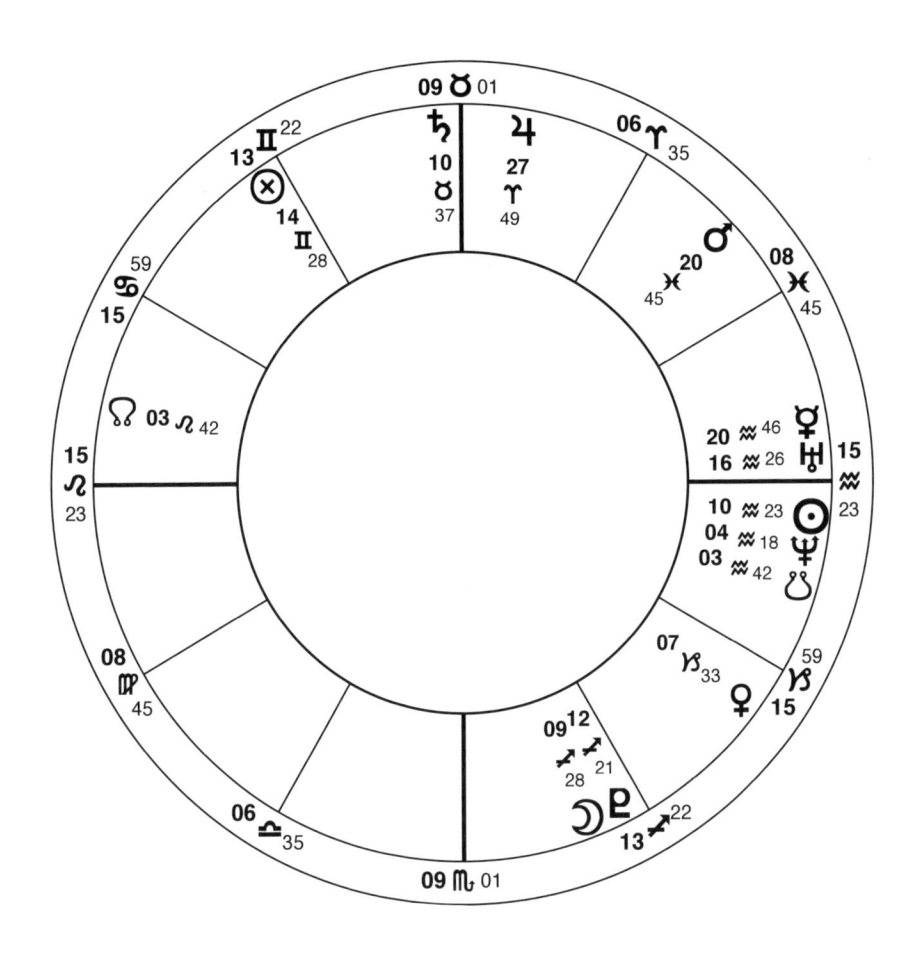

〈超級盃〉美國東部標準時間 2000 年 1 月 30 日 6:26 pm，
喬治亞州亞特蘭大（Atlanta, Georgia）。

---

34. Robson, op. cit. p. 116.

「大師，您是說這東西起作用了嗎？」我一邊擰著他的耳朵，一邊又畫了張星盤讓他研究。「再來一題超級盃。聖路易公羊（St Louis Rams）被看好擊敗田納西巨神（Tennessee Titans）。你怎麼看？」

「大師，有個直接證詞：七宮主星就包在十宮始點內。需要很多證詞才能超過這個上盤獲勝的證據。」

「沒錯，你說得很對。培養認出直接證據的眼力很有好處——星盤中那些跳上跳下的東西會大喊：『看我！看我！』但我們不能僅僅滿足於這些，我們還必須要檢查那些不大明顯的東西。我不知道這些星盤值得花多少時間在上頭，但我個人認為要少，只不過它們總是需要再多看個幾眼。」

「知道了，大師。我再來瞧瞧。」這當然會引起一陣咕噥聲和抓撓聲，以表示思考過程正在進行中。「月亮會和一宮主星六分相。這對上盤有好處。然後再和冥王星合相。大師，這是什麼意思？」

「沒什麼特別的意思。如果是一宮主星與冥王星直接合相，那對上盤來說可能是個壞消息，但我沒注意到月亮合相冥王星的情況有任何意義。再來？」

「再來剛好5度之後，它對分相幸運點。這是下盤的有力證詞。」

「那麼誰贏了？」

「您告訴過我，想要勝過一個強大的宮位配置，需要非常大量的證詞。七宮主星就包在十宮內這麼近，所以這個配置非常強大。對於月亮在美式足球賽能運行的距離來說，5度可能太遠了。上盤一定會贏。」

「結果他們的確贏了，小子，就按照這樣子贏了。現在比較一下這張星盤，這是另一場超級盃比賽。新英格蘭愛國者（New England Patriots）被看好擊敗卡羅來納黑豹（Carolina Panthers），你說是誰贏了？」

「我最先看到的是十宮主星正好就在十宮始點上，這個這麼有力的證詞是上盤的。大師，我真的有必要再看下去嗎？」

第二章　事件盤

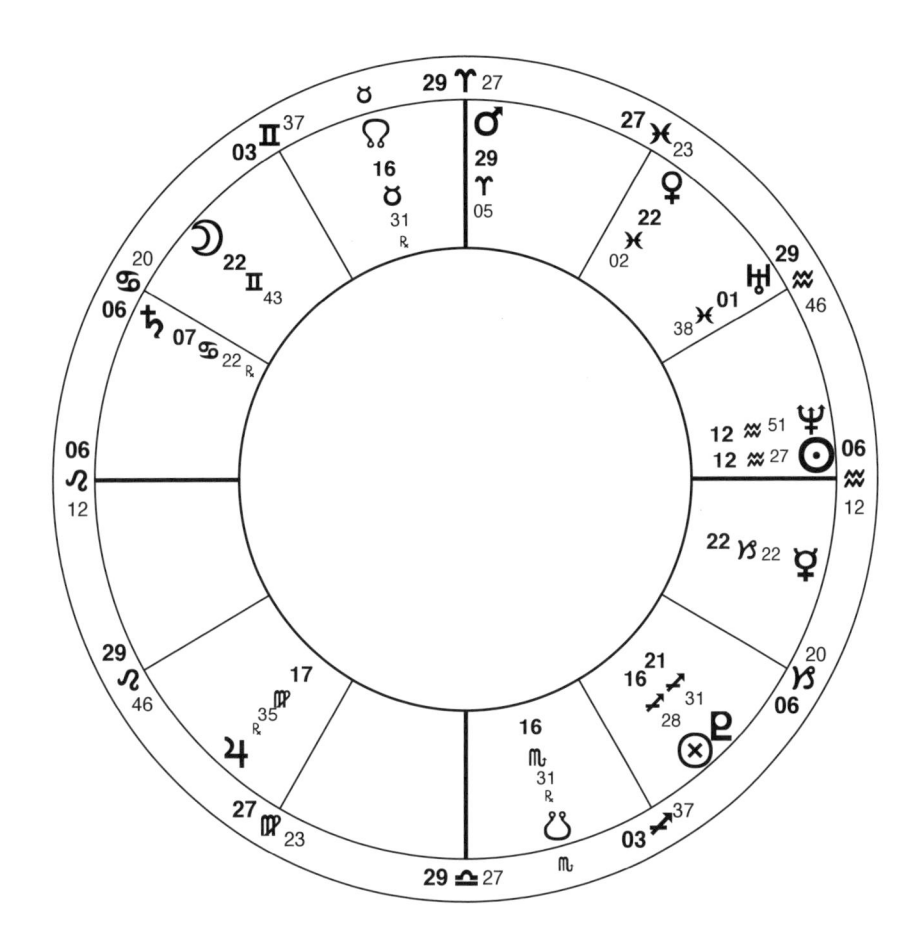

〈超級盃〉美國中部標準時間 2004 年 2 月 1 日 5:25 pm，
德克薩斯州休士頓（Houston, Texas）。

　　我的棍子給了他答案。「好吧，大師。一宮主星在七宮內，但是離宮始點太遠了，所以重要性不大。」

　　「小子，很好。」

「月亮合相土星的映點。這一定有利於下盤。」

我的棍子又一次發揮了作用。「看啊！小子，仔細看！土星的映點在哪裡？」

他就著山邊的塵土寫寫畫畫，算出了這結果：「土星在巨蟹座 7.22。

巨蟹座裡任何東西的映點都在雙子座。想找出在雙子座的哪個度數，我必須用 30 度減去 7.22。為了簡化運算，我可以把 30 度叫稱作 29.60。

那麼：

$$\begin{array}{r} 29.60 \\ 7.22 - \\ \hline 22.38 \end{array}$$

所以在巨蟹座 7.22 的土星，它的映點落在雙子座 22.38。」

「對，意思是？」

「大師，我知道了。月亮在雙子座 22.43，所以它已經離開和土星映點的合相。這是過去發生的，無關緊要。」

「就是如此。看來，下盤的命運是悲慘的：如果比賽早一點開始，我們可能就會判斷出是上盤輸了。但那是存在於『如果會怎麼樣』的魔法世界裡，裡面任何事情都有可能發生。我們只對『什麼是什麼樣』的世界感興趣，這才是我們需要處理的全部工作，才是我們生活必須面對的一切。」

「所以說，唯一重要的證詞就是十宮主星在十宮始點上。上盤贏了。」

「小子，結果證實也是如此。這是另一題。」

第二章　事件盤　165

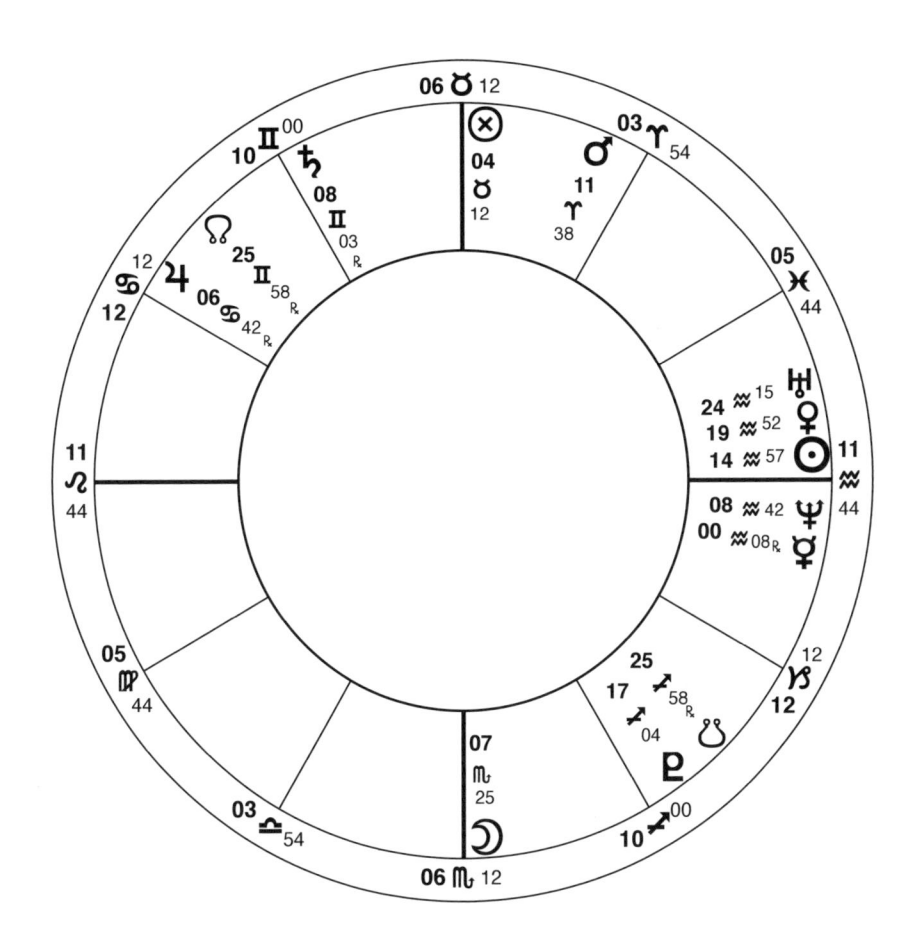

〈超級盃〉美國中部標準時間 2002 年 2 月 3 日 5:20 pm，
路易斯安那州紐奧良（New Orleans, Louisiana）。

「哇，大師，這裡有很多配置要看！幸運點在上中天，只是您說過幸運點的本體位置不重要。」

「很好。不過，你必須檢查一下它的映點落在哪裡。」

「幸運點在金牛座 4.12，所以它的映點在獅子座 25.48。飄在一宮中間：

這就沒有什麼意義。但它透過映點和天王星對分相，這有近到要看嗎？」

「1度半的距離：稍微遠了一點，不過可能對下盤有利。」

「然後，一宮主星就在七宮內側。這很明顯是下盤的證詞。」

「宮位內3度，已經接近值得我們注意的極限。不過我想我們可以把這個標記出來。」

「然後是月亮就在四宮內離宮始點這麼近，這一定有利於下盤。」

「沒錯，這是一個非常有力的證詞。還有沒有——也許還有個相位？」

他看了看星盤，然後宣布：「有！月亮會和十宮主星金星映點合相，就在天蠍座10.08。這一個是上盤的證詞。」

「但壓倒性的裁決是支持下盤，尤其是月亮的位置非常強大。新英格蘭愛國者擊敗了聖路易公羊，這是超級盃史上最大的驚喜之一。」

「大師，我對美式足球什麼都不知道，會有問題嗎？難道了解這項運動沒有幫助？」

「除了知道最基本的訊息，例如是否有和局的選項，或者比賽是否必須分出勝負，不然我認為沒有幫助。事實上，這些知識可能是一種障礙。我經常在判斷星盤後會想：『不，這種結果不可能，某某一定會贏。』最終，我不得不承認，星辰對運動的了解比我多得多。我那所謂的專家知識看起來破爛不堪。」

「大師，那我就放心了！」

「我們來看看其他運動項目。比較右方的兩張星盤，它們之間有什麼顯著的差異？」

「大師，它們幾乎一模一樣，一定是同一時間用不同地點起的盤。」

「沒錯，這兩場是國民西敏寺盃（NatWest Trophy）的半決賽，為一日的板球比賽。在曼徹斯特這場，蘭開夏郡（Lancashire）被看好擊敗約克郡（Yorkshire）。倫敦那場，薩里郡（Surrey）被看好擊敗艾塞克斯郡（Es-

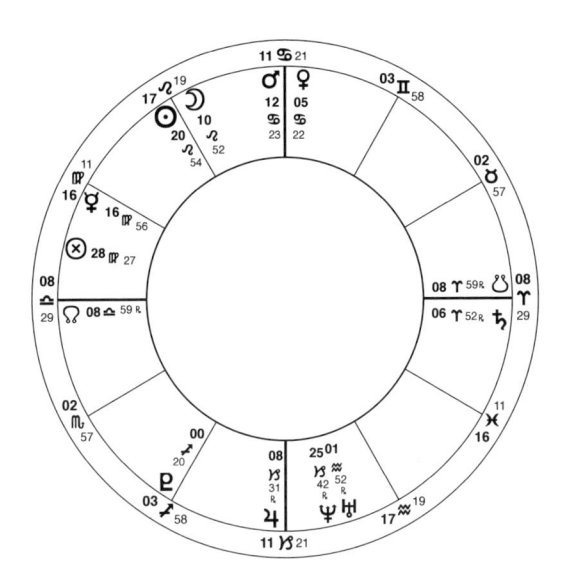

〈國民西敏寺盃半決賽〉英國夏令時間 1996 年 8 月 13 日 10:30 am，曼徹斯特（Manchester）。

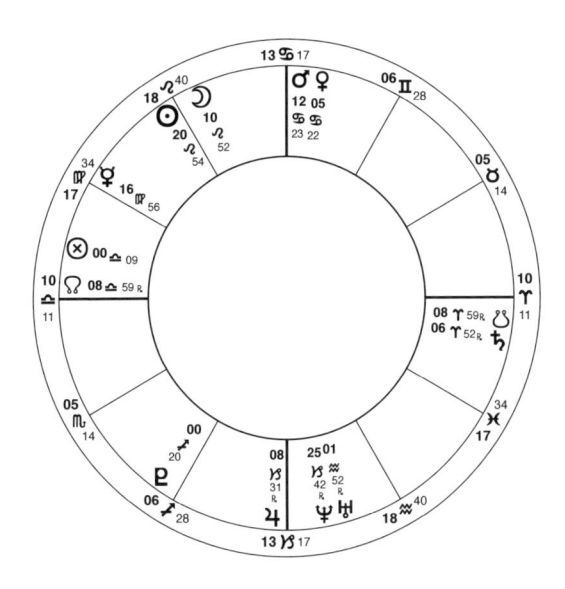

〈國民西敏寺盃半決賽〉英國夏令時間 1996 年 8 月 13 日 10:30 am，倫敦。

sex）。那麼：它們之間最大的差別是什麼？」

「回大師，是火星。在曼徹斯特的星盤，它就在十宮內；在倫敦的星盤它坐落在十宮的宮始點上。」

「很好。這說明了什麼？」

「火星是七宮主星，是下盤的主要徵象星。這種配置上的證詞是很強大的證詞，會成為關鍵。在倫敦，七宮主星主導了十宮：下盤一定會贏。在曼徹斯特，它被困在十宮內：下盤一定會輸。」

「小子，結果證實也是如此。你看這些星盤多簡單？」

「真的，大師。這太棒了！我們可以從一顆行星位置上的細微差別看出很多東西。」

「這是一張網球賽的星盤，法國網球公開賽的男子單打決賽。預測網球或拳擊比賽的最大問題是，如何取得比賽開始的時間。我們通常要等到比賽真正開始時才知道。現在你明白我們為什麼需要一套快速、簡單的系統了吧！」

「明白了，大師。我看到水星非常顯眼，就靠近十宮內側。不過水星在這張星盤似乎不起作用，所以我可以忽略它。」

「很好。不要只因為它在那裡，就覺得必須把它扯進來。」

「月亮即將和七宮主星形成合相，然後再和四宮主星三分相。這是下盤的有力證詞。我看不出其他還有什麼。上盤輸了。」

「確實，這是一個有力的證詞。合相通常是月亮相位的分界點，因此不需要把它移出這個範圍。我們可以忽略它與土星的相位；我們也可以忽略它的第一個相位，就是和太陽的六分相。太陽是幸運點的定位星，所以這個六分相有可能是上盤的一個次要證詞，只是我不會把它看得太重要。不過，再看一遍。你漏掉了重要的東西。」

「一宮主星合相幸運點，但已經是離相位，所以無關緊要。」他陷入

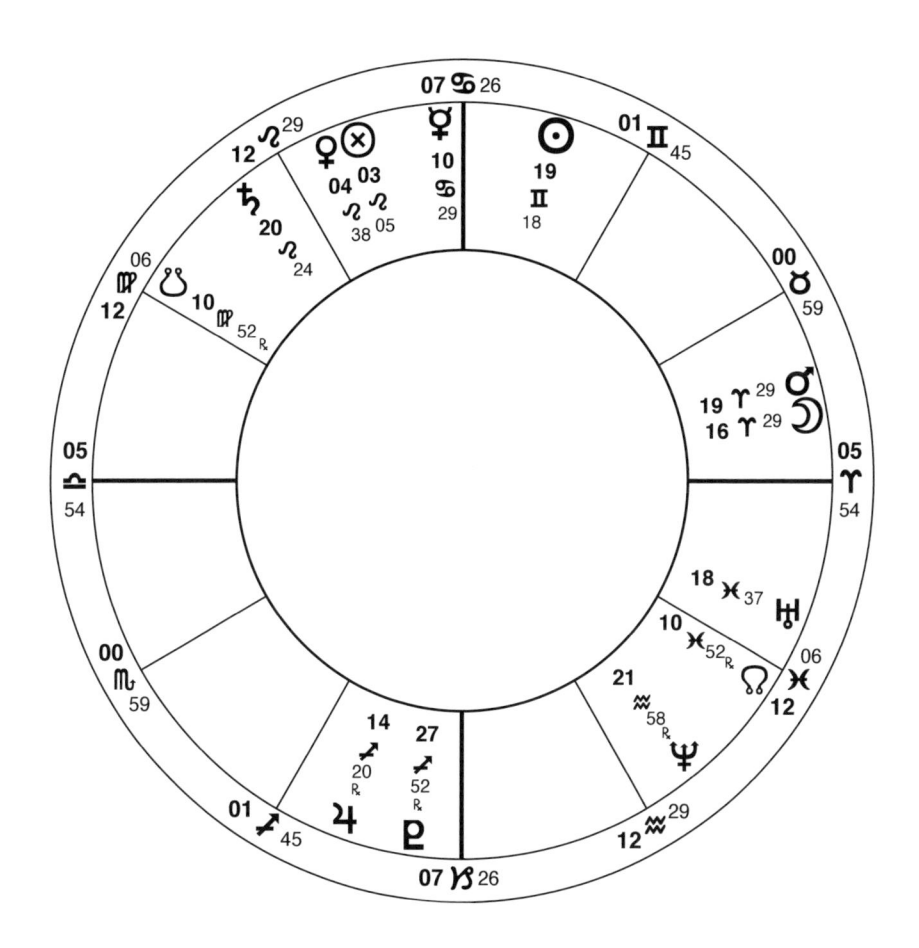

〈法國網球公開賽男子單打決賽〉歐洲中部時間 2007 年 6 月 10 日 3:09 pm，巴黎。

了沉默。

「查看一下七宮主星，還要記得想想那些小動物。」

「啊！火星的映點在處女座 10.31，就正好落在南交點上，是個折磨。」

「答對了。正如我告訴過你的，這是一個非常重大的折磨，足以壓倒

月亮相位的論證。在下盤如此無力的情況下，上盤一定會獲勝。結果也證明了這一點：拉斐爾‧納達爾（Rafael Nadal）擊敗了羅傑‧費德勒（Roger Federer）。」

「那這裡的動態要怎麼看？是映點入相位南交點？還是南交點入相位它啊？《卜卦占星教科書》這本巨作告訴我們，不要嘗試移動映點，以免對大腦造成永久性損傷。」[35]

「非常正確。不要移動映點，也不要移動月交點，我們在這裡不考量動態。南交點是一小塊壞風水的中心，只要位在這個區域內就夠了，行星未來的動向並不重要。同樣地，北交點就是一小塊好風水的中心，以此類推。」

「大師，再來幾題好嗎，拜託。」

這種熱情多麼令人愉悅！「試試這題。這是板球對抗賽的星盤。」

「又出現了，同樣有一個明顯的配置：太陽就在十宮始點上。不過我看不出太陽在這裡有什麼作用。」

「很好。沒它的事。」

「然後我看到海王星逆行接近七宮始點。它靠得這麼近，就可能很重要。大師，它這樣是什麼意思？」

「這個啊，我也不知道。小子，你還年輕：你會有很多機會觀察這顆行星，研究它的狡猾之處。正如我告訴過你的，我還未發現到它的表現有任何的一致性。」

「接著看十宮主星，水星入相位和天王星合相。這又是什麼意思？」

「如果讓我對此表示意見，我會說這有利於下盤，不過我真的不知道這裡面的道理。同樣，我也還未觀察到天王星的表現有什麼太大的一致性。」

「大師，我必須說，」他開始趴在地上爬行，直躲到布蘭妮沉睡的身

第二章 事件盤　171

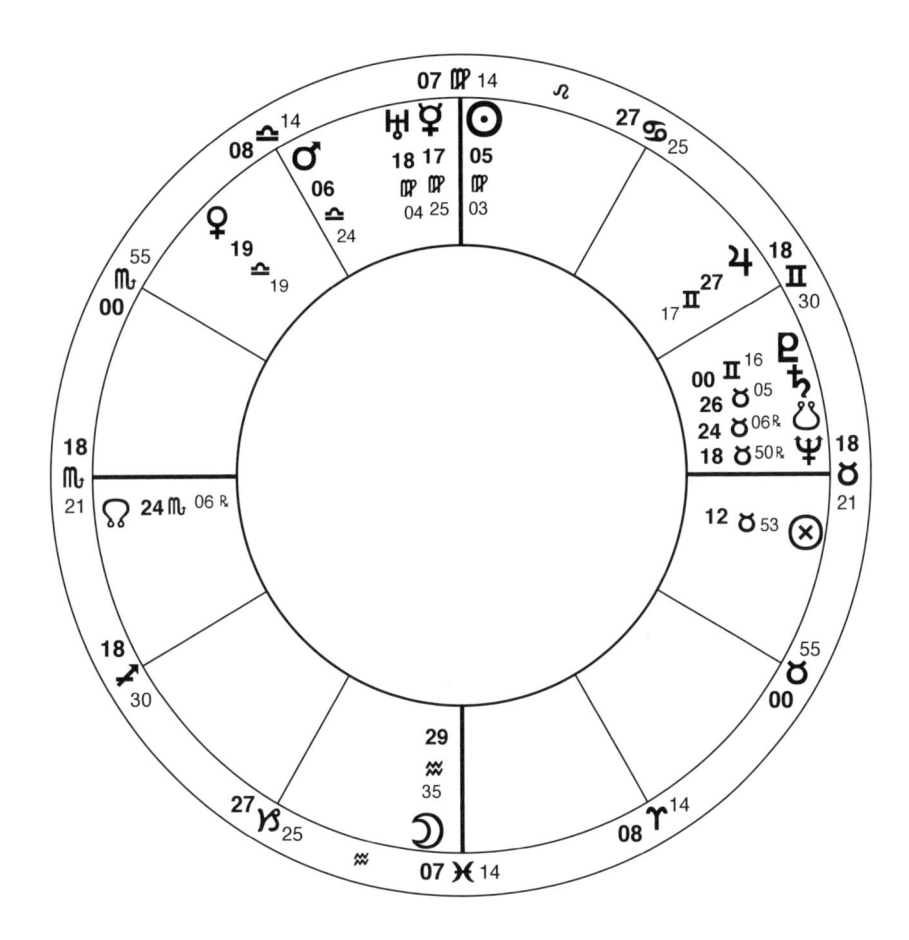

〈板球對抗賽〉格林威治標準時間 1882 年 8 月 28 日 12:10 pm，倫敦。

---

35. 頁 192。

後道：「作為占星大師，您不知道的事情好多啊。」

「就是有這麼多，數量龐大。從你低處的視角來看，根本無法想像我俯瞰到的無知景象。我以前有個朋友，他個子很高，但他的頭也沒有離天空近一點。」

我考慮過為他的無禮重重地敲他一棍，但又不想吵醒犛牛。先等著。他在藏身之處繼續說道：「從配置上，我看是沒有其他的東西了。月亮離四宮始點太遠，不能算。」

「對，就配置而言，重點在於行星『是』在哪裡，而不是它會去哪裡。」

「大師，我看不出有任何相位的關聯。月亮就在目前星座這麼後面的地方，要發揮作用也沒什麼機會了。」

「記住我告訴你的話：這一張是板球對抗賽的星盤，所以你可以把月亮帶到它的下一個星座。還要記得想想那些……」

「小動物。好啦，大師，我記得牠們。讓我來看看，一宮主星的映點在雙魚座 23.36，月亮最後會和它合相；不過七宮主星的映點在雙魚座 10.41，月亮會先和那裡合相。」

「我是怎麼跟你解說合相的啊？」

「回大師，合相通常是最後一個相位，但這次是映點合相。如果月亮只有移動幾度就形成映點合相，它就不會是最後一個；不過以這樣的距離來說——超過 10 度——那它就是了。所以說在這例子是月亮和七宮主星那邊的第一個合相才算數，上盤輸了，這樣對嗎？」

「結果就是這樣。那時候，有一群澳洲人來到英格蘭，厚顏無恥地在我們國家的比賽中擊敗了我們。訃聞發布，舉國哀嘆英國板球之死，並稱屍體已被火化，將其灰燼運往澳洲。現在，英格蘭和澳洲每隔幾年就要爭奪這些灰燼的所有權。」

他覺得自己躲的地方很安全，咯咯地笑道：「大師，所以這才是您出

道早期繪製的星盤啊？」我目光瞥向塞德那，塞德那一聽到他這樣回話就立刻噤住自己的嘎嘎笑聲，飛到這小子身後，狠狠啄了一下他的頭頂。這才止住他的咯咯笑。

「我們來看看英格蘭最近試圖奪回灰燼的幾張星盤。這一張你怎麼看？所有人一面倒看好澳洲獲勝。」

「這裡沒有任何配置出現。我得檢查一下相位。」

「想想小動物？」

「知道，大師。喔，我看到了：四宮主星透過映點和冥王星緊密合相，這對下盤的英格蘭來說不是什麼好事。」

「月亮有什麼動態？」

「它馬上就會和七宮主星形成六分相。這是不是說英格蘭會有一個好的開始？」

「對，再來？」

「月亮透過映點來到北交點上；但是月亮在這裡的角色是作為事件走向。無論從哪邊看，我都看不出這個合相能告訴我們什麼。」

「正確。然後呢？」

「喔，然後它的最後一個相位，是和一宮主星木星的映點四分相。木星在射手座 4.24，所以木星的映點在摩羯座 25.36。最後一個相位是一宮主星的：上盤會贏。」

「結果他們的確贏了。那這場呢？這是同一系列的另一場比賽。」

「喔，大師——這裡的配置有一個很重大的證詞！一宮主星木星，就在十宮內側。英格蘭還有機會嗎？」

「沒多少機會了。

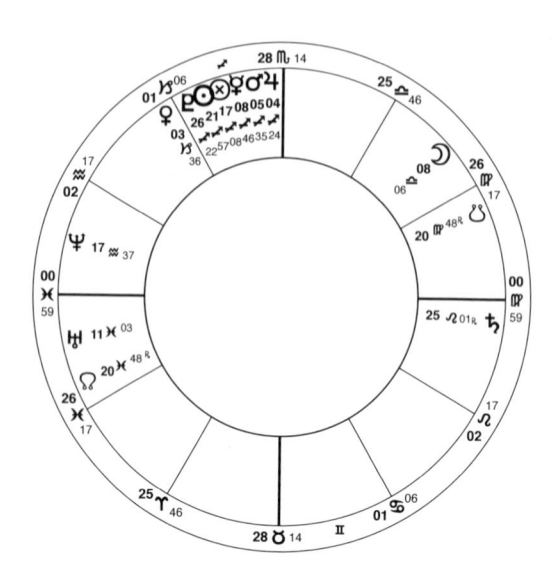

〈板球對抗賽〉澳洲西部標準時間（AWST）2006 年 12 月 14 日 10:30 am，澳洲伯斯（Perth）。

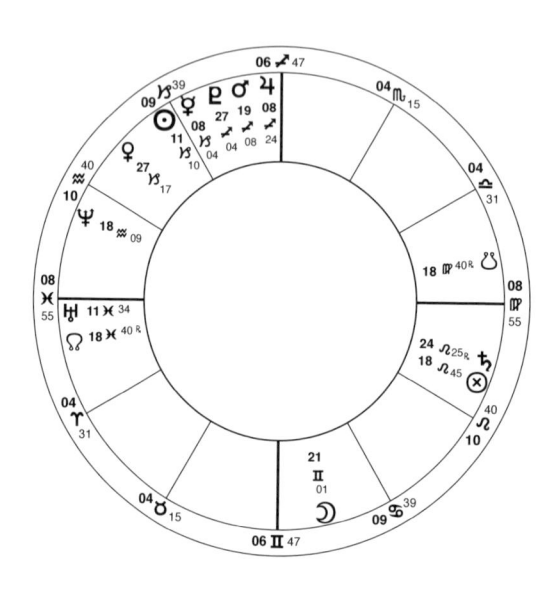

〈板球對抗賽〉澳洲東部夏令時間（AEDT）2007 年 1 月 2 日 10:30 am，雪梨。

### 任何主題的任何星盤其任何證詞都可以被推翻

　　但證詞愈有力，被推翻的可能性就愈小。這樣它的確是在大喊『澳洲人會贏！』但我們必須巡視星盤，看看有沒有任何與之相悖之處。」

　　「大師，我來檢查相位。月亮即將和七宮主星的映點形成對分相，就在射手座 21.56。這對下盤來說不是件好事。」

　　「我跟你說話的時候你睡著了嗎？我告訴過你，」我按這句話一字字敲在他的腦殼上，希望能有個法子把這個資訊塞進他的腦子裡：「即使是對分相，也會對那顆徵象星有利。月亮透過映點會和七宮主星有個對分相：下盤有一個好的開始。接下來是什麼？」

　　「月亮會和冥王星對分相。但是您告訴過我，這沒什麼意義。」

　　「很好。」

　　「然後就沒有了。月亮離它目前星座的終點太遠，沒辦法進入下一個星座。我認為這張星盤的關鍵是一宮主星的位置。上盤一定會贏。」

　　「結果證實也是如此。即使澳洲沒有那麼有力的證詞，我們也必須始終牢記預設選項，要是什麼都不發生的情況會發生什麼？」

### 如果沒有相反的不利證詞，上盤就會獲勝

　　這就是他們被看好的原因。在這裡，你必須運用你的常識。如果這場比賽的某一方只是被稍稍看好，那麼要判斷他們輸球並不需要太多證詞。假如曼聯的對手是你當地的酒吧球隊，我們就需要在星盤中找到非常有說服力的證詞，才能對他們做出不利的判斷。我再說一遍：

### 結合斟酌的藝術。

你聽進去了嗎？」

「有，大師，我聽進去了。」

「現在我們來看看橄欖球賽的星盤。巴斯（Bath）是被看好擊敗紐卡斯爾（Newcastle）的上盤強隊。」

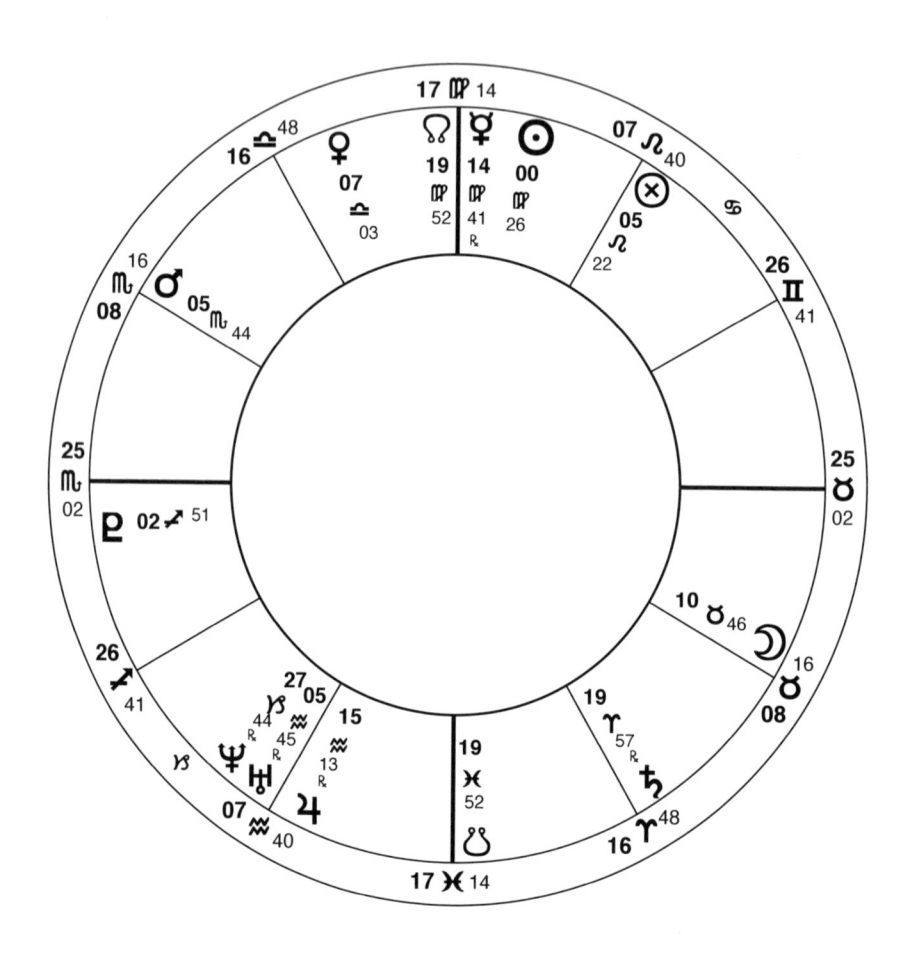

〈巴斯對紐卡斯爾〉英國夏令時間 1997 年 8 月 23 日 2:15 pm，英格蘭巴斯（Bath）。

「從配置上看，我看到十宮主星接近十宮始點；但是它並沒有靠得那麼近，而且正在逆行遠離。」

「對，這是上盤的證詞，但不是那麼有力。」

「喔，大師！小動物出現了！幸運點的映點在金牛座 24.38，就正好落在七宮始點上：有利於下盤的重要證詞。」

「沒錯，最強大的可能證詞之一。很好！」

「我必須檢查一下相位。月亮三分相十宮主星水星，然後會和四宮主星木星四分相，這是它在 5 度範圍內的最後一個相位。四宮主星代表下盤：巴斯一定會輸。」

「結果證實也是如此，小子。你已經掌握了訣竅。來試試比較這兩張星盤。現在我們回到足球：英格蘭足總盃和蘇格蘭足協盃（Scottish Cup）的決賽。這兩場比賽同時開球，一場在倫敦，一場在格拉斯哥。」

「大師，它們肯定是非常像的星盤。」

「沒錯，如我們所料。倫敦和格拉斯哥相距不遠。你看到了什麼？」

「有一個配置的證詞：七宮主星在七宮始點上，看起來對下盤有利。」

「比較一下兩張星盤的這部分，你有什麼看法？」

他撓了撓下巴。「在格拉斯哥的星盤，它比較接近宮始點。在倫敦，距離就超過 3 度，是不是太遠了？」

「對，這說明了什麼？」

「在蘇格蘭這場的下盤很有可能獲勝。」

「到目前為止是這樣沒錯。你還有什麼發現？」

「除了月亮之外，其他都沒有相位。月亮會和幸運點三分相，這對上盤來說是好事。」

「你確定嗎？再看一遍，檢查兩張星盤。」

「啊，大師——在倫敦的星盤中，月亮三分相幸運點，但在蘇格蘭，

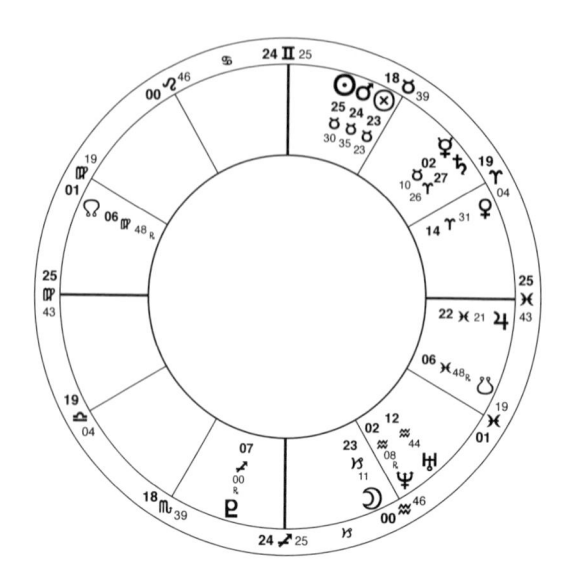

〈英格蘭足總盃決賽〉英國夏令時間 1998 年 5 月 16 日 3:00 pm，倫敦。

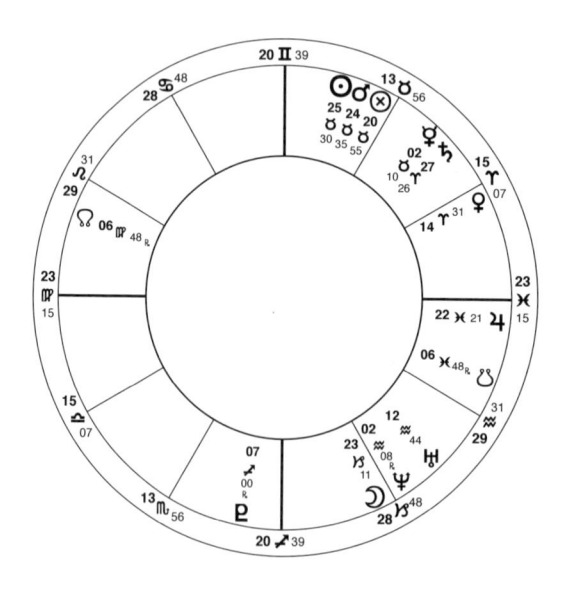

〈蘇格蘭足協盃決賽〉英國夏令時間 1998 年 5 月 16 日 3:00 pm，格拉斯哥。

這個三分相已經過去了。這意思是說，在倫敦我們有一個利於上盤的好證詞，下盤什麼都沒有；在格拉斯哥，我們有一個下盤的有力證詞，而上盤什麼都沒有。」

「這就是兩場比賽的結果。在倫敦，兵工廠如願擊敗紐卡索聯（Newcastle）。在蘇格蘭，哈茨出人意料地戰勝格拉斯哥流浪者。」

「可是大師，您是不是知道結果？事後預測不是很容易嗎？」

「前面英格蘭和澳洲板球比賽的第一場我就錯判了。但這些就像我向你示範過的許多星盤一樣，我的預測要不是事先出版，就是提前轉播。」

我們靜靜地坐了一會兒，他思考著我拿來給他做例子的星盤，我則望著頭頂上盤旋於晴空中的老鷹。「這些原理看起來確實很簡單，」他說，「難道沒有比這更重要的嗎？」

「總會有更多的原理。我很想提供你一張長長的清單，列出我在一張又一張的星盤中看到並認為可能有些重要性的所有證詞。不過，這會讓你的大腦過度疲勞，帶來的困惑多過啟發。我可以用大量的證詞壓倒你，但你又能得到什麼？它們大多數在大多時候都無關緊要，而且其中有許多會被證明完全錯誤。我相信，最好的辦法是運用我在這裡教給你的東西：一些簡單的原理就好。記住，我一直都是這樣取得成果的。盡可能讓我告訴你的東西帶你練久一點，然後根據你自己的經驗，明智地擴展這份清單繼續精進。」

「大師，聽起來您希望我下一些苦工。」

我驚訝地跟蹌後退，還被布蘭妮伸出的腿絆倒，有些失態地重摔在地上。我狠狠瞪了塞德那一眼，要他憋著嘎嘎的笑聲。這年輕人說得沒錯，他無意間發現了祕密中的祕密，最極致的奧義，通往占星學開竅的直達之路。「沒錯，好小子，你說對了。你得下點功夫，我沒辦法告訴你每一個

答案。不是說我不願意：我正在盡我所能地教導你，但教學並不是用資訊把大腦包起來就好。我可以提供你原料，但你必須轉化它們；唯有靠自己努力，才能產生激烈的煉金術，把我告訴你的內容煉就成自己的一部分。」

他從塞德那看向布蘭妮，又從布蘭妮看向塞德那，似乎希望他們其中能不能有一個向我說說情，或者為他出點力。布蘭妮依然睡得很香，儘管我在她的腿上翻來覆去。塞德那則冷冷地回敬他懇求的目光。不要試圖和烏鴉比瞪眼：你說服不了他的。

他很失望，幾乎崩潰了。這根魔杖和他想像的不大一樣，但這只能靠他自己身體力行。然而，我並不是沒看見這孩子身上的某種潛能就收他為學徒。我知道他的個性會付出一切必要的努力。他振作起來，決心說：「大師，如果只有這樣才能讓我掌握這門技藝的話，我會下這些功夫的。我要以您為榜樣。想像——在未來的歲月裡，我可以在電視上做出這些預測！名聲！財富！」

我笑了。他的鼻子前應該有一根胡蘿蔔，效果不錯。要是這根胡蘿蔔上撒了糖，那又何妨？我沒有讓他對名利失去信心，而是說：「年輕人，電視台讓我獲得很多有價值的經驗。一旦一個人與一群脫衣舞小矮人同台演出，就很難再把持住自己[36]；或者將一個人的高超預測穿插在《裸上身射飛鏢》（*Topless Darts*，暫譯）的節目中[37]。

他對這種大不敬的行為感到震驚。我拿了幾片樹葉，在上面畫了星盤，讓他自己判斷，這才把他從驚恐中拉了回來。就頁面上這些，都是上盤對下盤的比賽；運動項目如上說明，判斷結果詳見〈附錄 4〉。

---

36. 'The Half Monty', on *Richard Littlejohn - Live and Direct*.
37. 英國的有線電視節目〈L!VE TV〉。

第二章 事件盤　　181

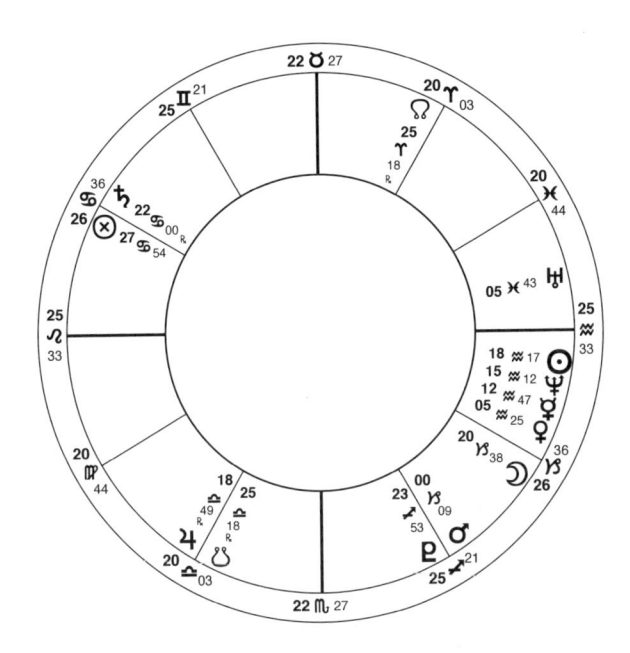

〈例題星盤 7：美式足球賽〉
美國東部標準時間 2005 年 2 月 6 日 6:38 pm，佛羅里達州傑克遜維爾（Jacksonville）。

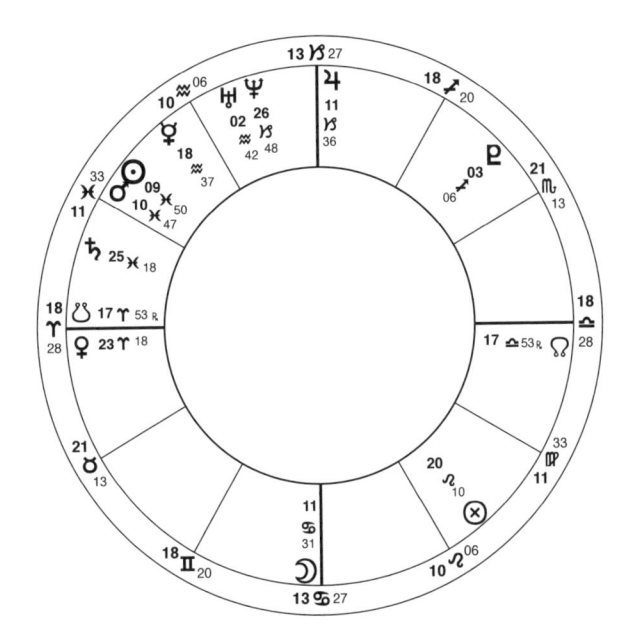

〈例題星盤 8：板球一日賽〉
印度時間（INT）1996 年 2 月 29 日 9:00 am，印度浦納（Poona）。

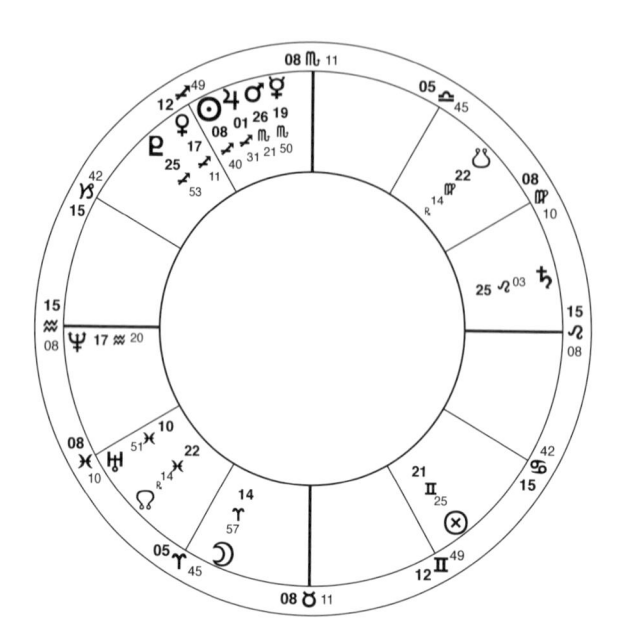

〈例題星盤 9：板球對抗賽〉
澳洲中部夏令時間（ACDT）
2006 年 12 月 1 日 11:00 am，
澳洲阿德雷德（Adelaide）。

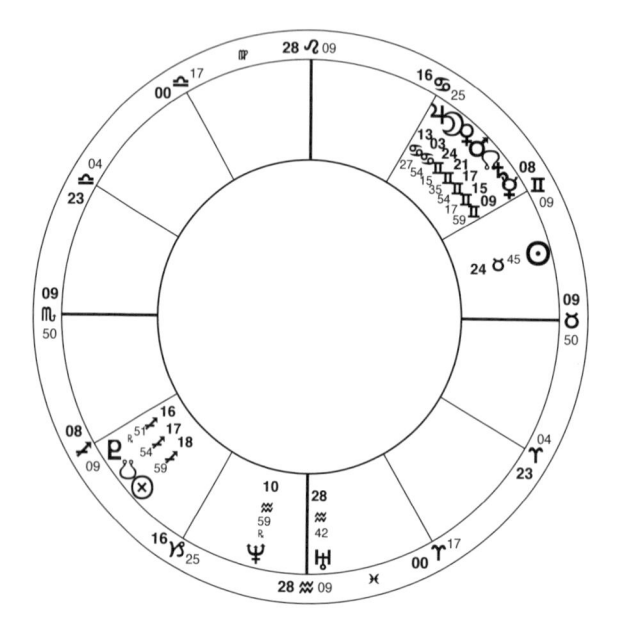

〈例題星盤 10：足球賽，可能
進行加時賽〉英國夏令時間
2002 年 5 月 15 日 7:45 pm，
蘇格蘭格拉斯哥。

第二章 事件盤 183

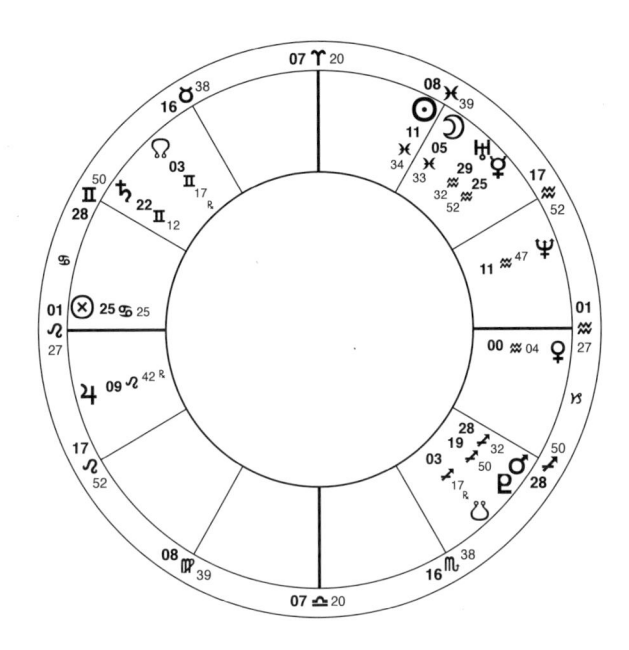

〈例題星盤 11：足球賽，可能進行加時賽〉格林威治標準時間 2003 年 3 月 2 日 2:00 pm，威爾斯卡地夫（Cardiff, Wales）。

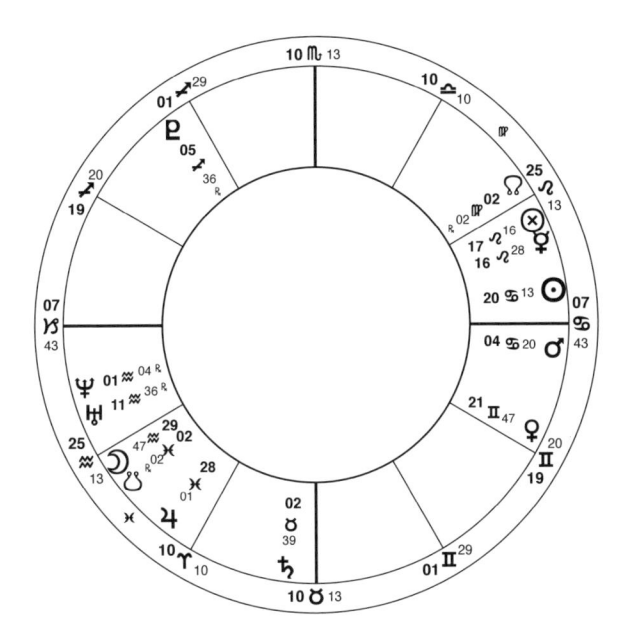

〈例題星盤 12：足球賽，可能進行加時賽〉歐洲中部時間 1998 年 7 月 12 日 9:00 pm，巴黎。

當我起身走回洞穴，讓他繼續研究這些星盤時，我給了他最後一個建議：「年輕人，永遠記住：如果結果和你預測的不一樣，那不是你的錯，就怪球員吧，是他們沒有按照劇本來。」聽到這句話，塞德那飛到我的肩膀上，以烏鴉間親吻的方式，輕輕地碰了碰我的耳朵。

## 插　曲

# 貝比・魯斯
# 擊出六十支全壘打

　　當喬治・魯斯（George Ruth）簽下他與巴爾的摩金鶯（Baltimore Orioles）的第一份棒球合約時，他孩子般的個性很快讓他獲得了「貝比」（Babe）的綽號。如果他的同事研究過他的誕生星盤，就知道不會再找到比這更適合的名字了。一個巨蟹座為上升星座，月亮正好就包在巨蟹座上升點內側的人，你還能叫他什麼？

　　位於上升星座的行星是「性格徵象星」的首選，此稱號的意思即為：這顆行星顯示一個人的行為舉止。當這顆行星也是上升主星時，其行為特質就會深入骨髓。巨蟹座行為上的界限和紀律都很薄弱——尤其當這顆位於其中的行星是月亮時更是如此，會像小孩一樣粗心大意地忽視界限，無論好壞：他被紅襪隊老闆哈利・佛瑞茲（Harry Frazee）形容為「有史以來穿上棒球服最自私、最不體貼的人之一」，也因為他將大量的時間和金錢投入到他為貧困兒童設立的慈善機構，而被他的隊友厄尼・肖爾（Ernie

賽事占星學

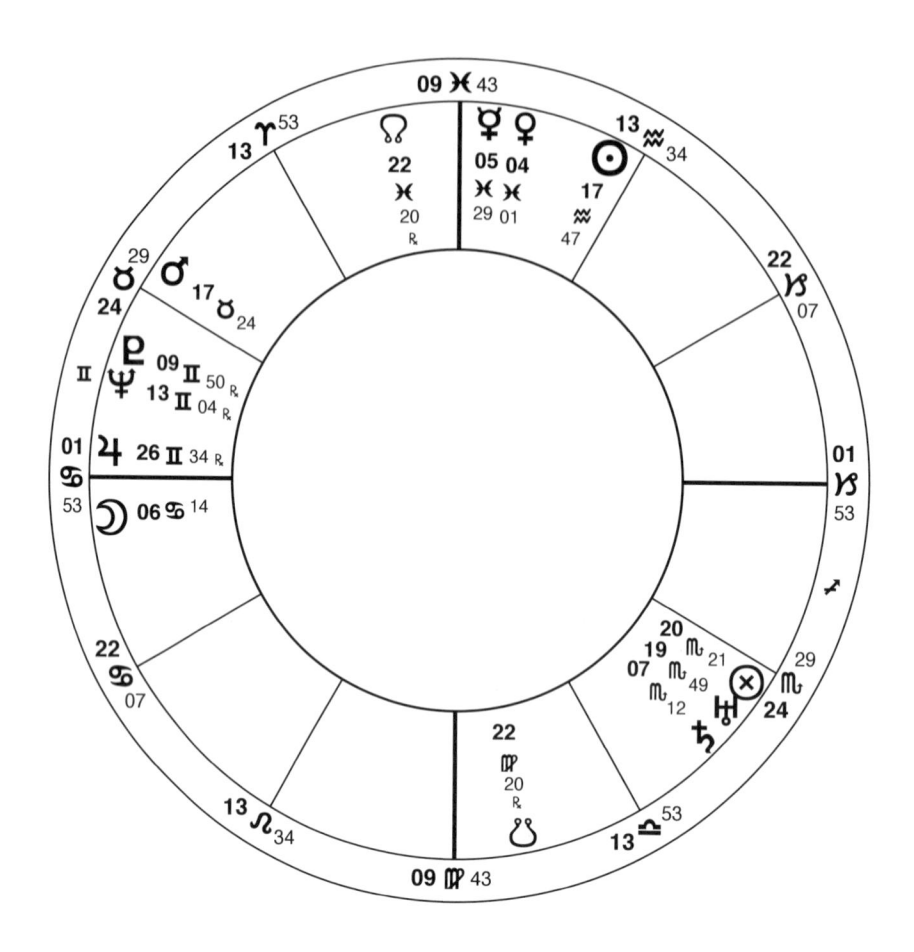

〈貝比·魯斯〉美國東部標準時間 1895 年 2 月 6 日 1:45 pm，
馬里蘭州巴爾的摩（Baltimore）。

Shore）說是「有史以來心地最好的人，他願意把自己的襯衫全給你」。他對食物、飲料、菸草和女人的胃口沒有界限——他的脾氣也壞到沒什麼界限。但把這樣一個天生不懂界限，對「禁止通行」標示牌視而不見的人放到運動場上，他就會輕而易舉地打破紀錄。

當然，前提是他的身體素質與這種心理素質相匹配。要不然，他唯一能打破的記錄就是窩在沙發上的時間。貝比·魯斯的月亮直接坐落在出生前日食盤（pre-birth eclipse）的木星上。木星位在它的旺宮：這也是完全無視界限，它的力量強大，不挑剔也不講究精確。貝比·魯斯終結了「科學棒球」（scientific baseball）那種將安打落點小心翼翼地放在外野手之間，如水星般精確性的打法。他的打擊超出任何人的想像，飛得又高又遠，被譽為打擊之王（The Sultan of Swat）。他在一九二〇年賽季的長打率紀錄保持了八十年，無人能及。等到這個紀錄被打破時，整個棒球界已經有了很大的變化。

在他一九一九年的太陽回歸盤中，入旺的木星正好來到本命月亮上，而本命月亮精準坐落在出生前日食盤的入旺木星上。月亮是本命盤的上升主星，因此也是魯斯本人的主要徵象星，現在則是自己入旺了。另外，本命入旺的金星此時也回到了本命盤的位置。那年賽季，魯斯擊出了二十九支全壘打，打破過去三十五年以來的紀錄。

隔年，他進入了超速狀態。回歸盤與本命盤的這些強大連結，足夠讓他為自己的舊紀錄再多添上兩支全壘打。一九二〇年的回歸盤更直接連結上出生前日食：他在自己二十九支全壘打的紀錄上又增加了二十五支，總共擊出五十四支全壘打，並創下他個人最高的長打率紀錄。

一個又一個令人難忘的賽季，直到一九二五年，魯斯的次限月亮對分相他的本命太陽。威廉·里利早在三百年前就寫道，這樣的次限推運會帶來「身體和精神上的極端危險與折磨……劇烈的極度發燒……腹部的折磨」[38]。那時他已經積累許多隱疾導致身體出了問題，他出現「嚴重的胃痙攣和發燒」[39]，

賽事占星學

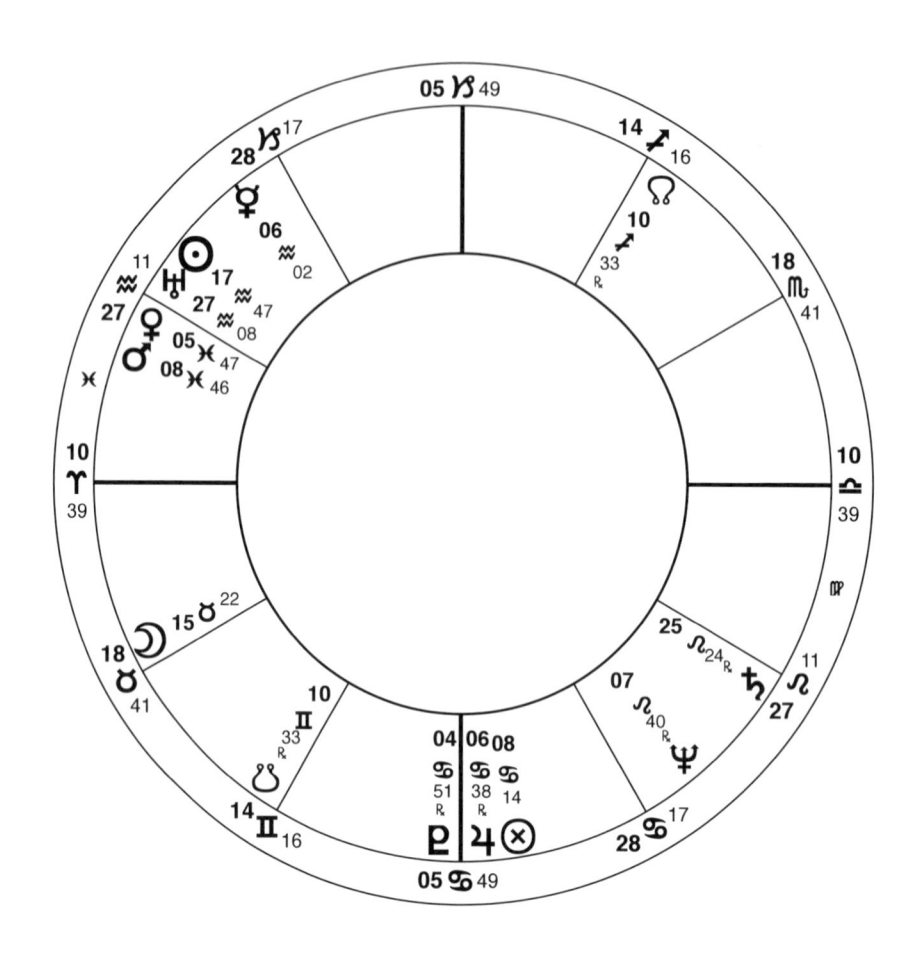

〈貝比·魯斯 1919 年的太陽回歸盤〉

惡化到昏厥神志不清,最後被診斷出患有腸膿瘍(intestinal abscess)還動了手術。不出所料,這是一個糟糕的賽季,他全盛時期中最糟糕的一個賽季。太陽回歸盤的上升點來到本命南交點上,而回歸盤本身的南交點來到他的太陽上,都證實了這一點。而代表魯斯本人的徵象星月亮,於該年回歸盤中即將離開自己的廟宮巨蟹座:證明人生走下坡的有力證詞。

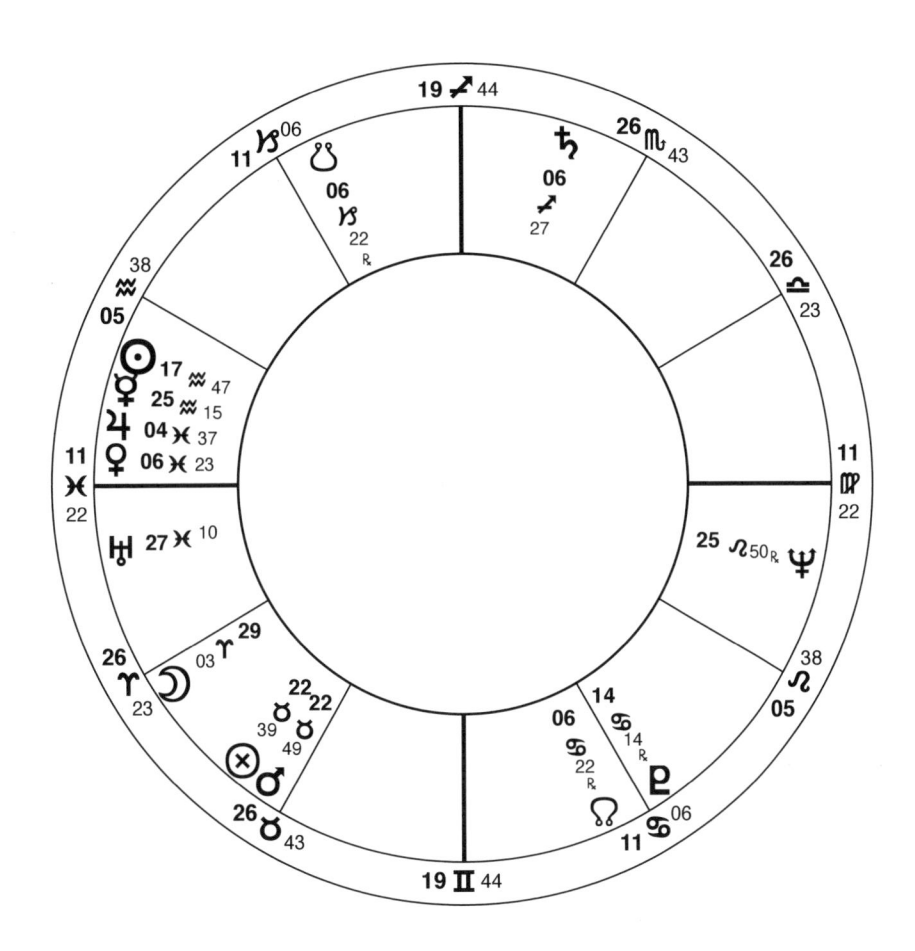

插曲　貝比·魯斯擊出六十支全壘打　　　　　189

〈貝比·魯斯1927年的太陽回歸盤〉

---

38. *Christian Astrology*, p. 697.
39. http://en.wikipedia.org/wiki/Babe_Ruth

隔年賽季，他重回巔峰，再次成為大聯盟最佳打者，不過他一樣有著缺乏界限的缺點：輕率。他一次失敗的盜壘，讓他輝煌的打擊戰績功虧一簣，輸掉了世界大賽；而世界大賽的最終戰以再見盜壘阻殺畫下句點實在少見。但是到了一九二七年的賽季，他卻又再次打破自己的全壘打紀錄。

　　如果可以像打電話訂披薩一樣點餐訂購一張太陽回歸盤，那麼魯斯在一九二七年的太陽回歸盤是所有運動員都樂意點選的品項。回歸盤的上升點搭上了他的本命上中天，這總是象徵有個美好一年，尤其是事業方面。金星在上升點上方徘徊，回到了本命位置，與一九一九年回歸時的位置完全相同，那一年他首次打破了全壘打紀錄。不過，這一次金星有強大的木星相伴，木星位於自己的廟宮，與金星之間有強大的互容。木星主管本命盤和回歸盤的十宮，而金星主管本命盤的五宮，因此這次合相強大的吉星作用力針對的是他的職業生涯，而他的職業生涯當然也屬於五宮的性質。回歸盤的五宮，因其宮始點搭上本命月亮，也就是代表魯斯本人的本命上升主星，更透過上述吉星的配置、擴張性的北交點，強調出此處的重要性。北交點正好來到本命月亮上，因此進一步擴大本命月亮的範圍──它本身就位在出生前日食那顆入旺、擴張的木星上。這裡正在發生一些擴張性的事！與一九二五年的回歸盤形成鮮明對比的是，當時他病得很重，而現在月亮即將進入的星座是它的旺宮：證明人生快速上坡的有力證詞。

　　如果這樣還不夠，一九二七年六月二十九日的日全食精準來到他的本命月亮上。貝比·魯斯擊出了六十支全壘打，此一壯舉直到一九六一年才被超越，那年賽季還拉長賽程多打了八場。

第 三 章

# 賽馬的一天

一天清晨，當我趁著一杯上等西藏希哈紅酒的助力，坐在那裡沉思天球運動時，他急匆匆地從山坡上跑了下來，還跌了一個倒栽蔥。「大師，大師！」他指著山谷喊道：「下面發生了什麼事？」

塞德那在我耳邊悄悄告訴我這個消息。「今天是第七個新月又七天，」我說：「是村子裡的市集日。」

「大師，我們能去嗎？拜託，求求你，我們能去嗎？」

我想給他放個假也無妨，加上塞德那上下撲騰著翅膀熱切地贊成這個主意；但我想試試他，證明放這個假是值得的。「蒸汽機是誰發明的啊？」我問。

「威廉·里利！」他毫不猶豫地回答。

「小子，你學得太好了。好，看來你該去市集一趟。」

他開始採著山間的野花編織成花環，掛在布蘭妮的脖子上，而我則走進山洞，穿上占星大師的外出服：一件午夜藍的星紋長袍和一頂尖帽子。沒多久我們就全準備好了。

「大師，他們會賽犛牛嗎？我們可以讓布蘭妮參加比賽。」隨著這年輕人痛苦地抱著膝蓋摔倒在地，一聲獅般的怒吼表明這個想法並沒有得到大家的一致贊同。愚蠢的小子，竟然站在布蘭妮身後提出這樣的建議。他走不動了，於是我把他扶到她的背上，給了她一個嚴厲的眼神，免得她又動了什麼教他禮貌的念頭。

我們沿著山谷中的小路出發，他緊緊抓住布蘭妮的皮毛，我陪在他們身邊走著，塞德那就站在我的肩膀上吵吵鬧鬧。市集上確實有犛牛比賽，他的眼睛亮了起來。「大師，我們能預測贏家嗎？告訴我該怎麼做。」

「運用占星學挑選贏家的方法有很多，多到我常常懷疑，其實博彩公司並沒有專門僱人發明一些聽起來很有道理卻完全中看不中用的方法，在引誘那些容易上當的占星師把錢掏出來。用占星學選犛牛很容易，問題是，

它必須選出『對』的聲牛。就這一點而言，大多數已發表的系統都沒用。」

「大師，真的嗎？可是我在占星學期刊裡讀到過很多這樣的文章。」

「其中許多方法所透露的種種跡象，都顯示它們甚至連一次也沒有被拿來實證過，只不過是某人洗澡時遐想出來的空殼子罷了。而其他許多奏效過的方法——我們之所以知道這點，是因為我們看到了一張印出來證明成功的星盤——就只成功過那麼一次。我可以因為那頭聲牛的名字讓我想起奶奶來挑選贏家；但那樣子並不能證明這就是一個有價值的方法。任何一個賭客都知道，幸運中獎只不過是個幌子，就等著欠缺謹慎的人陷入圈套。」

「我們需要那種每一次都有效的方法。」聽到這句話的我，一手拿著棍子，一手拿著剩下的希哈，猶豫著該用哪個來對付他。我選擇了希哈，用溫和的語氣回答：「我該從哪裡說起啊，小子？我們根本不『需要』任何方法。即使我們非常希望得到一種方法，也不能預期有種方法能每次都奏效。無論哪種形式的占星學都沒有這樣的方法，而且沒有它世界會更好。你能想像如果占星師得到萬無一失的方法會發生什麼事嗎？」他看著我，沒有應聲，顯然認為希哈比我好。這年輕人不知道，我早已習慣了占星大師們居住在高處的稀薄空氣所帶來的醉人效果，這種庸俗的麻醉劑對我清晰的思維毫無影響。「你見過占星師嗎？」我繼續道，「不過更重要的是，無論是否渴望完美的方法，那都是不可能的事。神是完美的；創造物不是神。明白嗎（Comprende）？」

「大師，我明白了。」

「如果創造物不是神，那麼它就不可能是完美的。」

「可是大師：聲牛可以成為完美的聲牛，烏鴉也可以成為完美的烏鴉。這些事物並不相斥啊。」

「小子，聽好了。完美是不容置疑的。事物要麼完美，要麼不完美，不可能是什麼一點點的不完美。創造物是盡可能完美的創造物，這不意味

著它完美;布蘭妮可能成為犛牛中的犛牛,但這並無法使她完美。舉例來說,無論布蘭妮多麼犛牛,她都會迎向死亡,這就是變化的證據,而完美的事物是不會變化的。」

「所以說,事物可以成為同類中非常好的典範,但這不是指它就是完美的。」

「沒錯。它是一個非常好的創造物;但它並不完美,不可能完美。你看。」在我說話的時候,塞德那從我肩上飛下來,坐到布蘭妮的背上,就在這小子面前。他用喙在她頭髮上刻下了邏輯:

$$神 = 完美$$
$$創造物 \neq 神$$
$$\therefore 創造物 \neq 完美$$

「喔!」他驚呼道:「我懂了。」

「占星幼兒園教過你這些嗎?」

「回大師,沒有。」

「這是一個悲劇,因為占星學整體都來自於這樣的一個事實。占星學發生在造物之中,完美並不屬於我們,美好的藍圖和地球上的事情總是存在差距,不可能有其他的可能。因此,認為占星學存在完美系統的想法只是一種幻覺,那源自於我們的傲慢。」我們駐足欣賞了片刻,空曠的群山向天空延伸,山下是不斷移動的彩色小斑點,他們正在緩慢地趕往市集。

這小子迫不及待地想加入。我不確定他對村裡世俗華麗的生活如此嚮往是否能夠證明他想成為一位占星大師;但他還年輕。當我再次把他扶回布蘭妮的背上時,他問我:「大師,再跟我說說這些挑選贏家的系統。我

們能查看誕生星盤嗎？」

「你有每場參賽騎師的誕生星盤？」

「我沒有，大師。」

「假設你有收集，你對長期艱苦的勞動有好感？」

「我不要，大師。」

「想那樣做就必須做這些。記住，騎師並不是只為騎馬而生的運動機器人：我們從他星盤上看見的成就並不一定發生在賽馬場上。即使那是在賽馬場上獲得的勝利，他一個下午也是要騎五六場比賽，無論我們如何仔細研究他的星盤，都無法確定他贏得的會是其中哪一場。或者試想衡量成功的標準：他可能在某場比賽獲得第三名，其他比賽都是最後一名，儘管我們可能不認同，他仍然覺得這是成功的一天。我們也許能在他的星盤中找到線索，但要找到這些線索的工作量——打開星曆表並注意到木星靠近他的本命太陽還不夠！——與微小的成功率不成正比，而成功的可能性微乎其微。」

「大師，我是說馬的誕生星盤。」

我開始懷疑這年輕人的腦袋不正常。「你打算如何收集每場參賽馬匹的星盤時間？想找到人類可靠的出生數據就已經很難了。更複雜的是，所有賽馬——至少在英國——的官方生日都是同一天，這使得收集牠們真正的星盤變得更加困難。雖然賽馬迷們可能會向我們保證，如果任由馬兒自由發揮，牠們會組織賽馬會，尋求純粹奔馳的快感；但我們可能會懷疑，第一名對馬兒來說是否真有那麼重要。」布蘭妮哼了一聲，表示同意。「或是對犛牛來說，」我拍拍她的脖子補充道。

「那馬主呢？練馬師？」

「同樣的問題，小子。他們也有運動之外的生活。一位馬主可能有很多興趣愛好，既有草地內的，也有草地外的；一位練馬師可能有好幾匹馬

要跑。而且，」我湊過去小聲說：「有些無聊的傢伙還暗示，讓馬跑輸有時還可能被視為一種成就。」他一臉驚愕。

我本想讓他再喝一口我的希哈，幫他恢復鎮定，但考慮到今天還有很長的路要走，這樣做似乎並不明智，用棍子輕輕點醒一下就好，效果也不錯。「好吧，」他繼續說：「誕生星盤已經無望了。我們能用卜卦盤嗎？」

「理論上，可以；但受到很多限制。我們來探討一下各種可能性。首先，正如我之前說過的，我們不能機械性地使用占星學，問題就出在比賽的頻繁程度。如果有人問『金頓園（Kempton Park）二點半的比賽哪匹馬會贏？』然後很可能會追問『金頓園三點的比賽哪匹馬會贏？』接著更不用說沙丘園（Sandown）二點三十五分的比賽、雅士谷（Ascot）二點四十分的比賽，以及當天賽程中的其他比賽。日復一日。卜卦占星並不是自動販賣機。」

「可是如果說問卜者不是一個狂熱的玩家，只是偶爾問問比賽情況？」

「如果是英國國家賽馬大賽（Grand National）或墨爾本盃（Melbourne Cup）這種一年一度的提問：『哪匹馬會贏？』卜卦占星可能會奏效。我們想從眾多參賽馬匹中選出冠軍，因此，我們要尋找與十宮，或與十宮主星形成的第一個相位，而形成該相位的行星，將經由名字的關聯性，給出我們這匹獲勝的馬。」

「聽起來很簡單。」

我忍著不笑，繼續說道：「不過，當我們講到賽馬時，往往會面臨一道難題，那就是如何確定什麼才是真正的問題，問卜者真正感興趣的點究竟是哪裡？如果我擁有賽馬或賽馬的分潤，問題就很簡單：『我的馬會贏嗎？』十二宮的問題。但這只是看起來而已，因為馬通常不是重點，所以真正的問題就變成『我會贏嗎？』或者，更常見的是『我會獲利嗎？』」

「所以說，這可能是十二宮問題、一宮問題，或是二宮問題。」

「沒錯，你開始明白問題所在了。如果我想找的話，肯定還能找到更

多的宮位。現在,假設我不擁有這匹馬,有些馬能擁有自己的粉絲俱樂部,所以有時問題似乎是『我們會贏嗎?』把賽馬當作『我們』,就像把最喜歡的足球隊當作『我們』一樣。但稍加琢磨,你通常會發現,這裡真正的問題是『我買金襪子(Golden Socks)會贏錢嗎?』因此,這是一個獲利問題,而不是比賽問題。」

「但是假如說問卜者不下注呢?」

「那麼問卜者提及這個問題的可能性就很小了。也許有人顯然是出於好奇才詢問這個問題;但好奇什麼?如果不是為了獲利,那麼很可能就是為了測試卜卦占星。因此,真正的問題就不是『金襪子會贏嗎?』而是『卜卦占星有用嗎?』任何把這問題拿來卜卦提問的人都是傻子。」

「這有沒有可能是七宮問題啊?也許有人對金襪子並不特別感興趣,就只想知道金襪子會不會贏。」

「你想太多了,小子。我們不大可能找到一個有效的七宮問題,一個關於『隨便一匹馬』的問題,因為除了那些希望用預測賺錢的人之外,不大可能會有人來問這樣的問題。所以說,問題並不是真正提出的這個『金襪子會贏嗎?』而是問卜者心中所想的那個『我買金襪子會贏錢嗎?』」

「但這兩個肯定會給出一樣的答案吧?」

「看似如此。你的家鄉有電腦嗎?」

「回大師,有。」

「那麼你就會知道,電腦無法讀懂你的心思。它只按你的指示做事,而不是按你指示背後的意思做事,這可能是最令人感到挫敗的地方。卜卦占星也是如此,假如提出的問題與真正所指的問題不一致,那我們就有麻煩了。藝術家會去尋找某個東西,而星盤上顯示的卻是別的東西。藝術家會忽略其他東西,因為它與提出的問題無關。然而,如果提出的問題真的表裡一致,那麼其他東西才會真的無關緊要。」

「大師，感覺好混亂啊。」

「因為提問太混亂了。有時，問題會蠻清楚的。如果馬主問『二點半的比賽我的馬會贏嗎？』我們就會用十二宮主星代表馬，十宮和十宮主星代表勝利。然後，我們的判斷方法就會與處理『我的球隊會贏得聯賽冠軍嗎？』完全相同[40]。我們必須使用根本盤的十宮，不用轉宮後的十宮（十二之十宮）：我們關心的是這匹馬會不會贏得比賽，而不是牠的職業前景。」

「大師，這樣就清楚多了。」

「既然我們討論到馬主作為問卜者的情況，你來試試這題：假設問題是『我應該買下這匹馬嗎？』我們會注意哪種偶然尊貴？」

他想了一會兒。「在核心？」他問道，語氣並不堅定。

「確實，馬的徵象星在核心會是最大的肯定；算一個。但那不是我們想找就有，它要麼在核心，要麼不在，從星盤上顯而易見。」

「合相軒轅十四？」

「這也會令人振奮，不過也不是我們需要檢查的東西。它要麼在那，要麼不在那。但想想：馬主想讓馬做什麼？」

「為了贏得比賽，大師。」

「牠將如何做到這一點？」

「回大師，用跑的。」

「所以是……？」他的表情顯現出他的大腦已經癱瘓。我輕輕拍了一下他的頭，讓機器恢復正常運作，但無濟於事。「好好想想吧。你會在〈附錄3〉找到答案。同時，這裡有一些你應該要認識的人。」

我們在一處山洞外停下，待塞德那的叫聲傳至山洞深處後，出現二人匆匆地跑來迎接我們。其中一位渾身散發青春活力，有著一雙最敏銳的眼睛，似乎就像老鷹的眼睛一樣清澈銳利；另一位年事已高，彷彿他腳下這座山的孿生兄弟，但卻有著一種高貴的氣質，使他的一言一行如石頭落入

無聲水池般自然沉穩。

「態度要恭敬，」我低聲對年輕人說：「因為他們是占星師能結交到最好的朋友。」現在我放大聲音，向他們伸出雙手：「容我來介紹我博學的朋友們，理性博士（Dr Reason）和經驗博士（Dr Experience）。」

這小子一臉驚訝。「他們不就是尼古拉斯・庫爾佩珀（Nicolas Culpeper）很久以前寫過的那些好朋友嗎？」

「正是如此，」我笑道，「他們曾經居住在喧囂城市中，庫爾佩珀大師就是在那裡遇到他二位；但如今他們已不大被人們想起，鮮少有人尋訪他們，也難得有人向他們請教。既然漠不關心，他們便離開了城市，在這群山裡過起隱士生活。可惜，沒有人注意到他們的離去。」

我看得出這小子很高興見到他們；我知道他還沒有意識到他們對他來說有多重要，不過只要他願意花些時間結識他們就會明白了。為了讓小子多些機會，我邀請他們二位和我們一起去市集。他們厭倦了與世隔絕的生活，渴望有人陪伴，分享自己的見解，於是欣然答應加入了我們。塞德那離開我的肩膀，飛到了理性博士的肩膀上。他倆對彼此特別有好感，立刻開始用鳥語聊了起來。

當我們再次出發時，我繼續說道：「里利的門徒亨利・科利（Henry Coley）在他的《占星學大全精要》（*Key to the Whole Art of Astrology*，暫譯）[41]中記載了兩種卜卦占星的方法。這兩種方法是他從阿拉伯占星家哈

---

40. 參見前文，頁 96-103。
41. London, 1676; reprinted Nottingham, n.d., p. 231-2. 波那提給出了大致相同的方法，有可能是科利真正引用的確切來源：*Book of Astronomy*, pp.618-620; trans. Dykes, Minnesota, 2007.

里（Haly Abenragel）那裡學來的。一種是應對『金襪子會贏嗎？』這類型的問題，另一種是應對一般詢問『哪匹馬會贏？』這兩種方法都是觀察時主星（Lord of the Hour）的配置和狀態。」

我不確定他的大腦是否已經完全脫離僵化，看來我最好還是解釋一下。「從日出到日落和從日落到日出的時間，各分為十二個相等的區段，這些就是占星學的行星時。它們與我們的鐘錶時間不同，每段時長會因日數和緯度而異，時主星即是掌管每段行星時的行星。一天的定義從黎明開始，自黎明起的第一個行星時由掌管那一天的行星掌管：星期一是月亮，星期二是火星，星期三是水星，星期四是木星，星期五是金星，星期六是土星，星期日是太陽。掌管各行星時的行星順序與迦勒底秩序（Chaldean order）相同：土星、木星、火星、太陽、金星、水星、月亮。因此，星期一的第一個小時由月亮掌管，第二個行星時由土星掌管，然後是木星，接著是火星，以此類推。星期二的第一個行星時由火星掌管，然後是太陽、金星、水星、月亮、土星，以此類推。」[42]

「大師，這很簡單啊。」

「確實如此。科利應對『金襪子會贏嗎？』的方法是起一張卜卦盤，然後找出時主星。如果它位在一宮，這匹馬就會贏得第一；位在三宮、十宮或十一宮，它將屈居第二；位在七宮，既不是第一也不是最後一名；位在四宮，則是最後一名。如果時主星或一宮主星位在它的弱宮，顯示騎師會緊張，可能會摔下來；如果有不利的相位，騎師可能就會受傷。」

「那他應對『哪匹馬會贏？』的方法呢？」

「這就變得比較複雜了，他的解說也很混亂。同樣步驟，我們先起一張卜卦盤，找出時主星的位置。如果它位在一宮、十宮或十一宮，那麼獲勝的馬就會與任何位在這三個宮位中的任一行星的顏色相同。」

「如果說這些宮位內有很多行星怎麼辦？」

「就是這問題。他的意思似乎是說，我們要根據時主星本身來判斷，無論它的位置在哪裡。如果時主星位在上述其中一個宮位，並且擁有良好的必然尊貴，那麼奪冠的就會是熱門馬之一；時主星的尊貴愈少，獲勝的馬也會有賠率愈高的情況。時主星位在其他宮位，就算有尊貴，獲勝的馬賠率也都會更高一些；位在任何其他沒有尊貴的宮位，獲勝的就會是完全不被看好的冷門馬。如果時主星東出（oriental），這匹獲勝的馬會很年輕；西入（occidental），是匹老馬；位在四宮，會是非常老的馬。」

「大師，我不懂。為什麼我們要為了這些特殊的調查，放棄我們所有慣用的卜卦占星原理？我們不會只靠時主星就判斷其他任何問題啊。」

我示意他向理性博士提問，理性博士一如既往地欣然作答。「你問得對，孩子。我們不能僅僅因為這是書本上寫的內容就接受它們，即使這些書已經很古老了！正如我的好朋友尼古拉斯所寫：[43]

**讓每一個希望被稱為藝術家的人，**
**把智慧放在腦子裡（因為那是為它們規劃好的地方），**
**而不是放在書本裡**

最寬容的評價是，我們這裡有的是一個曾經可行系統的殘篇斷簡。從目前的情況來看，它肯定是不能用了。」他轉過身來，微笑著對我說：「這年輕人有希望。他提出的反對意見非常正確。」

---

42. 如果你想知道「小時」（Hour）看起來是什麼模樣，參見魯本斯（Rubens）的作品《*The Fall of Phaethon*》。這幅畫中的女性就是「小時」。

43. Nicholas Culpeper, *Astrological Judgment of Diseases from the Decumbiture of the Sick*, p. 67; London, 1655, reprinted Nottingham, n.d.

「他有天賦。」我承認。

好博士繼續說道:「不過方才會是個對這方法的寬容評價,其實說起來它更像是遊樂場占星、娛樂占星、算命,能讓占卜者快速回答一個他再也見不到的人,或是一個不把預測結果當回事的人。」

「就像報紙上的星座專欄一樣?」

「是的,孩子,大抵如此。」

「大師,所以說等我們到了村子裡,我不要用科利的方法才對?」

「我想理性博士已經充分回答這個問題了,不是嗎?」

我們沉默了一會兒,只有塞德那和理性博士在互相嘎嘎嘀咕。經驗博士盡情地欣賞風景,待需要時才發表意見。布蘭妮似乎沉浸在自己的思緒中,這年輕人也是如此。當一對吵鬧的男女走到我們面前一段距離時,他輕輕地拉了拉我的袖子。

「大師,」他用比沉默大不了多少的聲音開始說:「您還記得理性博士說我對科利的方法提出了完全正確的反對意見嗎?」

「記得,小子。」

「大師,他對我很滿意,可是我並沒有說我已經推理過。我只覺得科利的方法⋯⋯聽起來不太對勁。」

我大聲笑了起來,把他緊緊抱在懷裡。「你一定要多認識一下這位好博士。到目前為止,你對他的瞭解多是基於謠言和誤解,而不是事實。理性不僅是塵封於典籍的冰冷邏輯,如果秩序井然,它就像女神一樣美麗,從天而降親吻我們的額頭。你說,科利的話聽起來不對,這也是理性。音樂——理性的音律——不和諧,你聽出來了。對我來說,我聞出來了,科利的話聞起來不對。有些人感覺到了,有些人就看到了。」

他似乎聽懂了我的話。我繼續說:「我們需要的只是明白:對神聖的條理有一些朦朧的感知,無論它帶給我們哪一種感覺。小子,沒有人要求

你想破頭。現在先趕上他們，我們離村莊愈來愈近了，在到達之前必須想好其他的方法。」

我大聲呼喚，吸引理性博士的注意，然後請他評論一下預測贏家的其他方法。他轉過身來問年輕人：「孩子，贏得賽馬比賽的是什麼？」

他的臉上露出了我非常熟悉的那種在濃霧中奮力掙扎的表情。「這不是一個複雜的問題啊，孩子。告訴我：什麼才能贏得賽馬比賽？」

他勇敢放棄了掙扎，提出意見：「一匹馬？」

「正是！就一匹馬。這是一個簡單的事實，但大多數根據星辰預測比賽的理論都忽略了這一點。許多理論通常源自瑟夫瑞歐（Sepharial）的『銀鑰匙』（silver key），運用星辰來檢測獲勝的重量。但這個重量是什麼？它與承載它的馬匹沒有直接連結。事實上，它是一種障礙，旨在阻止馬匹跑得更快。我們為何要在星辰上看到這個重量？」

「博士，這沒道理吧。」

「可惜，沒道理這件事很少成為占星理論和書架之間的障礙。就像親愛的尼古拉斯曾經說過——哦，我是多麼想念他——『許多作者展開奇思妙想，待他們編造完成之後，便將其定為真理留給後人。[44]』即使如蘇塔里亞先生（Sutaria）[45] 將重量的計算公式呈現得如此令人敬畏，這個概念仍然是無稽之談。」

$$d = \frac{(x-9)\,4n}{81} + 4$$

---

44. 同前引書，p. 68。

45. R.L. Sutaria, *Astrology of the Race Course*, p. 93; Bombay, n.d.

「博士，這和占星學有什麼關係？」

「少得可憐哪，孩子。還有一種理論是利用行星來選擇獲勝馬匹身上號碼牌的編號。」

「但是比賽的號碼牌肯定是隨意發放的，賽馬和牠身上的號碼沒有任何有意義的連結。」

「極為正確。行星與數字的連結，聽起來是一種很美妙的天語（mumbo-jumbo），很少說法能與之媲美。它在神智學界（Theosophical circles）尤其流行，因為動聽的天語是當時神智學界裡的主流。究其根源，這兩者之間確實存在深刻而美好的連結：如果你想讓自己的大腦接受一些嚴格的鍛煉，不妨試著閱讀——或說最好去理解——楊布里科斯（Iamblichus）的《算術的神學意義》（*Theology of Arithmetic*，暫譯），此書對該主題進行了深入探討。然而，當現代哲人們決定把新發現的行星塞進這套典範時，其中真正的連結早已被遺忘。若說仍有神聖之物留待他們褻瀆，那對他們就是侮辱了。但是，即使我們認同數字與行星之間存在連結，數字與馬之間也沒有本質上的連結。」

「所以按號碼選馬是沒有意義的。」

「完全沒有。其他還有使用顏色的理論。」

「可是博士，馬的顏色並不多。」

「確實，顏色不多。因此，如果沒有綠色的馬，理論家們就會把注意力從馬轉移到騎馬的人身上。他們使用騎師身上彩衣（silks）的顏色。」

一直靜靜聆聽的經驗博士打斷了他的話：「我還沒見過騎師牽著馬跑過勝利的終點。等我看到了，我就會承認贏得比賽的是騎師，不是馬。」

理性博士微笑表示他也得出同樣的結論。他繼續說道：「因此，我們有一些可疑卻流行的方法將行星與馬連結起來，我們也就有了可疑又同樣流行的方法來選出獲勝馬匹的行星。很多理論都會掉進一個陷阱：

### 外頭還有很多星盤——不只是你眼皮子底下的這一張

忘記了這一點，就會生出許多不靠譜的理論。」

「理性博士，真話！句句都真話，」我插話道，「正是因為這樣健忘，才會製造大量冒充占星學的垃圾，混入各個占星學門中。金星與海王星的四分相意味著你是個酒鬼——你和其他跟你有相同四分相的十億人；流運冥王星行經你的太陽意味著你會死——你和其他跟你同一天出生的那些人。」塞德那啄了啄我的耳朵，提醒我開始嚷嚷說個沒完沒了。我聽從他的建議，把空間讓給更明智的評論。

理性博士繼續論述他的觀點：「我們正往村子裡走，離這裡最近的鄰村就要一天的路程。最近一個會賽犛牛的村子離這裡很遠很遠，而且此處和那處一年只舉行一次比賽，兩地比賽的日子也不一樣。孩子，這不是你離開這裡之後將面對的情況。」

「對，不一樣。其他地方每天都有比賽。」

「想想英國，一個小到我可以用手掌握住的國家。在這個狹小的空間裡，任何一個下午都至少有三場比賽，星期六則有七、八場，甚至更多。每場比賽開始的時間間隔為三十分鐘。儘管不同賽馬場的起跑時間不同，但它們會產生類似的星盤。如果某顆行星在溫坎頓（Wincanton）二點四十分起開始位於上中天附近，那麼它在伍拓希特爾（Uttoxeter）二點三十分以及林菲爾德（Lingfield）二點四十五分起也會開始位於上中天附近。如果我們選擇角宮最接近軸點的行星作為贏家——這是一種常見的理論——我們會發現各行星將輪流主導三到四場比賽，通常會再更多。如此一來，我們將預期這些比賽獲勝的馬擁有相似的體重、號碼、顏色或名字；但事實並非如此。」

經驗博士補充道：「舉例來說，假如讓分最多的馬在伍拓希特爾的比

賽獲勝，那麼在接下來十分鐘或十五分鐘內進行的其他比賽，通常就跟著是讓分最多的馬獲勝；我們應可預期連普通玩家都會注意到這一點。同樣地，如果穿紅衣的騎師獲勝，那麼通常就帶起穿紅衣的騎師會獲勝的潮流。」

「是啊，就是說啊，我的朋友，」理性博士繼續說道，「無論我們用什麼標準將行星與馬連結起來，都必須再有一種更微妙的方法辨識出正確的行星。我們很容易拿著一個特例就說最靠近上升點或最靠近上中天的行星能指出獲勝的馬。無論你想編出什麼天馬行空的理論，都很容易找到單一特例來佐證；但這並不能證明此方法有效。」

「和他談一下行星時吧，」我提議道。

「蘇塔里亞建議使用時主星來為我們指示行星[46]。他以每五分鐘一時間區段，引入一顆副主星（sub-ruler）來完善此方法。即使如此，副主星也只能是一顆副主星：可以修正，但不能推翻時主星。所以，我們依舊陷入相同的難題：什麼樣的馬在伍拓希特爾獲勝，就也應該在十分鐘後的溫坎頓獲勝，並非如此啊。」

我看得出，這小子急切的心正轉為激動。我猜到了原因。理性博士一旦開始說理，就很難讓他停下來，而我們的目的地就在眼前。我向這對學識淵博的搭檔詢問：「二位已經說明了這些理論是建在沒有牢靠基礎的沙子上；但你們都有測試過嗎？只是做個確認。」經驗博士沒有說話，而是做了一個比任何話語都更有說服力的手勢，把口袋翻了出來，露出裡面除了灰塵還是灰塵。

這時，年輕人拽住了我的袖子。「大師，我們快到村子了。我被告知很多不該做的事。那我該怎麼做？」

「小子，你認為剛才的討論毫無價值？都白聽了嗎？你還想在這些犛牛比賽打賭？」

「大師，我想啊，」他笑著從口袋裡掏出一枚閃亮的硬幣。

「你看，我們幫你省了一些錢。」我接過他手裡的硬幣作為報酬，我需要一根新棍子。「現在，如果你想要一個有用的方法，試試這個：

## ◎ 約翰・艾迪的系統

「艾迪是二十世紀英國最重要的占星家之一，他在《占星學雜誌》（The Astrological Journal，暫譯）上發表了這方法，並說『在我對其進行一千多場比賽的測試後，深信不疑』[47]——這種驗證度與偏愛『一次幸運命中』系統的作者形成了強烈對比。」

「我也對此方法進行過全面的測試，」經驗博士補充道，「大約三年的時間裡，我在英國的每場比賽和國外的許多比賽中都試用過它。那可是很多場比賽。」

這小子的眼睛比沙漠裡正中午的太陽還要明亮。「每次都能成功嗎？」

好博士笑了。「不，孩子，當然不能。但是，一個系統能稱得上有效，並不一定要提供萬無一失或接近萬無一失的結果，它只需要能提供比不使用該系統更好的結果即可。艾迪的方法無疑達到了這標準，它在時間推移上提供明顯的優勢。」

「所以我不能保證它可以告訴我今天下午的犛牛比賽是哪些犛牛會贏？」

---

46. 同前引書，p. 84。蘇塔里亞的行星時方法是最原始的版本。

47. Vol 2, No 2 (1960 pp. 16-18. Charles Carter makes a glancing reference to a similar system in a footnote to his *Essays on the Foundations of Astrology*, London, 1947(?), p. 156. 感謝克里斯蒂安・博羅普（Christian Borup）向我指出這一點。

博士失望地看向我。「我以為你一直在教導這位年輕人，」他說道，「那他怎麼還有掛保證和萬無一失的這些觀念？」

我聳了聳肩。「教不會啊，不過他還年輕就是了。」

「確實，」博士同意道，「時間將教會他你沒能讓他學會的東西。」我敲了敲年輕人的後腦勺，幫助時間完成它的使命。這讓他暫時打消了念頭，把腦子回復到比較實際的思考模式。

「大師，那告訴我這個系統是怎麼運作的。」

「以比賽的時間和地點設置星盤，使用坎帕納斯宮位制（Campanus）的宮始點。」

「為什麼用坎帕納斯的？」他驚愕地問。

「我不知道。我看不出它有什麼理由能具備別的用途──儘管艾迪認為它在這裡的效果驗證了坎帕納斯宮位制的其他用處[48]。既然它有效，那我們就用吧。」

「好吧，現在我們有了星盤。接著做什麼？」

「將星盤中的一切視為靜止不動，僅移動五宮始點穿過目前的所在星座，直到它與某顆行星形成相位，那麼第一顆與它形成相位的行星即顯示獲勝的馬。」

「大師，這我聽得懂，但是該怎麼做？」

「這主要透過名字的象徵意義來選擇。如果該行星是火星，而『士兵男孩』（Soldier Boy）有參賽，那就是我們要選的馬。如果該行星是水星，有匹賽馬叫『妙手空空』（Pickpocket）就可以選；假如該行星是土星，有匹賽馬叫『暴躁先生』（Mr Grumpy）或『黑寶石』（Black Jewel）就選牠。那些有好名字的馬備受祝福，比如『天王星科隆日』（Uranus Collonges）；那些名字看起來毫無意義、像一堆字符的馬將永遠被咒罵。」

「大師！」他的臉紅了。「您剛提到了……」他壓低了聲音，好讓博

> **賽馬核對表**
>
> 以比賽時間和地點設置星盤。
> 使用坎帕納斯宮位制。
> 保持行星靜止不動。
> 移動五宮始點（逆時針）前進至第一個相位。
>
> 選擇馬匹的規則，按照： 名字的關聯性
> 　　　　　　　　　　　　宮位的主星系統
> 　　　　　　　　　　　　其他偶然因素
> 　　　　　　　　　　　　與馬匹本質的關聯性。

士們聽不見：「天王星。」

「對，沒錯。小子，我們要出發去賽馬，可以放開手腳了。你可以把天王星、海王星和冥王星都加進來。如果你喜歡，還有凱龍星、小行星，艾迪全用了，也用上了小相位。艾迪發現它們的有效性『當然也包括五分相（quintile）系列底下的 18 度相位』[49]。經驗博士告訴我，往下到這層次它們確實有效，但超過就不行了。」

「大師，按名字選擇還可以，但假如說火星是我們的行星，有『士兵男孩』參賽──卻還有『紅魔鬼』（Red Devil）和『入侵部隊』（Invasion

---

48. 同前註。
49. 同前註。

Force）也一起比賽呢？」

「這個問題問得好，要留意其他因素。舉例來說，假如這顆火星逆行了，而名駒『紅朗姆』（Red Rum）是火星候選之一，我們可以因為牠的名字是倒過來的『murder』（謀殺）而選擇牠。這些星盤中定義名字的準確性可以令人嘆為觀止。我曾經遇過一張星盤，其中獲勝的馬是由月亮在獅子座水星界顯示：『週日新聞回響』（Sunday News and Echo）。」

「大師，這太妙了！獅子座的週日（Sun-day，太陽日），水星的新聞（news，消息），月亮的回響（echo，共鳴）。」

「我們還可以運用常識，根據馬匹的賠率縮小選擇範圍。對於占星師來說，那種猜中賠率 50/1 的情況可能很誘人，但要是有匹馬以賠率 50/1 出賽，牠大概不會跑得比你更快。」

「除了行星的自然徵象（natural rulership），還有其他連結嗎？」

「當然有。查看該行星在比賽星盤中主管的所有宮位。
它們既可以補充行星的自然徵象，幫助我們從好幾個可能性中選出一個，也可以完全取代它們。」

「聽起來很複雜。」

「也不會。記住，你做這個步驟時，在你面前的是排位表（race-card），不用憑空猜測獲勝的馬名。你只會有限定名單上的幾個名字，其中一個應該能符合。根據宮位的主星系統，十二宮主星可能顯示『地下城主』（Dungeon Master）；五宮主星可能顯示『派對女郎』（Party Girl）。也要看看有沒有其他狀態發生在這顆行星上。一顆焦傷的行星，會給出『陽光滿溢』（Surfeit of Sun）作為獲勝的馬；與土星對分相的行星可能給出的馬是『分秒必爭』（Against the Clock）；移動緩慢的行星可以指示『慢郎中』（Slowcoach）。」

「那些名字看不懂的馬怎麼辦？」

「哈！你注意到了，懂阿拉伯語會很有用，還有克林貢語（Klingon）。有時我們只能舉雙手投降，但也有辦法克服這個障礙。《太陽報》（The Sun）會刊登出熱門賽馬，不管牠叫什麼名字。然後，賽馬報紙就會有這些賽馬的簡要介紹。很明顯，一匹特別老的馬，或者場上唯一的一匹黑馬，就會透過土星顯示；一匹非常大的馬則由木星顯示。然而，天王星給出描述上被形容為『有些古怪』的獲勝馬匹，以及其中──我最喜歡──水星指示的『穆塔希姆』（Mutashim），這個馬名讓我摸不著頭腦，不過就媒體報導的解釋是『有點思想』。一般的法則似乎是：如果行星和馬有直接連結，就選這匹馬；要是沒有，就再四處找找其他可能性。」

「可是如果我根本找不到任何連結怎麼辦？」

「首先，再看一遍，你很可能漏掉了什麼。但是，如果你真的找不到第一顆對分相行星與馬匹之間的連結，那就試試五宮始點下一個形成相位的行星。就好像第一顆行星已經顯示出獲勝的馬，只要有一匹這種性質的馬參賽就好；但情況並非如此，所以我們可以繼續下一輪的選擇。」

「大師，如果說我們要使用所有這些星體碎片的碎片，還有小到不行的相位，我們似乎要處理一大堆選項。」

「我建議你加入的天體數量要有所節制。等你回到家鄉時，必定會使用電腦；像你這樣年輕又求知若渴，也必定會使用一些花俏的占星軟體，讓小行星和類似的東西塞滿螢幕。你會注意到，我們住在這座山頭沒有這種設備；塞德那已經記住一小部分比較有用的小行星星曆表，不過它們之中絕大部分只會妨礙你的工作。如果你不使用它們，也許你會錯失一些機會；但要是你用上它們，當真正的行星在呼喚你的注意時，你卻去抓小行星，那你肯定會錯過許多獲勝的馬。」

「大師，那小行星到底有沒有用啊？」

「我見過爐灶女神維斯塔──灶神星（Vesta）顯示獲勝的馬是『火博

士』（Hobbs）[50]。還有蘭斯洛特（Lancelot）[51]，能顯示的有例如『塔斯克爵士』（Sir Tasker）；蘭斯洛特是最有用的小行星，因為很多賽馬都是騎士的名字。如果你打算對這個方法進行長期研究，可以試著把它們放進去，看看效果如何。就我個人而言，比起詳盡的細節，我更喜歡效率和單純。如果現在要我使用這方法，我會專注在主要行星上。畢竟，你想在這些星盤上花多少力氣啊？」

「還有那些所有的相位！」

「無論是行星還是相位都有層次之分。一般來說，這些星盤中的法則為：

- 愈小的相位愈不可能奏效
- 愈小的『行星』愈不可能奏效。

因此，如果五宮始點先是形成小相位，後頭緊接著一個三分相，你最好選擇三分相。或者，如果它先和穀神星（Ceres）[52]有相位，然後過了這個相位一兩度也和火星有相位，那就選擇火星；除非有一匹叫『慶豐年』（Harvest Festival）的馬參賽！要是小相位或小行星能和其中一匹馬明顯連結起來，就選那匹馬吧。」

「大師，所以您的意思是說，我應該根據參賽馬匹的名字，用自己的判斷力再斟酌一下。」

「完全正確。永遠記住：占星師是藝術家，不是機器人。」

「大師，我會的。現在我們已經快到村子了，比賽馬上就要開始，我們能看一些星盤嗎？」

「當然。這些星盤非常簡單，沒必要透過大量範例來說明，我也沒有必要出例題讓你自己去判斷。這裡就用幾張星盤讓你了解一下。」我邊走

邊把星盤畫在布蘭妮的皮毛上。

「這是約翰‧艾迪附在他文章裡的其中一張星盤，一九六〇年的英國國家賽馬大賽，比賽是在這篇文章刊出後過了幾週才舉行（第214頁，上圖）。

五宮始點入相位太陽呈——105度——的小相位，這場比賽由熱門賽馬『梅利曼二世』（Merryman II）[53]以賠率13/2勝出。這是另一張星盤（第214頁，下圖）。哪顆行星顯示獲勝的馬？」

「五宮始點和水星形成四分相，所以是一匹水星馬。」

「答對了。水星主管二宮，獲勝的馬是『大發橫財』（Grand Lucre），賠率為11/2。現在看看這張星盤（第215頁，上圖），它顯示這些星盤可以多麼精確。你看到這張星盤和上一張有多相似了嗎？」

「大師，它們幾乎一模一樣。水星又贏了吧。」

「再看一遍。我知道我們把那些小動物留在山洞裡，不過這不是忘記牠們的藉口。」

「啊，火星！五宮始點馬上就和火星有相位了，是映點合相。」

「沒錯。獲勝的馬是『打擊力量』（Strike Force），賠率為2/1。」

「那為什麼火星沒有在上一張星盤獲勝？」

「仔細看啊，找出它的映點落在哪裡。你看到了沒：它已經和該宮始點分開了。這是另一張星盤，也非常相似（第215頁，下圖）。」

---

50. 中譯注：原文中hob為爐灶支架。
51. 中譯注：此為亞瑟王傳說中圓桌騎士團成員之一的名字。
52. 中譯注：此小行星命名自羅馬神話的農業女神希瑞斯（Ceres）。
53. 中譯注：原文的字面意思是「快樂的（merry）人（man）」。

賽事占星學

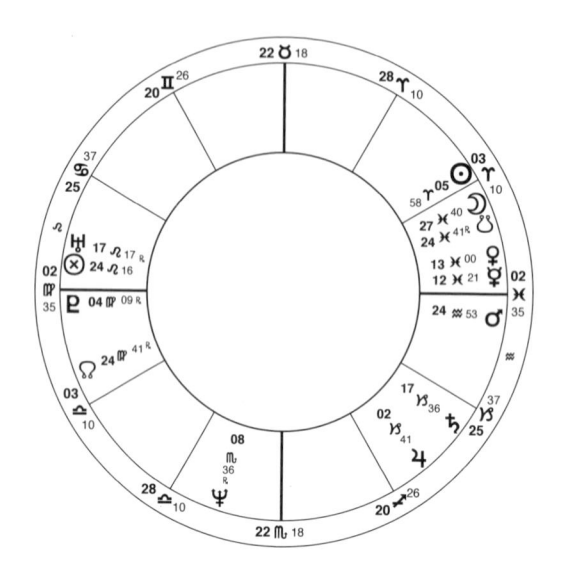

〈英國國家賽馬大賽〉格林威治標準時間 1960 年 3 月 26 日 3:15 pm，英格蘭愛因特（Aintree）。

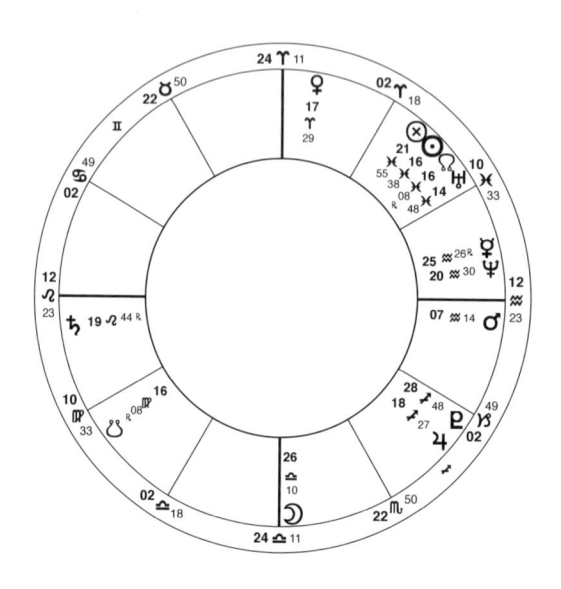

格林威治標準時間 2007 年 3 月 7 日 2:30 pm，英格蘭林菲爾德。

第三章　賽馬的一天　　215

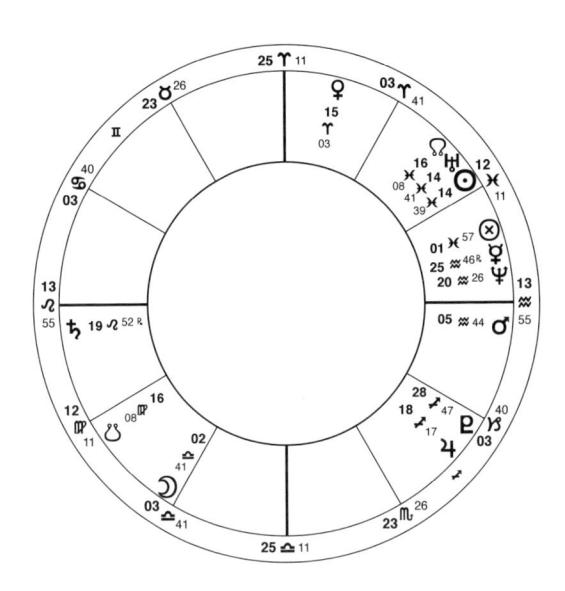

格林威治標準時間 2007 年 3 月 5 日 2:50 pm，英格蘭伍爾弗漢普頓（Wolverhampton）。

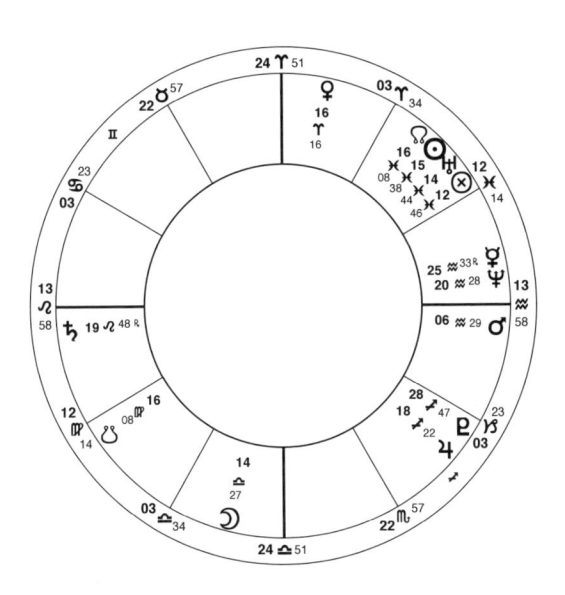

格林威治標準時間 2007 年 3 月 6 日 2:40 pm，英格蘭紹斯韋爾（Southwell）。

「大師，又是火星，映點的合相。」

「沒錯。火星主管十宮，『政府』（Government）以賠率 66/1 獲勝。在你得自己開始計算今天下午的比賽之前，還有時間來看最後一張。」

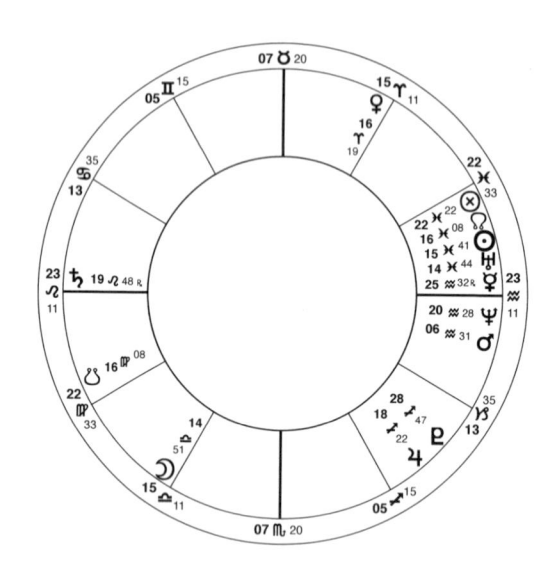

格林威治標準時間 2007 年 3 月 6 日 3:30 pm，英格蘭新堡（Newcastle）。

「五宮始點和海王星形成八分相（semi-square）。」

「對，或者我們可以更信賴一顆真行星的真相位，選擇和火星的六分相，而火星是九宮主星。無論如何，我們都得出這匹獲勝的馬：『如夢似幻』（In Dreams），賠率為 4/1。」

就這樣，我們抵達了村子，年輕人在那裡預測聲牛比賽，度過了一個愉快又有利可圖的下午，而二位好博士、塞德那和我在克瓦斯（kvass）[54]帳篷裡休息，布蘭妮則在村裡重逢舊友，結識新朋友。夜幕降臨，我們告

別了村莊，沿著蜿蜒曲折的小路返回。

當我把小子贏來的錢扣掉他該上繳的開銷時，他提出了一些問題：「大師，為什麼名字的連結是有效的，而重量或數字的連結您就說是無效的啊？」

「名字的意義，遠比今日人們普遍認知到的還重要得多。在現代人看來，名字只是一個標籤，大概就隨意貼上去，同樣也可以隨意更改。然而，傳統卻強調名字非常重要，因為名字屬於被命名事物的本質，一種對該事物本質的認識，如同亞當在看到所有的動物，瞭解牠們的本質後，從而為牠們命名一樣[55]。例如，我們在洗禮上就能看到這一點，受洗時我們會得到一個教名，即天父認識我們的名字。我們的全名是本然名（路加〔Luke〕或約翰〔John〕）和偶然名的組合，其中偶然名體現我們的社會職能（麵包師〔Baker，貝克〕、屠夫〔Butcher，布徹〕）或一些與我們世俗特質有關的其他參考（棕色〔Brown，布朗〕，修長〔Long，朗〕，某某之子〔son of〕[56]）。」

「所以說，馬的名字和馬本身的關係，要比它偶然在一場比賽中必須承受的重量或分配到的號碼有更深一層的意義。我覺得很有道理。」

「小子，正是行星與名字的這種連結，我們才發現這套系統真正有用。你剛看到了，即使你贏了，賺來的錢也留不久；但研究行星與名字的關聯，帶來持續的獲利卻能長長久久。」

---

54. 中譯注：一種盛行於東歐國家斯拉夫文化圈的傳統天然發酵飲料，酒精含量低，口感酸甜帶有黑麥香，特別深受俄羅斯人喜愛。
55. Genesis 2:19-20.
56. 中譯注：一種取自父母名字的名字，例如 Watson 來自 son of Walter。

「喔，大師。我要怎麼做才能像這樣一直贏到錢？」

「占星學如同一門語言，想要用得好，我們就必須把它學到像說母語一樣流利。不管哪匹馬贏了比賽，這套系統都能對如何流暢使用占星學提供良好訓練。我希望看到你練習這部分。」

「可是要怎麼做啊？」

「當你在學習一門語言時，可以透過將你的所見所聞翻譯成這門語言來提升流利度。在占星學方面，我們也可以這樣做。我們觀察山洞口前的火堆：火星合相土星，或者火星在四宮。但是，如果我們這樣練習，往往會挑著做：我們會選擇簡單的猜謎。而運用排位表將所有馬的名字通通翻譯成占星學，這就讓我們難以避開那些難解的謎題了。」

「所以說我甚至不用設置星盤就能這樣練？」

「沒錯。然後還有不同的練習，為比賽設置星盤，看看你可以把多少參賽馬匹與行星連結起來。這練起來的效果最好。」

「大師，我會好好練的。但是我還有一個問題，這套系統不也會遇到『外頭還有很多星盤』的困難嗎？」

「沒這問題，因為這種選擇行星的方法要精確得多。透過移動宮始點找相位，可以從幾乎相同的星盤中選出不同的行星。這套系統最大的優點就是它對時間的靈敏度；不過這也是它最大的缺點。」

「大師，怎麼說啊？」

「大約有四分之一的比賽延遲得太晚才起跑，讓這些星盤得出的判斷成了多餘之物；但這套系統在其餘的比賽運作良好，只要持續應用，就能比參考賠率更有優勢。」

「那這些小相位和小行星呢？如果它們在這裡起作用，我是不是也應該在其他星盤使用它們？」

我一直在等待這一刻。掂量著我手中的棍子，拿捏出手的最佳角度，

但最終還是放下了。今天真是漫長的一天,慶典的煙霧無疑損傷了他的大腦,我希望這只是暫時的影響。「你會注意到,即使在這些星盤中,用上了那些完整占星學以外的新玩意,也用得不多。在這裡,我們是到了占星學的底部才湊合著用的。除非我們繪製星盤是想看看哪顆雨滴會先落地,不然要比判斷出某個下午眾多比賽中的某一場是哪匹賽馬獲勝還小的小事,我們能做的也沒多少。這些宇宙碎屑的碎片就在上面,圍著星盤產生一些微小的共振,而任何場域都有這樣的共振:如果說這些微小的點在這裡有一些發揮的餘地,那也不意味著它們在星盤中就有意義,哪怕是對於任何稍微不那麼小的小事而繪製的星盤。」

我們來到了二位博士的山洞前。當我們握手告別時,經驗博士搜尋他的知識庫,與年輕人分享了一些內容:「這裡有一個謎,就是這套系統識別出炒熱馬(steamers)的次數。」

他瞥了我一眼,不好意思問博士剛說的是什麼。「指那些引起大量投注興趣的馬,賠率會因此迅速下跌,」我小聲說。

「我經常發現,」博士繼續說:「這方法會給出一匹從原本冷門變得熱門,或接近奪冠熱門的馬,然後在比賽中一無所獲。有可能是全國的投注站都擠滿使用這套系統的占星師,所以大家都下注同一匹劣馬;但這不大可能。那麼,我不禁思考,這套系統是否在識別獲勝馬匹以外的其他事——我不知道那是什麼——而這件事恰好在相當多的情況下與獲勝的馬同時發生。這個答案可能就在於五宮的用途,五宮不是我們處理任何其他賽事會使用的宮位。」

「親愛的博士,你給了我們一些思考的空間,」我緊握著博士雙手對他說。我看得出,他很捨不得這個年輕人;理性博士也是。小子自己的眼睛裡也掛著淚珠,在月光的照耀下,像星星一樣閃爍著。我什麼也沒說,

但我知道他們的離別不會太久，他和我在一起的時間即將來到尾聲。還有一個主題要討論，之後他就會離開，因為我沒有更多知識可以教給他了。然後，他會重返此地，帶上理性博士和經驗博士作為他的導師和好夥伴，一起回到這個世界。他還能有什麼更好的朋友呢？

## 插　曲

# 史上最偉大的賽馬？

　　一匹以賠率 1/70 出賽的馬？一匹出戰十八場保持不敗，並在其中八場以走過場（walkover）[57] 獲勝的馬？這似乎是一匹成功的賽馬，但這匹馬繁衍後代的能力卻更加成就非凡。正如牠的傳記作者尼古拉斯·克利（Nicholas Clee）寫道：

百分之九十五的純種馬父線（male line）[58] 可追溯到（牠），而其餘百分之五的純種馬血統也許多與牠有關。參加二〇〇六年德比大賽（Derby）的每匹馬全是父線後代……所以參加法國德比（French Derby）的每匹馬是如此；參加美國肯塔基德比（Kentucky Derby）的每匹馬也是如此。[59]

　　不僅是平地賽馬，連沙漠蘭花（Desert Orchid）和雅客（Arkle）這類障礙賽的傳奇名馬追溯到的祖先也是牠，非常厲害。更妙的是，牠的飼主昆布蘭公爵（Duke of Cumberland）──『卡洛登屠夫』（Butcher of Culloden）──還有模有樣地給牠取了一個合適的占星名字。噢，希望更

多的育馬者也能這樣做。傳說牠出生時恰逢日食，因此被命名為「日蝕」（Eclipse）。

卡斯托（Castor，亦為恆星名「北河二」）是雙生子狄奧斯庫洛伊（Dioscuri）之一，以作為「馴馬者」而聞名，因此明亮的恆星北河二出現在上升點這裡是再合適不過了，這只野獸馴服了它遇到的每一匹馬。每張誕生星盤皆能顯示當下出生的人——或馬——的本性，以及他所經歷的人生，如果要了解其生活際遇而不是個性，那就查看這個人——或馬——的上升主星，而這張星盤的上升主星就是月亮。牠出生在日食期間：月亮壓制並掩蓋了太陽的光芒，這是一個占有主導地位的強大證詞。這次日食的太陽位於白羊座，它在此處入旺：這匹馬甚至能主宰最優秀的事物。

牠的子女和後代由五宮及其主星金星顯示。金星位在自己的廟宮，尊貴有力：優秀的後代。固定星座中的強勢尊貴：持久優秀的後代。

不過這裡有個謎。一匹好賽馬的招牌就是跑得快。

但我們在這裡沒見到速度。月亮代表日蝕牠本身，當時慢速移動。星盤中不存在任何特別顯著的移動速率，牠怎麼能跑得這麼快？快到足以讓牠的馬主在那場「一馬當先，萬馬無光」的著名賽事中大撈一筆，其他賽馬都被牠遠遠地甩在後面，以至於沒有一匹馬能夠格參加下一輪比賽。

這個謎題的答案就在於這匹馬持久的主導地位。也許拿破崙（Napoleon）統治過一個龐大的帝國，但今日百分之九十五的統治者其血統都不是來自於他！如果命主想要以某種方式在眾人之中脫穎而出，我們通常會

插曲　史上最偉大的賽馬？　　223

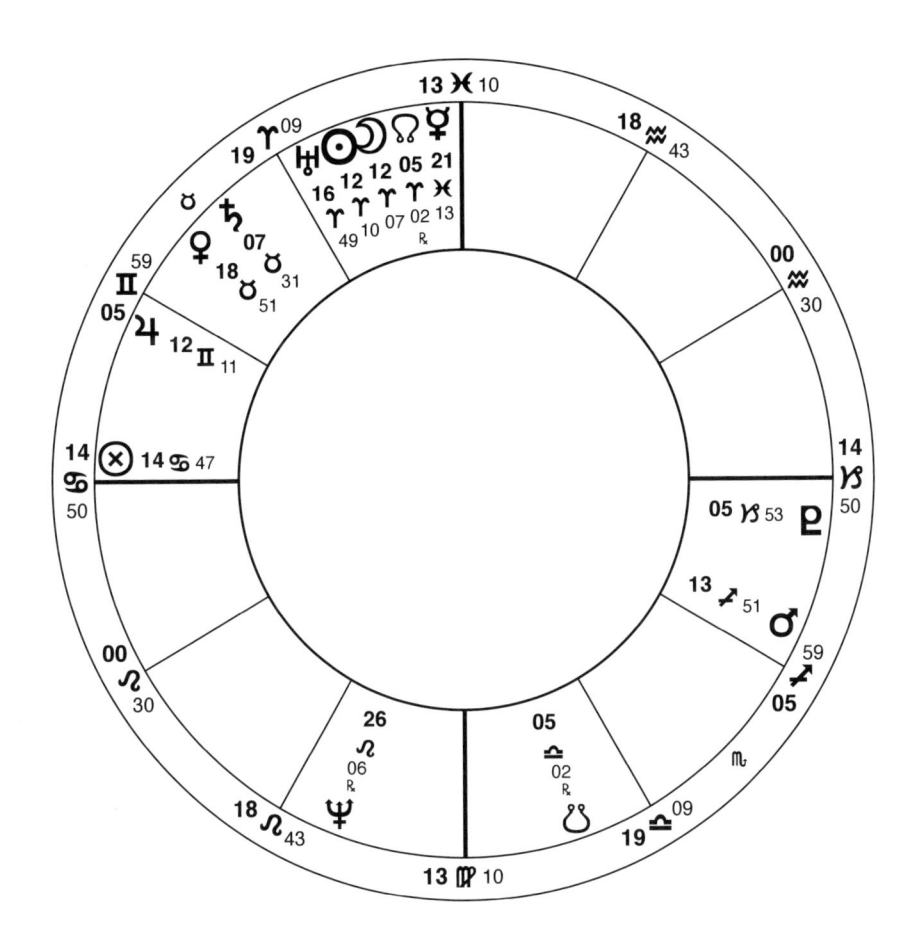

〈「日蝕」的誕生星盤〉地方平時 1764 年 4 月 1 日 10:17 am，英格蘭溫莎（Windsor）。

---

57. 中譯注：賽馬術語，意指只有一匹馬出賽的比賽，故不用完成全程，只須象徵性緩步走過終點即可勝出。原因可能為其他馬負傷或無望獲勝而主動棄賽，或所有參賽馬都屬於同一主人。
58. 中譯注：指馬匹血統表中，最上方起源的一線種馬祖先。
59. *The Observer Sports Monthly*, March 2007, pp.44-51.

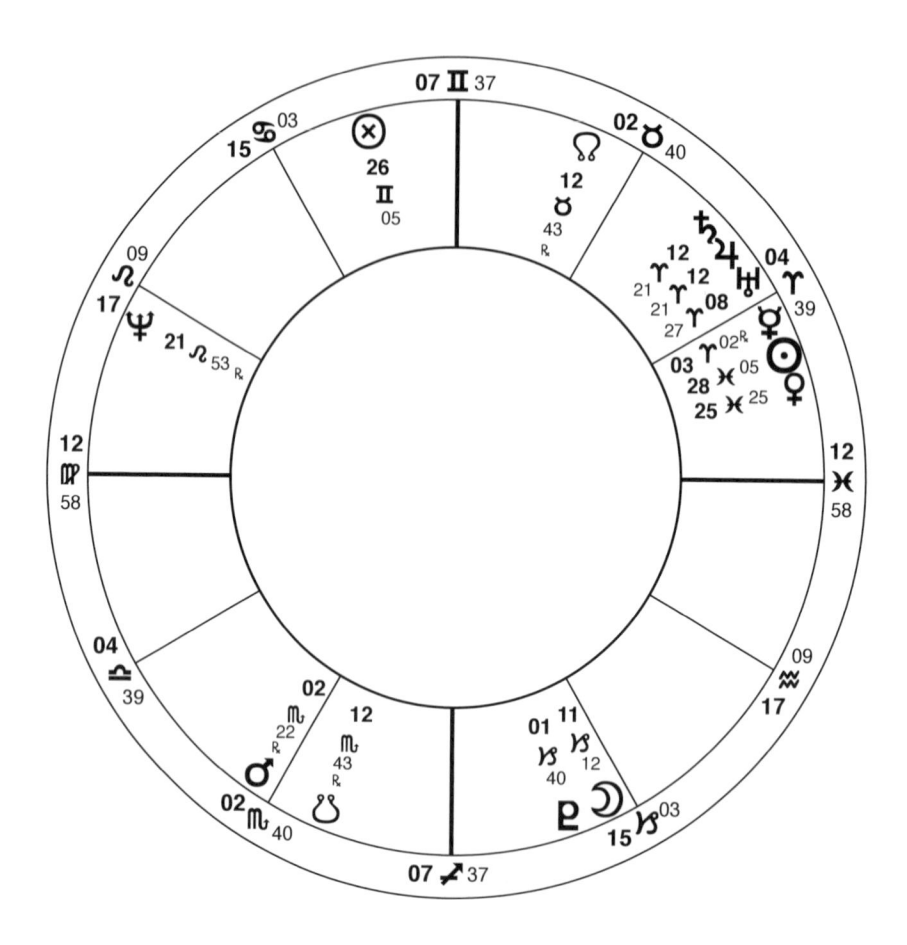

〈大會合〉格林威治標準時間 1762 年 3 月 18 日 4:41 pm，英格蘭溫莎。

回顧上一次的日食，看看其力量來自何處。如果你自己的誕生星盤能成功插上日食的星盤，那就像熱線接通主電源一樣：巨大的能量。

但賽馬日蝕就是在日食時出生的，所以我們沒有日食盤可以插電源線。我們的占星尺度必須更往上一層，看看上一次木土大會合（Great Conjunction）的星盤。木星和土星的這種合相每二十年才會發生一次，其威力遠遠大於日食，相形之下，日食的威力就不值得一提。

前次的木土合相於白羊座 12 度，賽馬日蝕的日食正好就位在這一點上，沒有比這更強大的狀態了：如果說插上日食盤就像接通主電源，那麼這簡直就像直接接上了核子反應爐，動力十足！力量，有了，但速度呢？日食和大會合都發生在白羊座，這是火象基本星座，移動速率快。不過單憑這一點並不出眾，賽馬日蝕的速度可說是非常出眾。

木星和土星在大會合的那一刻，它們都把腳狠狠地踩在地上。木星在這一天運行的弧距超過 14 分，土星超過 7 分。兩者都以罕見的速率移動。透過接通這次的大會合，賽馬日蝕的誕生星盤直接將牠的力量與速度結合在一起，使牠能夠遙遙領先對手，其巨大差距遠遠超過現今比賽通常拉開的距離，眾馬望塵莫及。

# 第四章

## 獲利問題

翌日一早，我們暢飲著山泉水佐山腳村莊飄上來的炊煙香吃著一頓儉樸的早餐，還沒吃完，他就再也忍不住接著問道：「大師，如果說客戶不問誰輸誰贏，只問會不會賺到錢。我們該用什麼方法啊？」

「小子，用卜卦占星，占星學中處理事情最有效的工具。這是八宮的問題。」

「可是大師，賭博不是五宮事項嗎？」

我指了指他剛來時從馬鞍袋裡拿出的那本飽受摧殘的書。他把書遞給我。「我記得你說你有研究過《卜卦占星教科書》，」我一邊說著，一邊用書拍了拍他的腦袋，心想這是不是唯一能讓他的大腦吸收書中資訊的辦法？「我們來認真思考一下這件事。如果有人在賭博，他們想要什麼？」

「想賭贏。」

「好，但我們不用賭錢也能贏。難道賭博想要的就只是結果正確的滿足感？」

「回大師，不是。他們想要錢。」

「五宮與金錢有關嗎？」

「除非那是我爸的錢，四之二宮。」

「這就與現在的問題無關。賭博問題事關利益，如果你在賭博，你就是在跟別人鬥智。他是你的敵人：七宮。你想要他的錢：七之二宮，也就是八宮。」他看起來不以為然，於是我繼續說道，「從本質上來說，如果你提議打賭，你就是在說你的對手是錯的。也許情況是某位朋友猜了『正面』，而你認為會出現『反面』；又或者是博彩公司把某個賠率定在 4/1，而你認為真正的賠率應該只有 2/1。」

「正面或反面的例子很清楚。我還不懂 4/1 和 2/1。」

「意思是你認為『金襪子』獲勝的機率大於莊家提出的賠率，他很可能不會賭贏；但假如你的判斷一直都比莊家準，那麼時間一長你就會賺到

錢了。」

「所以說莊家是我的敵人，我想要他的錢。那如果是我和朋友玩撲克怎麼看？他們是十一宮，他們的錢是十一之二宮？」

這值得敲上一棍。「不！你可能和他們的關係很好，但在這種脈絡下他們就是你的敵人。朋友之間不會拿對方的錢。」等他揉完頭，我問他：「那麼關於獲利，我們想在卜卦盤中看到什麼？」

「八宮主星和一宮主星、月亮，或二宮主星之間有入相位。」

剛才那一棍顯然對他有好處，於是我又給了他一棍做獎勵。「沒錯。我們需要一個相位，將問卜者——一宮主星或月亮——與敵人的錢，即八宮主星連結起來。或者將八宮主星與問卜者的銀行存款，即二宮主星相連結。這兩種情況都可以。」

「大師，哪顆行星入相位哪顆行星有關係嗎？是問卜者的行星要對八宮主星形成相位，還是八宮主星要對問卜者的行星形成相位？」

「完全無關。這在卜卦占星的一般法則是：

**代表 A 的行星入相位代表 B 的行星並不意味著 A 去找 B；**

這同樣可以顯示 B 去找 A。無論是奶奶上門來喝茶，還是莊家的錢進了我的口袋，都是如此；這部分由事件脈絡說明誰去找誰。該問題的脈絡假定已經下了賭注：我的錢到了莊家手裡。那就剩下兩種選擇：要麼我的錢留在他那裡，要麼他的錢進到我這裡。如果有相位存在，他的錢歸我；而預設選項——『如果沒有證詞會發生什麼事？』——就是我的錢留在他那裡。」

「所以說，如果金星代表我，土星代表他的錢，金星入相位土星，算我贏。」

「對。」

「要是土星代表我，金星代表他的錢，而金星入相位土星，也是我贏。」

「對。」

「還有月亮入相位八宮主星，也是顯示我贏。」

「沒錯：除非月亮代表莊家或莊家的錢，也就是說除非巨蟹座守護了七宮或八宮的宮始點，不然月亮會是問卜者的共同徵象星。在這種情況下，月亮就會代表莊家（七宮）或他的錢（八宮）。」

「我的行星和八宮主星之間的相位一定要是入相位嗎？」

「必須如此。離相位已經發生了，所以它們顯示的是已經發生的事，這對我們來說毫無用處：我們只想知道『將會』發生什麼，所以我們必須有個入相位。不過，要注意光線傳遞和光線集中，它們能讓我們贏得獲利。」

「大師，還要注意禁止！」[60]

「小子，說得好。」他非常努力地討好我，我輕輕地拍了拍他的頭表示讚許。

「我們有什麼樣的相位重要嗎？」

「當然！

## 相位的性質很重要

合相、六分相和三分相都不錯；

四分相顯示事件有些延遲或困難；

對分相能顯示成功，但得不償失。

在這種脈絡下，四分相通常不是太大的困擾。如果你是和某個人打賭，你可能纏著他一陣子就能拿到錢；如果你是個豪賭客，四分相可能顯示莊家延遲支付彩金，或質疑投注的真確性。不過，一般而言，該問題脈絡不大可能出現太多的意外。

「對分相反而嚴重得多。對分相帶來了事件，但卻顯示事件之後的分崩離析（是，你會嫁給他，但不會長久）；或帶著遺憾走到一起（是，你會嫁給他，但你會希望自己沒有嫁給他）；或走到一起，付出的努力卻太多，以結果來說並不值得。最後一種情況是在這些問題中最有可能出現的解釋：好吧，你會贏錢，但無論有什麼獎賞，都打不平你投入的精力。」

「我記得《卜卦占星教科書》裡有這麼一段：[61]

我有一次問了關於投注某場足球賽的卜卦提問，星盤上顯示二宮主星入相位一宮主星，是個對分相。這莫名其妙，我的錢怎麼會到我這裡來？一般不是我的錢會消失，就是莊家的錢會來找我。在好奇心的驅使下，我下了注。比賽在半場結束時被終止，所有投注都退了款，我的錢確實回來了——因為對分相，非得讓我大老遠跑一趟去拿錢，真是麻煩。」

「沒錯，就是這樣。我們還必須

### 考量八宮主星的必然尊貴與偶然尊貴

---

60. 參見《卜卦占星教科書》第九章關於這些術語的解說。
61. 參見頁 284-285。

思考一下以下證詞，關於投注成果這方面，它們能告訴我們什麼？你可以在〈附錄 3〉找到答案。

1. 一宮主星以四分入相位八宮主星；
2. 八宮主星以三分入相位一宮主星；
3. 八宮主星在核心並以四分入相位一宮主星；
4. 二宮主星以三分入相位八宮主星，八宮主星入弱；
5. 月亮將與八宮主星六分相，八宮主星位於北交點上；
6. 一宮主星以對分入相位八宮主星，八宮主星入旺。

正如你所看到的，考量這些狀態可以提供我們預期投注成果大小的資訊。」

「無論我們是大贏還小贏都能知道。」

「沒錯。在某些情況下，這些資訊影響不大或毫無差別：我們贏了或輸了，沒有微調的餘地；但它可能非常有用。大贏或小贏是根據投注玩法的大小來決定。例如，我們拿橄欖球賽來說明好了。這些比賽通常是上盤的強隊獲勝，因此莊家提供兩種投注價格：一種是下盤弱隊獲勝的超高賠率，另一種是賠率較低的讓分盤。讓分盤的玩法是假設下盤的起始分數為 X 分。」

「所以說，就算弱隊輸掉比賽，但如果他們輸掉的分數少於 X 分，投注在他們身上的賭客一樣會贏錢。」

「正是如此。因此，如果你想買下盤，而星盤顯示你會贏很多，你可以投注他們真正獲勝的高賠率；要是星盤顯示你會贏，但錢贏得不多，那你就考慮投注賠率較低的讓分盤。看看這張星盤。問題是：『我在英國國家賽馬大賽買「刺蝟獵手」（Hedgehunter）會贏錢嗎？』你怎麼看？」

第四章　獲利問題　233

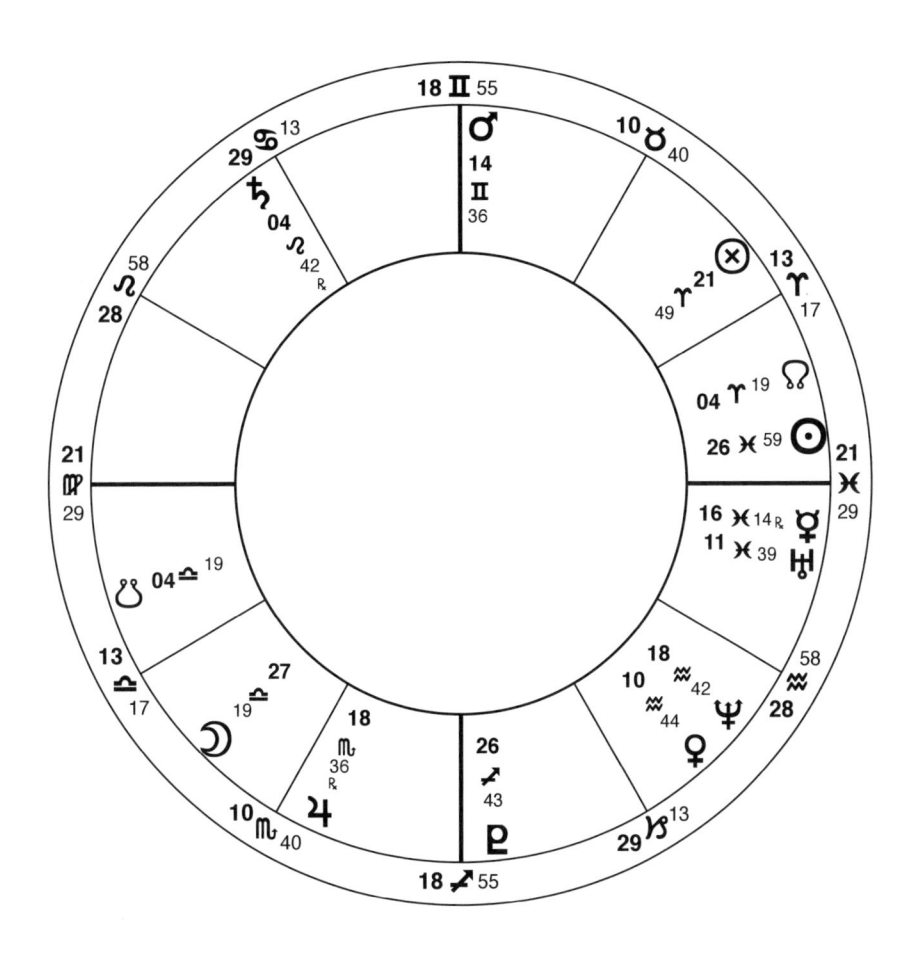

〈買刺蝟獵手會贏錢嗎？〉格林威治標準時間 2006 年 3 月 17 日 5:42 pm，
英格蘭奈爾希（Nailsea）。

「首先，找到我的徵象星。

一宮主星是水星，

二宮主星是金星。

巨蟹座沒有守護七宮或八宮的宮始點，所以問卜者也得到月亮。

八宮主星是火星。

然後，我要找出相位。

嘿，金星會和火星有三分相！」

「還有吧？水星那邊怎麼樣？」

「水星逆行了，所以它會回頭四分火星。」他看到我的手指緊緊握住棍子，於是急忙補充道：「不過我得檢查一下我的星曆表，確保這個相位真的有完成。」我的手指放鬆了下來。「所以我們總共有兩個相位，這意思是不是說我們贏了兩倍？」我鬆開的手指又抽緊，但這次給個凶狠眼神就夠了。

「大師，月亮空虛了，它會有影響嗎？」

「這不礙事。月亮空虛總是可以被其他有力的證詞推翻，而且現在我們這樣的證詞很充足。」

「所以說問卜者贏了。」

「沒錯。但查看一下八宮主星。關於投注方面這告訴了我們什麼？我們應該如何建議問卜者？」

「火星離上中天很近，所以它的偶然尊貴非常有力；但從必然尊貴來看，它只有得到外觀，幾乎算不上什麼。不會是大贏。」

「那麼，我們該如何向問卜者說明？」

「不要買高賠率的馬。」

這次我不得不用上我的棍子，甚至還用力過猛地把它弄斷了。塞德那跳進山洞裡又給我拿了一根。「不，小子！我們知道他打算買哪匹馬，問題已經告訴我們了。這裡我們要說明的是，他會贏，但派彩（pay-out）不會很高。所以是……？」

「啊！我們跟他說不要只賭得第一，要買這匹馬的『獨贏及位置』（Each-Way）[62]。」

第四章　獲利問題　235

「其中這個就是不錯的建議：買『刺蝟獵手』『位置』（Placed）[63]。」

在給了他一些時間思考之後，我向他提出幾個關於焦傷的問題。你可以在〈附錄3〉找到答案。

1. 假設我和我的商業夥伴打賭，賭的是我們各自支持球隊的某場足球比賽結果。我起了一張星盤，看看我會不會贏得這場賭注。八宮主星焦傷了。我該高興還是難過？為什麼？
2. 如果是七宮主星焦傷？為什麼？」

他擺出一副「我很好奇一件事，快問我那是什麼」的表情。於是我示意提問。「在刺蝟獵手的星盤中，」他開始說：「難道我們不能把它當作『這匹馬會贏嗎？』來判斷？」

我順著他的話回應。「假設我們是解這道題，你首先會注意到什麼？」

「那我就要從十二宮開始看，那是比山羊大的動物宮位。」

「你認為該宮始點的度數有什麼特別之處？那裡有什麼？」

「回大師，這張星盤那裡沒有東西。」他不知所措。

「有獅子座28、29度。如果看到相關行星或相關宮始點在那裡，應該就要有所警覺了。為什麼？因為不管是什麼在那裡，都是位在軒轅十四上，而軒轅十四是最亮的恆星之一，也是為數不多能為卜卦占星的判斷做出重

---

62. 中譯注：博彩術語，指一注中即包含「獨贏」和「位置」兩個選項的單元投注：所選賽馬獲勝或取得名次二、三名皆中，視相應條件派彩。
63. 中譯注：博彩術語，指所選賽馬取得名次前三名即中。

大貢獻的恆星之一。它是『Cor Leonis』獅子之心，一個關於成功的強大證詞。」

「可是牠沒有跑第一啊。」

「軒轅十四給了我們一個令人鼓舞的開端，但這絕不是判斷的全部。你看代表馬的十二宮主星和代表勝利的十宮主星之間有入相位嗎？」

「要看太陽和水星。沒有相位，它們行進的方向相反。」

「十二宮主星會不會即將與十宮始點合相？」

「不會。」

「即使它會，我們也需要一些證詞支持這一點。一顆行星位在某宮始點上的配置，只能顯示問卜者心中的想法──在這例子中，只是希望賽馬獲勝的想法。不過，此處有軒轅十四提供這樣的支持，它就能成為該事件的證詞。現在，看看月亮的狀態？」

「可是您說過月亮空虛在這裡不重要。」我絕望地把塞德那從山洞裡拿來的棍子遞還給他，叮囑他再拿一根更結實的來，而且動作要快。「聽好了，小子！因為月亮空虛總是可以被其他有力的證詞推翻，所以我說它在前面的判斷不重要。先前那裡，我們有兩個這樣的證詞。現在這裡，我們一個都沒有。」

他急於挽回自己的過失，飛快地跑進山洞，在塞德那來不及選好合適的矯正工具之前就趕回來，懷裡還抱著一隻毛茸茸的小東西。「透過映點，太陽落在南交點上。這是一個很大的不利因素。」

他逗笑了我，所以我揮手讓塞德那退場。「小子，說得好。如果我們判斷的問題是『這匹馬會贏嗎？』這就能成為重要的證詞。但還有一個更重要的證詞──那就是這個問題並不是被問到的問題。因為它出現一些值得討論的觀點，所以我和你一起從這角度查看；不過我和你一起這樣看星盤，純粹只是為了練習而已。我們必須明確做到這一點：

## 只回答提問的問題

　　抵制誘惑，不要試圖從各種可能的角度來解讀星盤，然後希望從中找到自己喜歡的答案。我們這裡所示範的是對一個假想的問題做判斷。如果星盤真的顯示我們的馬獲勝了，那也只是在一場假想的比賽中勝利——後續只有假想的博彩公司支付假想的彩金。這不可能讓我們非假想的問卜者滿意。」

　　「大師，假如說這是我自己的馬，再假設我心裡想的是，我讓牠參賽能不能贏得獎金。」布蘭妮哼了一聲。「或者是我自己的犛牛，」他補充道，機靈地逃開她後腿踢人的範圍。

　　「大多數情況下，這種問題的問法會是『我的馬會贏嗎？』這我們之前已經討論過。但也有可能是關於從馬身上獲利的問題，這可以從馬的二宮——也就是馬的錢那邊看出來。」

　　「十二之二宮。但那是一宮啊，我們該怎麼處理？」

　　「這取決於問題。看是從一場比賽得到錢的特定問題，還是買下這匹馬來獲得收益的一般問題？如果是特定問題，判斷方法就和剛才討論的一樣，我們希望一宮主星之間有個相位，在這例子裡的一宮主星代表收益，因為一宮是十二之二宮……」

　　「所以一宮主星不是問卜者？」他打斷道。

　　「對，不是。我們的職務有衝突：一宮主星可能是問卜者，也可能是詢問事項。在這種情況下，我們一律把身分有爭議的行星交給問題主要聚焦的角色。」

　　「所以在這例子裡，一宮主星代表收益，因為獲利是問題的焦點。」

　　「沒錯。小子，答得好。除非巨蟹座是上升星座，不然我們還保有月亮代表問卜者。因此，一宮主星和月亮之間的相位可以給出『會』。或者，

我們也可以透過二宮主星將收益與問卜者的銀行存款餘額連結起來。」

「所以說，一宮主星和月亮或二宮主星之間的入相位可以顯示從馬身上賺來的錢。那馬呢？十二宮主星怎麼看？」

「無關緊要。我們正在討論的是錢，不是馬。儘管如此，如果在十二宮裡見到尊貴的木星、尊貴的金星或北交點，可以作為這匹馬有好事發生的一般指示；但這並不是決定性的證詞。」

「那如果有相位的話，我們就可以看一宮主星的狀態來評估收益有多少，就像我們剛才評估八宮主星一樣。」

「就是如此。現在，我們在一般的獲利問題會查看什麼，比如問『我買下金襪子會賺錢嗎？』」

他看起來像是受到了奇怪的啟發。以防萬一，我握緊手中的棍子。也許他得了由這種高海拔稀薄空氣所引起的山熱症，可能會誘發占星師不正常的過度熱情。「那一定是像『從我的知識中獲利』的問題了！」他感嘆道，看起來很高興[64]。

我也為他感到高興，並鬆開握住棍子的手。「小子，答得好。同樣，獲利能力是馬的二宮，也就是根本盤的一宮。只是這次我們不需要相位。我們可以單從一宮主星及一宮本身的狀態來判斷。」

「假如說這張星盤裡也有相位，像是一宮主星和二宮主星之間的？」

「如果有的話，我們必須考量該相位的性質。三分相、六分相或合相，不論能力都很容易獲利。四分相則會出現延遲或困難；例如，顯示馬兒躋身得獎行列之前，可能會有幾個賽季毫無表現。如果是對分相，那麼無論能獲利多少，都不值得投資買下；也許牠能為你贏得獎金幾萬元，但獸醫帳單卻花上你好幾萬元。」

「我們再多看一些獲利盤好嗎。」塞德那起身飛去幫我拿枝新粉筆，布蘭妮則舒舒服服地安頓好自己。等塞德那回來時，她已經打起了呼嚕，

第四章　獲利問題　239

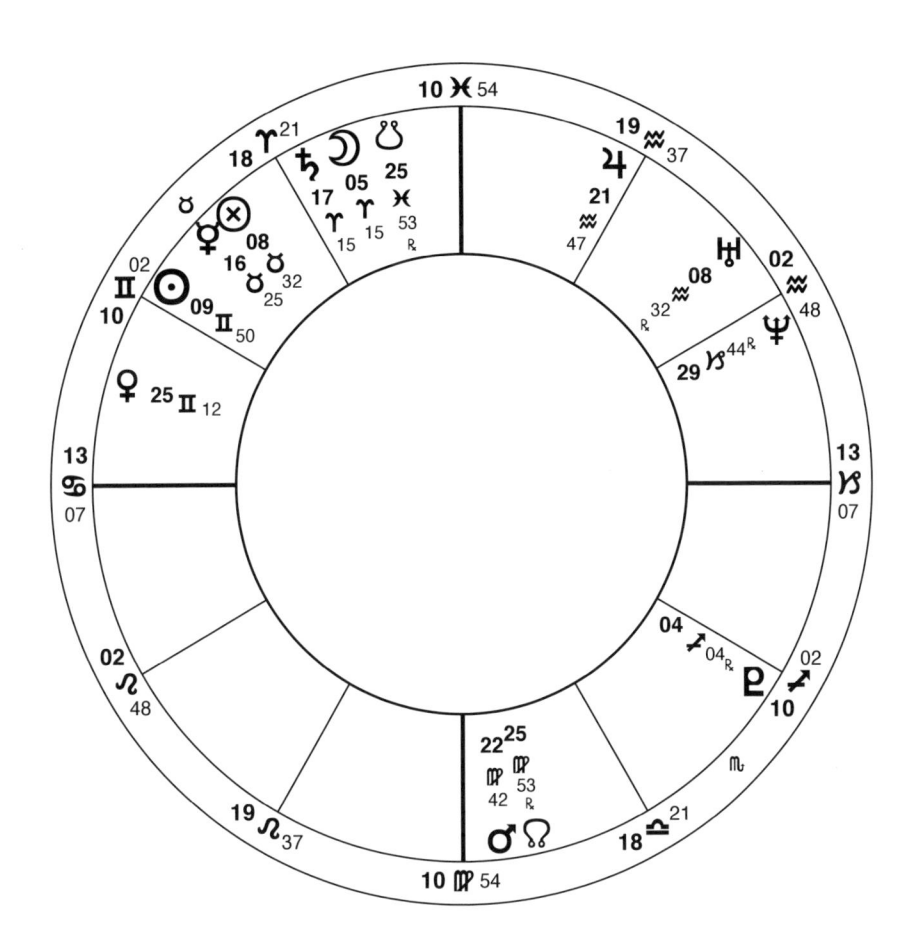

〈我會獲利嗎？〉英國夏令時間 1997 年 5 月 31 日 7:15 am，倫敦。

64. 參見《卜卦占星教科書》頁 383-387。

蹄子和鼻孔都在抽動，就像犛牛做夢時該有的模樣。「試試這個。問題是『我會獲利嗎？』」

他有條不紊地開始，那是確保作出正確占星判斷的基礎。「八宮主星是土星。對於問卜者，我們有一宮主星，月亮，有二宮主星，太陽。本來我們還會給問卜者月亮，但他已經有了。」

「沒錯。那麼我們能把問卜者的其中一顆行星與土星連結起來嗎？」

「月亮會和土星合相。」

「對，但是？」

他想了一會兒。「但是它先和太陽形成六分相。這可能是禁止。」

「對，但是？考量月亮和土星的接觸會是合相。」

「但是以相位來說，通常沒辦法禁止合相。」[65]

「沒錯，就是如此。這裡禁止發生的可能性特別小，因為造成禁止的行星是二宮主星。不過它仍然可以中止事件。舉例來說，問卜者的財務狀況可能很糟糕，以至於他無法投注，這就可以解釋為什麼會有禁止。但除此之外，我們可以假定問卜者和他的錢正朝著同一個目標努力。不過再看看這三顆行星，月亮在對另外兩顆行星做什麼？」

「它首先和太陽形成六分相，然後再合相土星。喔，大師，這是在它們之間光線傳遞！月亮把太陽的光、問卜者的銀行存款，帶給土星，就連結上戰利品了。」

「好眼力，小子。所以問卜者贏了，會贏很多嗎？」

「大師，我必須考量一下八宮主星的狀態，它位在它的弱宮，偶然尊貴還可以，但是必然尊貴非常虛弱。算小贏吧。」

「沒錯。不過如果我們記住現實情況的話，投注者的獲利在想像世界之外非常罕見，即使小贏在現實世界也不容小覷。」

「我們能再來一題嗎，大師？」他問道，話語中透露出急切的熱忱。

第四章 獲利問題　　241

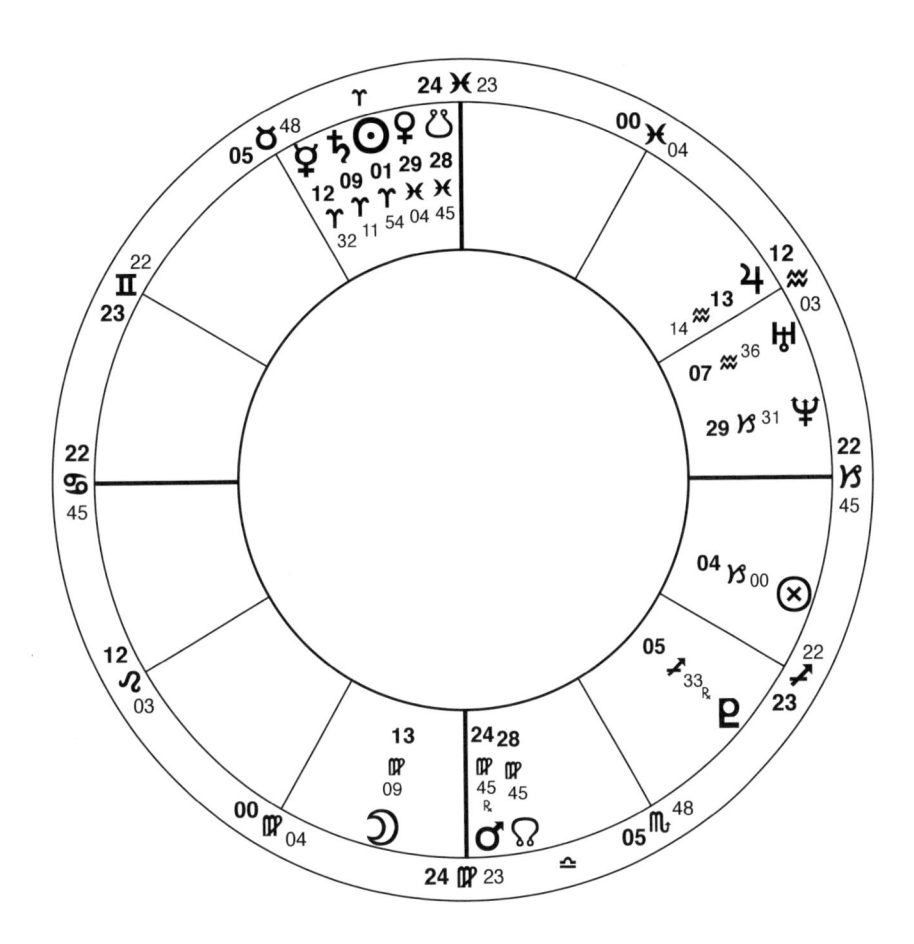

〈我會獲利嗎？〉格林威治標準時間 1997 年 3 月 22 日 11:40 am，倫敦。

---

65. 更進一步的說明，參見《卜卦占星教科書》頁 175-180。

「當然可以。」為了不吵醒睡夢中的布蘭妮，我輕輕地擦去粉筆的痕跡，然後在她的背上畫了一張新的星盤。「同樣的問題：『我會獲利嗎？』」

「八宮主星又是土星，一樣在它的弱宮。所以無論發生什麼事，我們的問卜者今天都不會發大財。」

「很好。」

「對於問卜者，我們有月亮，因為它是一宮主星，還有太陽，二宮主星。」

「對，那其中有沒有相位？」

「大師，這很簡單。有了，二宮主星入相位和八宮主星合相。問卜者贏了。八宮主星一樣在它的弱宮，所以一樣贏得不多。」

「很好。」

他撓了撓頭，此時塞德那從我的肩膀上跳下來，大吃大嚼掉在地上的小生物。我看得出來他在思考。「但是大師，八宮主星焦傷了。這意思肯定是說莊家的錢被毀，所以就算我們的問卜者贏了，他也付不出任何彩金。」

「你說得對，土星焦傷了。但有時我們必須應景配合看不見焦傷。」塞德那吃到一半，頓時被這個無心的占星雙關語逗得嘎嘎笑個不停。「當太陽是我們希望與焦傷行星連結的行星時，我們必須忽視焦傷，要不然我們就永遠無法得到任何與太陽合相的事物。事實上，在這裡它甚至是個正面的徵兆，因為就吸引力而言，莊家的錢已經拜倒在我們問卜者的錢之下；只不過土星是位在它的弱宮，所以依舊給不出大筆的彩金。」

他從布蘭妮脖子下的藏身處取出了他的寵物小映點。「大師，」他撫摸著這小東西毛茸茸的耳朵說：「我看到太陽的映點在北交點上。這對問卜者的口袋來說一定很幸運。」

我高興得緊緊一把抱住了他，直到他懷裡的小映點窒息到嗆出了聲，告訴我這可憐的小東西夾在我們兩人的懷抱裡快被壓扁時，我才鬆開了他。

「沒錯，小子，就是這樣。二宮主星位在北交點對問卜者的口袋有利。如果星盤中沒有其他事情發生，單憑這一點就可能給出我們『會』的答案；儘管仔細地看也是『會』。在這裡，即使其他狀態提供我們判斷的主軸，它也很重要。這對問卜者的口袋來說是個好消息，它的作用遠遠超過了八宮主星入弱的這條證詞所帶給它的限制。」

「所以這次贏到的錢還是不會太少。」

「正是如此。我們仍然存在土星入弱的證詞，無法抹去這一點；不過它只是抵消一些幸運。雖然最終不是大豐收，但也不算太差。」

「大師，二宮主星在它的旺宮，一定是指我們的問卜者很有錢。」

我想過要糾正他，不過在他修業的這個階段，我只要朝棍子看一眼，就足以讓他明白我的意思。這樣子很好，因為我的棍子不夠用，而他萬事達卡的信用額度也快用完了。「有人請教你問卜者身家有多少錢嗎？」

他的神情顯得有些羞愧。「回大師，沒有。」

「那就不要回答這個問題！這是所有占星學都適用的法則：

### 切中要點

我們關注的是他能贏得的彩金金額。除非二宮主星對這筆錢有影響，比如說二宮主星很虛弱，阻礙了所需的相位，否則我們不用關心二宮主星的狀態。我們可以預期問卜者知道他自己有多少錢。」

塞德那湊近我──用一隻烏鴉最小的聲音──在我耳邊低語。「沒錯，你說得對，」我告訴他。「在某些情況下，二宮主星的力量可能很重要。有些紙牌遊戲，手邊錢多的玩家會占有優勢。如果是這種情況的問題，那麼二宮主星位在它的旺宮，還焦傷了七宮和八宮的宮主星，就會是個有力的正面證詞。假設我是問卜者，我的錢位居旺宮，那意味著它看起來的樣

子比實際情況還要好；不過它仍然很有力，非常適合玩虛張聲勢的遊戲。」

「而你的敵人，七宮主星，旺化你的錢……」

「……這是誇大的感覺，敵人相信了我的虛張聲勢。」

「哇，大師，這太酷了吧，」他咯咯笑道。直到塞德那在他頭上啄了一下，他才恢復了禮貌。塞德那飛到我的肩膀上，我輕輕撫摸著他表示讚許。

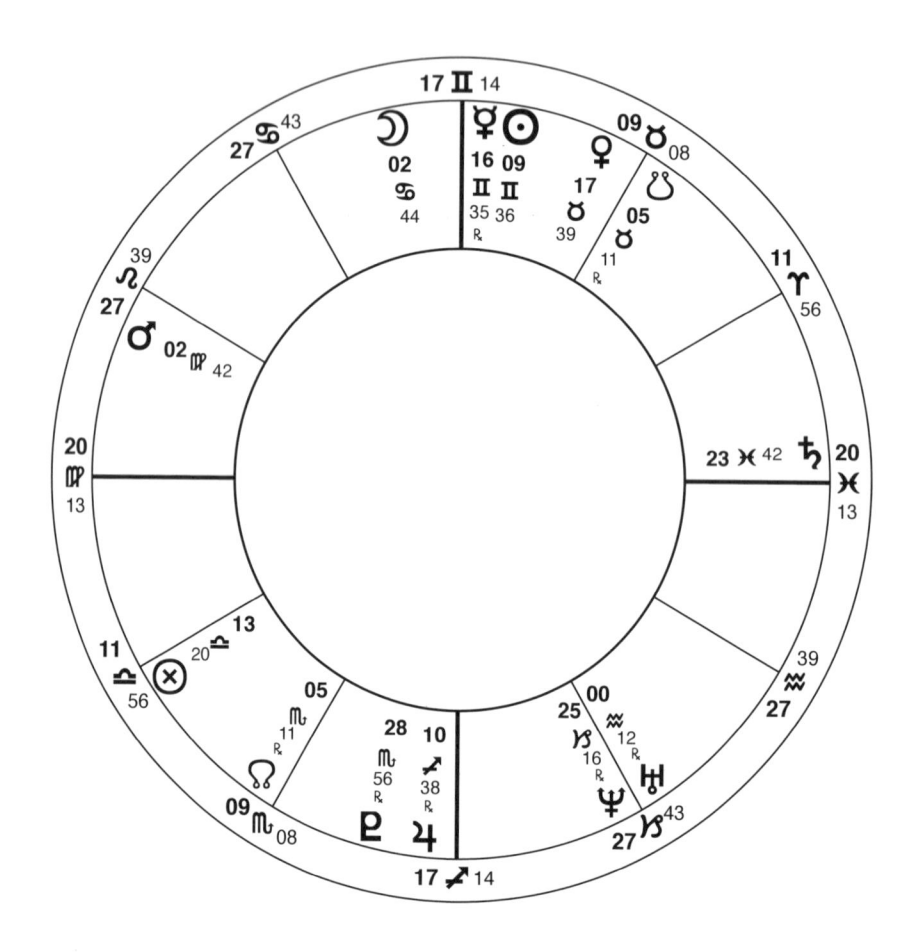

〈我會獲利嗎？〉英國夏令時間 1995 年 5 月 31 日 1:31 pm，倫敦。

「看看這個，」我繼續說，在睡著的布蘭妮皮毛上又畫了一張星盤。「同樣的問題：『我會獲利嗎？』」

「月亮離相位火星，」他才開始說，我便制止了他。

「也許幾年後可以像這樣跳進星盤，但在那之前，要有條不紊地一步步來。如果沒有好好地這樣練，就永遠做不好跳著解盤。我們該從哪裡開始？」

「回大師，我們必須選出我們的徵象星，」他答覆道，帶著一種小學生因足球訓練被取消而要補習數學時的緊張和不甘。「一宮主星和二宮主星，是水星和金星，代表我們的問卜者。八宮主星，火星，是我們希望贏到的錢。月亮也代表我們的問卜者。」

「對，現在你可以開始試著把它們連結在一起。」

「大師，月亮正離開和火星的六分相。這對我們沒用。火星和金星相互注視……」

「這句你想表達的意思是什麼？」我打斷了他的話。

「它們所在的星座彼此有相位。處女座和金牛座是三分相，所以位在處女座和金牛座的任何行星都會相互注視。」

「只是做個檢查，繼續。」

「但金星的移動速率比火星快。某些情況火星有機會追上它，那是在金星移動得特別慢的時候，但是火星永遠追不上和金星相差15度的距離。」

「也許金星將轉逆行，回頭與火星相遇？」

他的表情在說「您可沒那麼容易拐到我」。「金星的星座順序排在太陽後面，它不可能逆行的，只有在太陽前面時才會逆行。」我得找些更難的問題來問他。

「水星的狀態怎麼樣？」我繼續問道。

「水星正在逆行，所以它會和火星形成相位。」

「但是？」

「但是在它形成該相位之前，它會先合相太陽，再對分相木星，任何一個都會起到禁止作用，妨礙它和火星的相位。」

「所以說我們沒有相位，問卜者不會贏。」

「大師，我還沒檢查光線傳遞和光線集中。」我對這年輕人愈來愈滿意了。「月亮離相位火星，入相位金星。中間沒有任何禁止相位，所以這是光線傳遞。我們的問卜者贏了。」

哈！我逮著他了。「不，問卜者輸了。你覺得這怎麼看？」

他抓了一會兒下巴，陷入了沉思。他的眼睛緊緊盯著星盤，尋找靈感，我很驚訝他這樣沒有把布蘭妮吵醒。雖然要吵醒布蘭妮需要很大的動靜。「金星在火星的陷宮，」他大膽地說。

「很好。」

## 容納也很重要

只不過很容易在這樣的星盤過度使用它們。例如，在兩性星盤中，我們通常主要關注男女主角對彼此的態度，那裡的容納至關重要。然而，在這樣的星盤中，試圖分析所有角色的態度沒有意義，尤其是莊家的錢！大多數的卜卦獲利盤，只需快速瀏覽一下容納，就可以忽略它們。在這例子，快速瀏覽一下就會發現容納特別可怕。火星位在金星的弱宮。金星位在火星的陷宮。更糟糕的是，負責連結的行星月亮，位在火星的弱宮。這是一個可怕的組合。」

「火星很虛弱。」

「沒錯。它是外來的，而且位在十二宮。怎麼看都只會是小錢──即使是最好的結果。再加上這可怕的容納，我們可以看到根本是無利可圖。

問卜者輸了。」

「大師，這些星盤並不總是那麼簡單吧。」

「如果是這樣，布蘭妮就會成為一位偉大的占星家；如果真的是這樣，那還有什麼樂趣可言？我們正在與那位由迷霧和陰影組成的巨人搏鬥，他掩蓋了宇宙的內部運作，是一位值得尊敬的對手。有時，我們不費吹灰之力就能將他扳倒；有時，我們需要用盡全身力氣才能對抗他；有時，我們的經驗和勇氣都會被他打敗。你也再看一下上升主星。」

「那是水星。喔，它焦傷了！但是在自己的廟宮焦傷的。我還以為這不算折磨。」[66]

「行星位於主要尊貴時發生的焦傷，即使在最糟糕的情況，也不會像其他時候的焦傷那樣具有毀滅性，其作用通常就像行星與太陽之間的互容。不過，雖然該狀態不至於削弱它的力量，但仍然會產生『看不見』或『不被看見』的這種感覺。正因為如此，我們還是不希望看到一宮主星焦傷，即使是位在它自己的廟宮，這表示問卜者看不見。一般來說，該狀態能有力地證明問卜者提出的行動方案不明智，而在這例子就是說，下注是不明智的行為。」

「打起精神，現在再來一個。『我這樣下注會獲利嗎？』」

他吸取教訓，有條不紊地開始了。「問卜者有土星、火星和月亮。莊家的錢是金星。月亮直接走向金星：問卜者贏了！至少，這是一個問卜者會贏錢的有力證詞。」他確實吸取了教訓。

「我們的徵象星之間還發生了什麼？」

---

66. 參見《卜卦占星教科書》頁122。

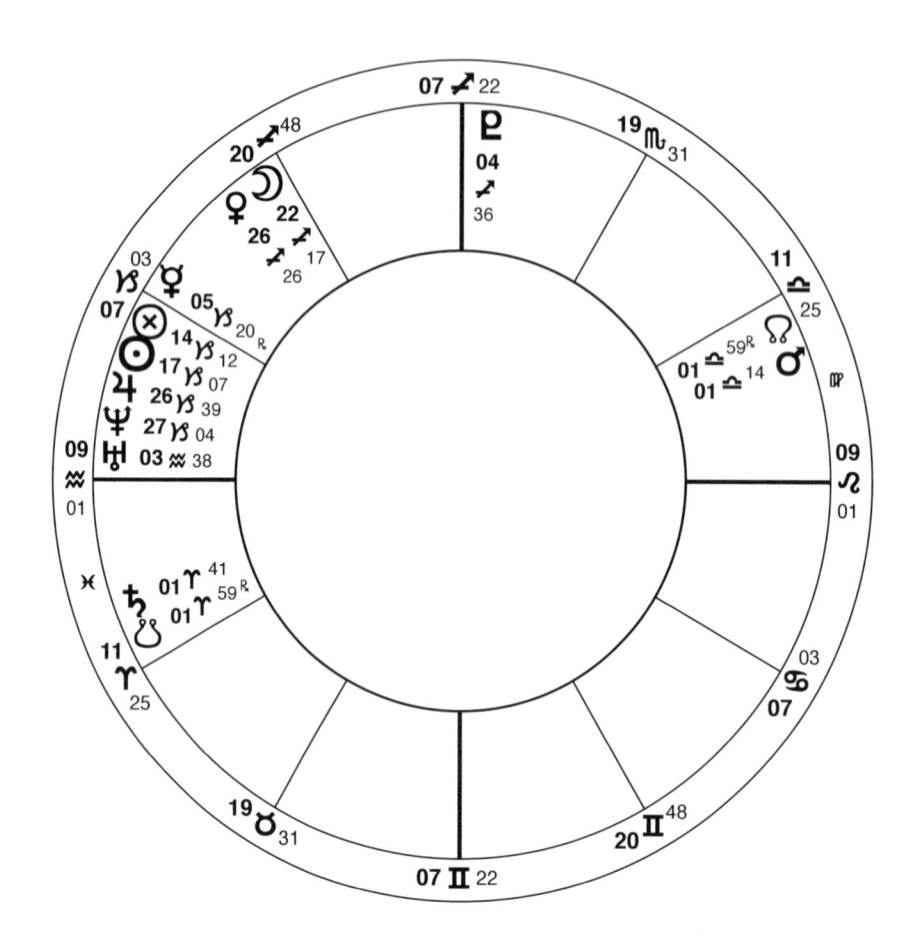

〈我會獲利嗎？〉格林威治標準時間 1997 年 1 月 7 日 9:15 am，倫敦。

「火星馬上就以對分入相位土星。但這是二宮主星問卜者的錢在入相位一宮主星問卜者。這不可能給出我們會贏錢：問卜者並不想要回他自己的錢。就算他想要，相位也是對分相，所以遇到這情況他並不覺得高興。大師，我想不出來。到底發生了什麼事？」

第四章　獲利問題　249

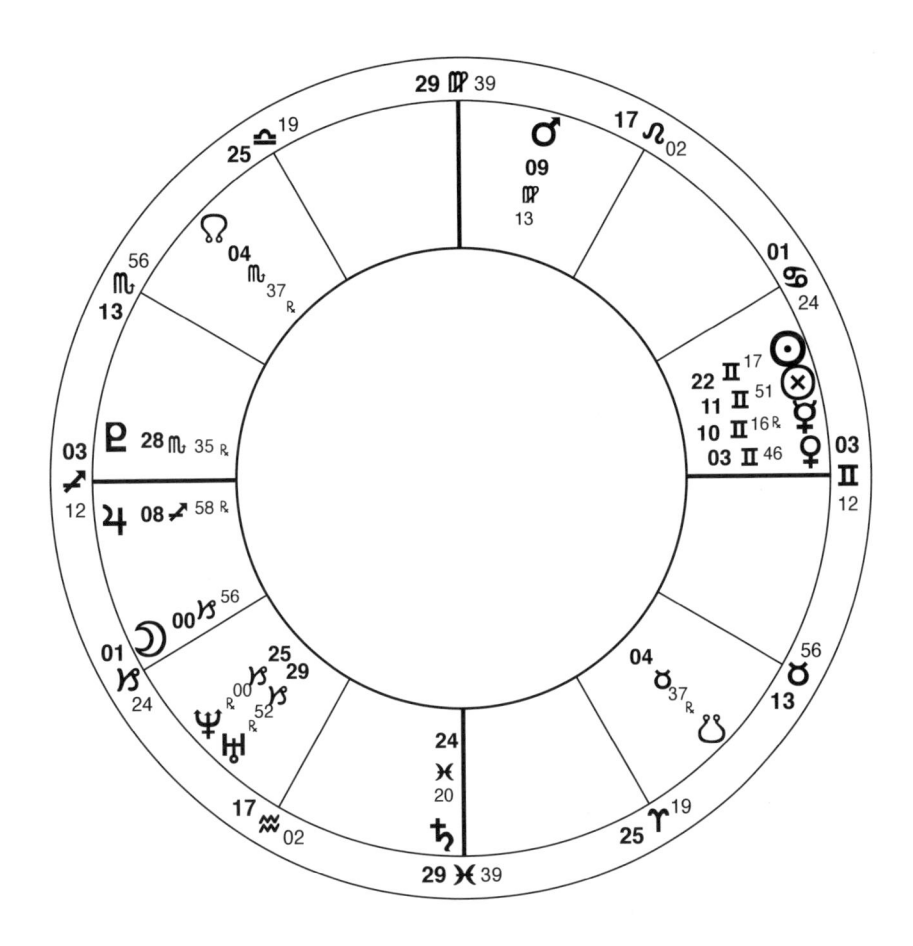

〈我會獲利嗎？〉英國夏令時間 1995 年 6 月 13 日 7:33 pm，倫敦。

「這次下注的是一場足球比賽。由於天氣惡劣，比賽取消了，所有投注都被退回。」

「所以說，我們問卜者的錢又回到他的手裡。但帶來了遺憾，這並不是他想要的結果，只讓他白費了一些功夫。」

我判斷布蘭妮還要睡一會兒，於是又在她的皮毛上畫了一張星盤。「還是同樣的問題：『我會獲利嗎？』」

他準備好上前接受挑戰。「問卜者得到木星和土星，它們是一宮主星和二宮主星。錢是八宮主星，也就是月亮。這意思是我們不能用月亮作為這張星盤問卜者的共同徵象星，因為它有一個更重要的工作，那就是代表現在詢問的事。」

「很好。有沒有相位？」

「沒有。月亮和木星沒有相位。它最後會六分相土星，但被它前面和火星的相位禁止了。那個月亮快要來到二宮始點的入相位怎麼看？我想這不會給出『會』的答案吧？」

「你的假設不正確，小子。如果問題不一樣，也許是『支票什麼時候到？』這個入相位可能就有用處。假如月亮代表支票，而我們又知道支票會到，無論是別人告訴我們的，還是從星盤的其他證詞看出來的，我們都可以利用月亮對二宮始點的入相位來推算應期。它可以為我們回答關於『何時』發生的問題，但不能告訴我們『是否』會發生。」

「那現在我們關心的只是『是否』，所以它並不是問卜者贏錢的證詞。」

「正是如此。」

「大師，這太簡單了。我們可以再來一題嗎？」

「最後一題。之後就是你劈柴打水的時間。另外，布蘭妮會想要喝杯茶。」塞德那已經睡著了，他這傢伙很聰明，但卻缺乏研究占星學所需的注意力。「最後一題：『我會獲利嗎？』」

「問卜者有火星、水星和月亮。錢由木星顯示。喔，大師，木星漂亮又有力，如果能贏錢，這肯定是一次大贏！」

「會贏嗎？我們有任何相位嗎？」

「有，有相位，大師！月亮馬上就和木星形成三分相。而且還有一個：

第四章　獲利問題　251

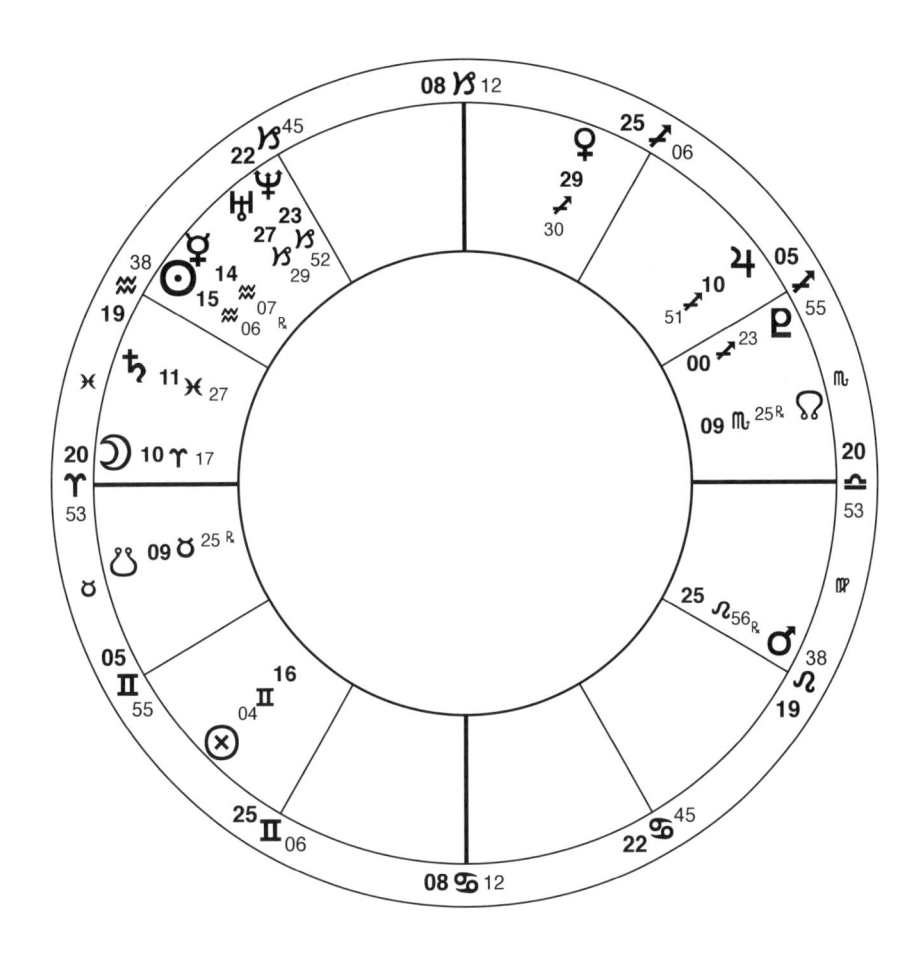

〈我會獲利嗎？〉格林威治標準時間 1995 年 2 月 4 日 9:40 am，倫敦。

水星入相位和木星六分相。」

「這一個你確定有嗎？」

「大師，讓我好好想一下。月亮和木星的相位已經很明顯。這一個的話……嗯，水星焦傷。如果水星是一宮主星，那問題就大了。」

「對，一宮主星焦傷，一般是指『不要這樣做！』的證詞。但在這裡，焦傷的是二宮主星。你怎麼解釋？」

「焦傷具有破壞性。這可能顯示問卜者的錢不夠拿來下注。」

「非常好！這確實是有可能——不過我們可以讓問卜者自己決定：這不是我們判斷時需要考量的事。」

「大師，不用看嗎？」

「不需要！我們的工作不是照顧問卜者。不管出於什麼原因，如果他不下注，當然就贏不了。判斷的前提是假設他已經投注了。看看木星對土星的入相位是什麼狀況？」

他憂心忡忡地看著我，試圖讀懂我的心思。過了一兩分鐘，他一定是想到他翻找過的書頁，因為他的手指伸到了額頭上，透過污垢勾勒出我為他烙印下的輪廓。「大師，我必須檢查一下星曆表。」

「很好。你省得挨打了。」我用棍子的一端把塞德那戳醒。他瞥了星盤一眼，翻了翻記憶，然後嘎嘎叫道：「水星先到，水星先到。」

「只要多加練習，你就能看出這樣的東西，不用去打擾塞德那。水星距離太陽這麼近時，它的移動速率一定很快。此時水星移動三度就返回到木星相位的時間，會比同時間木星移動到土星相位的半度還要快，就算木星以最快的速率前進也一樣。總之，即使水星和木星的相位被禁止，我們仍然握有月亮對木星的明確證詞。問卜者贏了，而且是大贏家。現在，去做家務吧。」

他晃晃悠悠地走了，其速度之快表明他要麼厭惡體力勞動，要麼在思考他所學到的東西，或許兩者皆有。布蘭妮昏昏沉沉地站起來，抖了抖因為自己體重而壓麻的腿。塞德那在後面蹦蹦跳跳地跟著我們，我們一路回到了山洞，他們去吃點東西，我則閉上眼睛沉思天球的和諧。

我是被什麼東西咬醒的。還沒睜開眼睛，就感覺我的手被一隻毛茸茸

的小東西緊緊抓住。原來是那個傻小子在餵寵物小映點時，把一隻放出了籠子。我親了親牠的鼻子，把牠放回原處。

我在山洞口看到的景象讓我的脾氣很快平復了下來：熊熊的爐火燃燒著，炊具冒著熱氣，年輕人在塞德那貼身的建議下，正張羅著我們的晚餐。看來不用多久，飯菜就要做好了。時間剛好可以喝上一杯前一天在村裡市集裡買到的那款當地釀造的氂牛奶酒，酒香有點濃郁，口感又有點活潑，但已經足夠了。

晚餐時，他問道：「大師，所以假如說我的目的是賺錢，我就不需要費心去找勝利的馬，對嗎？無論是占星學的使用還是研究方式，我只要一次又一次地問：『今天我會獲利嗎？』就可以了吧。」

他是不是偷喝了我庫存的克瓦斯？「不，小子，不能這樣做。不要侮辱占星學，把她當成自動販賣機對待。不能機械性地使用卜卦占星——我前面就跟你說明過了。」

「大師，我記得。」他黯然承認。

「我們不能這樣做，就像我們不能問『本期樂透號碼有 1 號嗎？』『有 2 號嗎？』如果你想從中得到結果，就必須做一些工作。假如你問『我今天會贏錢嗎？』得到『會』的答案，然後就把賽馬排位表晾在一邊期待成功，那麼你很可能會落得一場空。想確定投注標的也得需要付出一些努力。」

「大師，我明白了。但如果我繪製的是卜卦獲利盤，這樣要看的就只有：八宮主星和一宮主星、二宮主星或月亮的連結？」

「以我們討論過的那些條件來說，對，差不多就這樣。除此之外還有一些精細的考量，但都是小地方。我告訴過你，占星學如同學習一門語言。你現在已經學會主要的動詞變位（conjugation），但還有一些不規則動詞有著自己的規則，就解決目前的問題來說，你並非真的有必要去認識它們。」

「大師，為什麼不用？難道我們不應該努力學習知識嗎？」

「當然要努力。我的意思很簡單，使用我們講過的內容，就可以滿足這些卜卦問題背後的實務用途了。有耐心一點，等一下我會向你示範一些在星盤中找到『會』的其他方法。但首先要考量的是：雖然有其他方法可以顯示『會』，但更明智的做法是不下注，除非主要徵象星顯示出明顯的贏面。打賭時，通常選項可看成『贏』與『輸』。如果我們能將其轉變為『贏』或『什麼都不做』這二種選擇，我們就成功了。即使我們會錯過偶爾的勝利。」

「大師，可是我想要完美！」

「你太年輕了，小子。」布蘭妮憑著豐富的經驗點了點頭。「這是一個美好的願望，但注定要受挫，總有一些星盤是你無法理解的。心存感激！上天不允許占星師永不出錯。即使你已經學會了動詞變位，也學會了不規則動詞，但在任何語言中，你都會發現一些特立獨行的怪癖，一些因時間或地點而產生的奇特變體——這些都是創造物相當富有複雜性的例證。這種複雜性是一種美，由於世界無法完全簡化為簡單的公式，無法用我們渺小的理解能力來解讀，我們不必為此而感到悲哀。」

他已經很有耐心了，所以我向布蘭妮招招手，問她是否介意再幫我們一下。她嘟嚷了些像是「加班」的字詞，這個詞似乎是從英語直接翻譯成犛牛語的，但她還是慢吞吞地走過來，在我身旁坐下。我在她的皮毛上畫了一張新的星盤。「同樣的問題：『我會獲利嗎？』」

「問卜者有金星是一宮主星，有火星是二宮主星，還有月亮。八宮主星是……喔，大師，它也是金星。現在我該怎麼辦？」

「為這筆錢另外找一顆徵象星。

**月亮可以代表獲利。**

**如果八宮主星忙碌，則使用下一個星座的主星。**

第四章　獲利問題　255

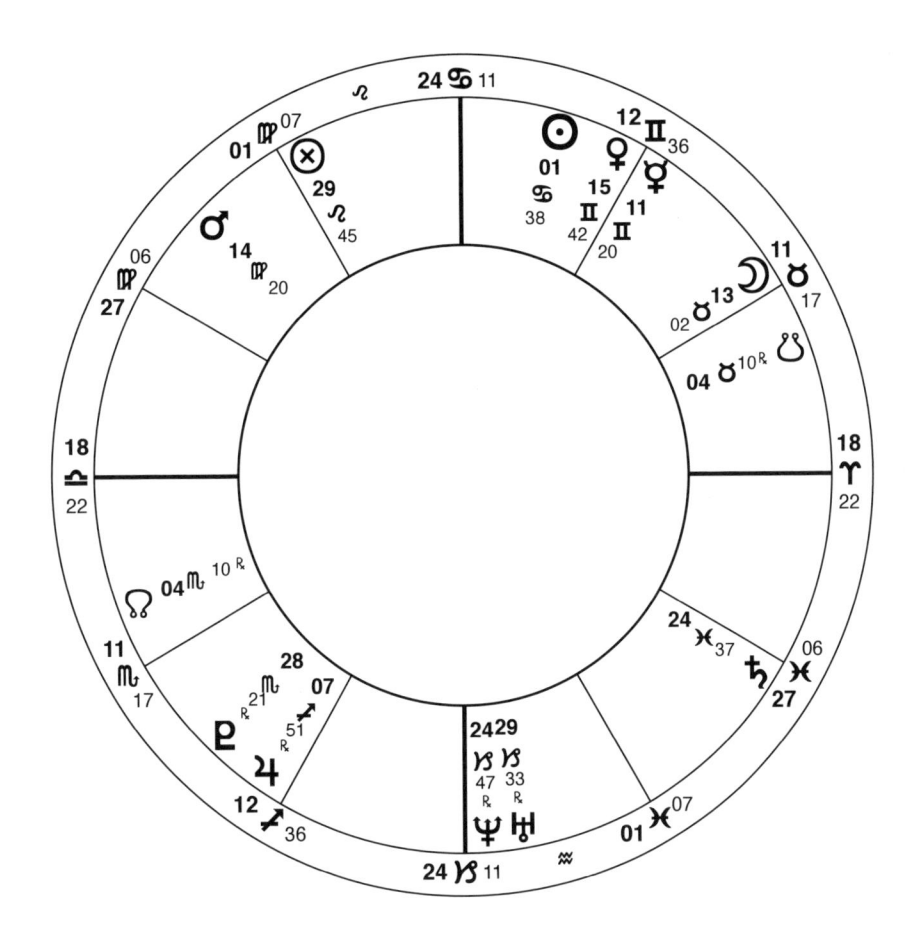

〈我會獲利嗎？〉英國夏令時間 1995 年 6 月 23 日 2:40 pm，倫敦。

這樣使用月亮類似於我們為失物卜卦的做法。卜卦占星中，月亮在判斷的不同階段既可以代表問卜者，也可以代表失物，有時兩者兼之[67]。」

「八宮始點的下一個星座是雙子座，所以我可以用水星代替八宮主星。水星會和火星四分相。問卜者贏了！」

「不過月亮會先抵達火星那裡。你認為這是禁止嗎？」

「回大師，可能不算，因為您剛剛告訴我，我可以用月亮代表獲利。所以，月亮和火星的相位顯示贏錢，而不是禁止贏錢。加上月亮和水星都很有力：這會賺上一筆不錯的獲利。」

「沒錯，我們特別鼓勵在這裡使用月亮——儘管兩種選擇都有效——因為它離八宮始點如此之近。認為位在宮位內的行星代表該宮位的事物是卜卦占星一個常見的錯誤；但在某個情況下就可以這麼做：就像這例子，該宮主星已經另作他用，而宮內行星又非常靠近該宮始點，此時把它作為徵象星就很合理。

「這裡還有一張。『我會獲利嗎？』」

「問卜者得到水星、金星和月亮。或許我應該說『可能』也有月亮。八宮主星是火星。火星就在一宮內，這一定是個好兆頭。」

「對，雖然這不具決定性，但確實令人鼓舞。我們仍然希望看到有個相位。」

「水星會和火星三分相。問卜者贏了。」

「但是？再看看這個相位。會發生什麼？」

「喔，我明白您的意思了。水星在到達火星之前，會先四分相木星。這是一個禁止。」

「確實，但這裡還發生了什麼？」

「月亮直接走向水星。我可以用月亮代表錢。所以問卜者贏了！而且月亮有力，他會贏很多錢。」

「沒錯，問卜者贏了。不過，在評估金額時，我們還需要考量其他的事。火星是代表錢的主要徵象星，它是外來的，同時八宮受到嚴重的折磨：裡面有顆嚴重無力的壞土星。再權衡一下月亮的力量，贏得的錢還算可以，但並不驚人。」

第四章　獲利問題　　257

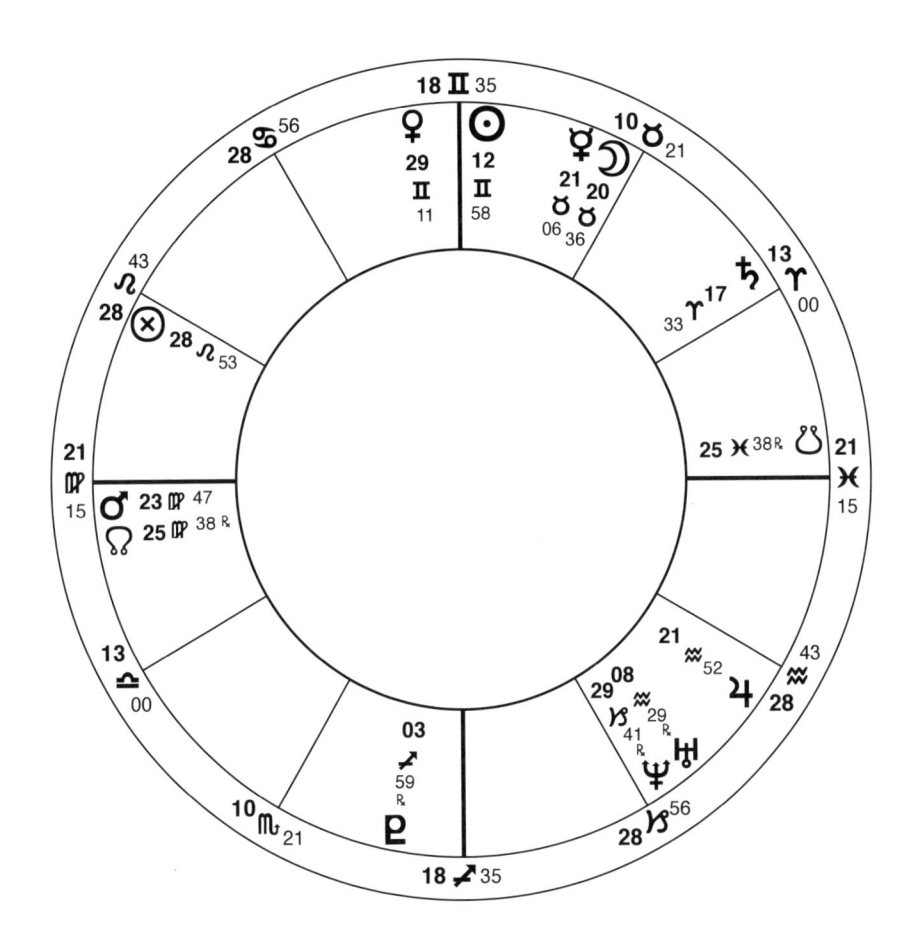

〈我會獲利嗎？〉英國夏令時間 1997 年 6 月 3 日 1:23 pm，倫敦。

---

67. 參見《卜卦占星教科書》頁 263-265。

「如果八宮主星已經在忙了，我們能用這裡的土星代表錢嗎？」

「不行，土星距離該宮始點超過4度，太遠了。這種使用某顆宮始點內的行星作為替代主星的概念，就限制在宮始點2度以內吧。」

布蘭妮的抱怨聲愈來愈大，用語也愈來愈豐富。為了安撫她，我宣布這將是今晚的最後一張星盤。「同樣的問題：『我會獲利嗎？』」

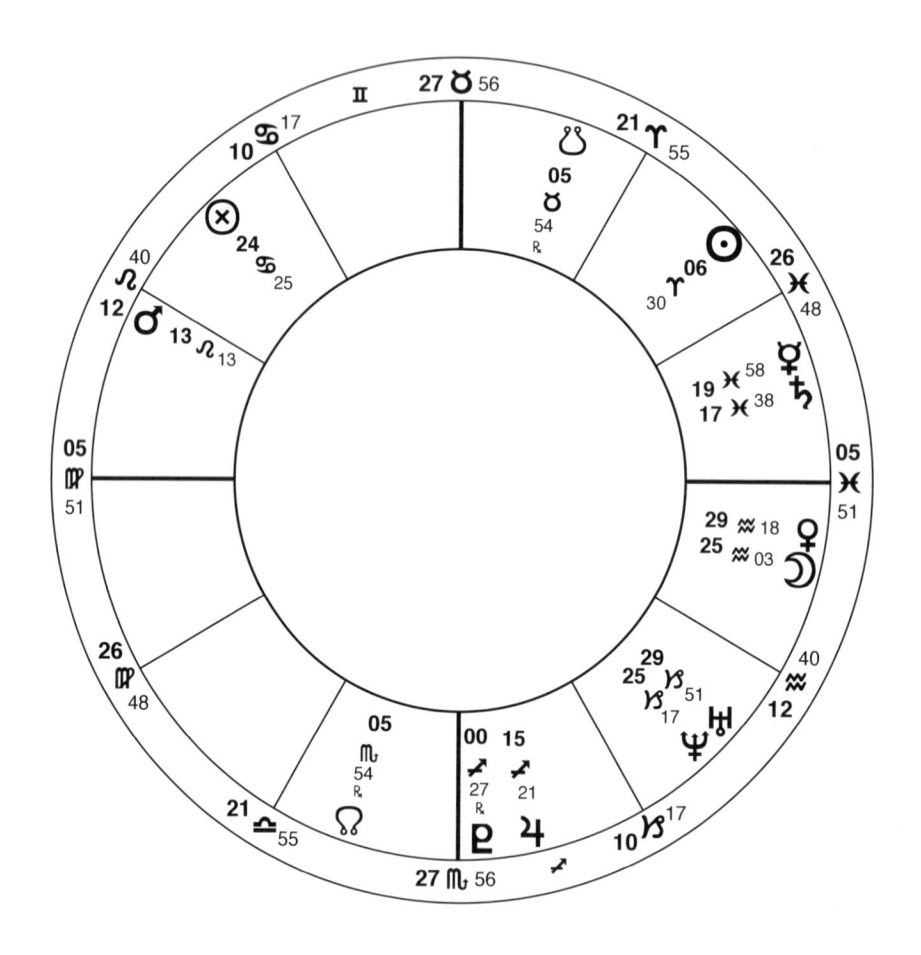

〈我會獲利嗎？〉英國夏令時間1995年3月27日4:25 pm，倫敦。

「大師，一宮和二宮始點的星座是一樣的。我要不要使用下一個星座的主星來代表二宮主星？」

「小子，想得好。沒錯，你可以把主管天秤座的金星作為二宮主星。」

「那要用火星代表八宮主星嗎？」

「這並非必要，因為莊家本人——七宮主星——只是舞臺旁邊一個朦朧的身影，他並沒有參與行動。但儘管如此，他還是在舞臺上。如果星盤要求你讓它出場，那就把下一個星座的主星作為錢的徵象星；然而在這例子中，火星並沒有做任何有意義的事。」

「所以說，如果我可以把金星當作二宮主星，用月亮代表錢，那麼月亮入相位和金星合相，就能給出我們贏了。」

「結果證實也是如此，解得好。但現在我們親愛的布蘭妮已經受夠了，你也該準備去睡覺。先清理完小映點的窩，然後上床睡覺。還有把這些帶上，」我補充道，並拿出一把畫有星盤的棕樹葉。「每張星盤的問題都一樣：『我會獲利嗎？』你可以在〈附錄4〉找到這些判斷。」

他一溜煙地跑走了。我坐在原地輕撫布蘭妮的耳朵，試圖安慰她。過了一會兒，她伸出舌頭舔了舔我的臉頰。短暫的舔拭並不能算原諒，但我看得出她在努力。

「他在這裡的日子快結束了，」我低聲對她說：「你的工作也快結束了，他已經學到可以離開我們。現在除了占星學本身，沒有能再教導他的老師。他明天就會出發，在他離開之前，我不需要再找妳了。」這次的舔拭溫暖而熱切，濕漉漉地從耳朵到耳朵橫掃過我的臉。塞德那從奄奄一息的火堆旁飛到我的肩膀上，往我的頭髮啄了幾下。我們坐在一起，一邊看著柴火餘燼，一邊猜測這年輕人上路後會變成什麼樣。

260　賽事占星學

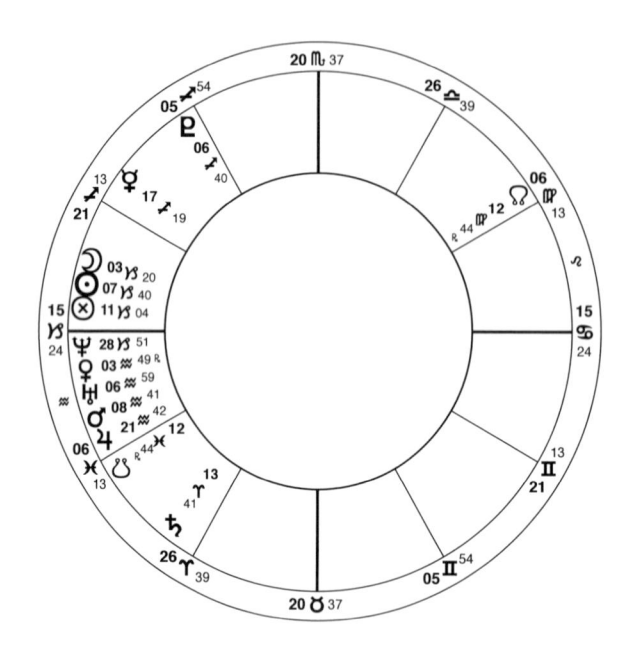

〈例題星盤 13〉格林威治標準時間 1997 年 12 月 29 日 8:42 am，倫敦。

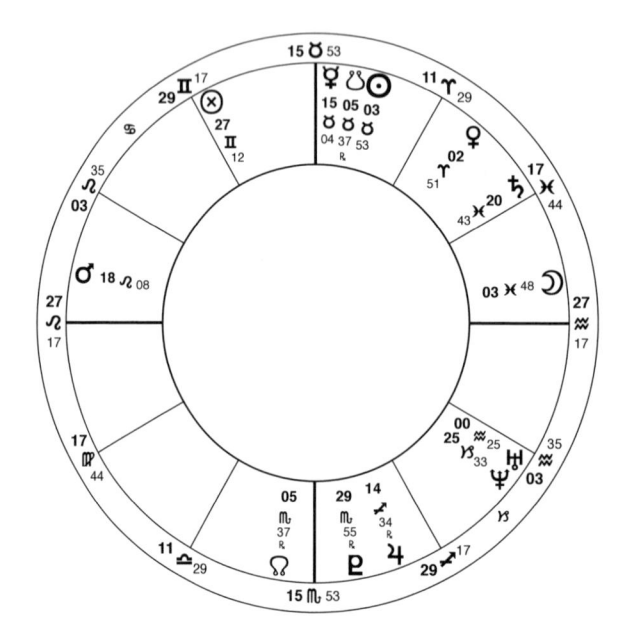

〈例題星盤 14〉英國夏令時間 1995 年 4 月 24 日 1:46 pm，倫敦。

第四章　獲利問題　261

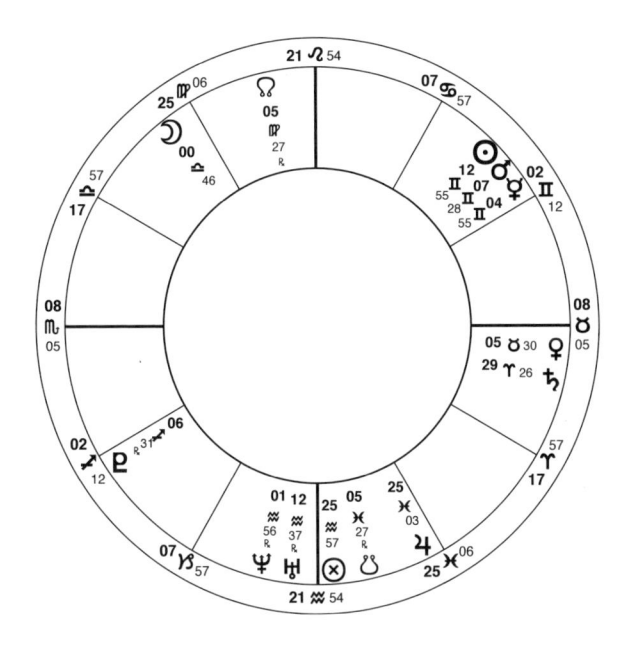

〈例題星盤 15〉英國夏令時間 1998 年 6 月 3 日 5:50 pm，倫敦。

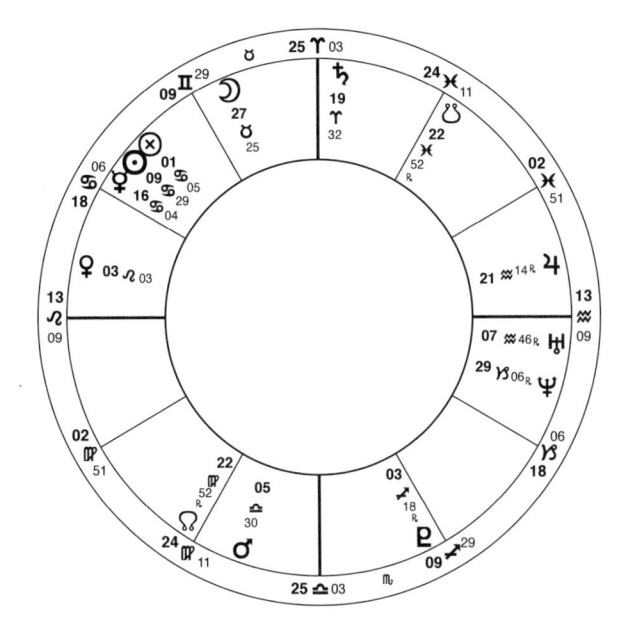

〈例題星盤 16〉英國夏令時間 1997 年 7 月 1 日 7:56 am，倫敦。

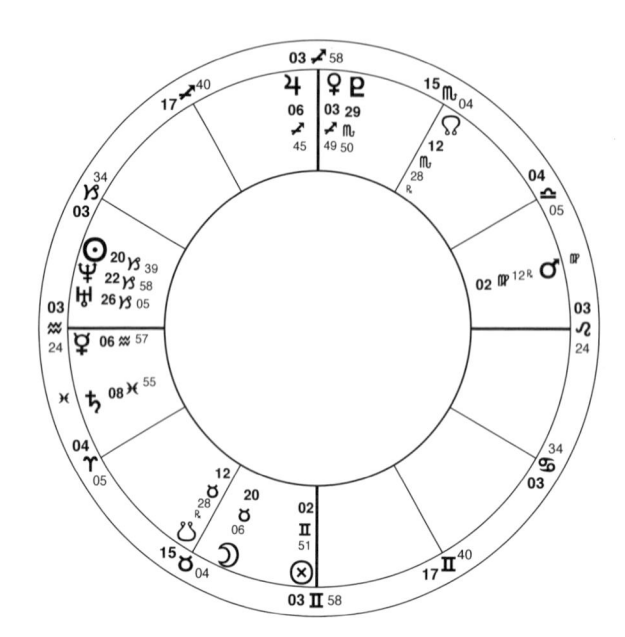

〈例題星盤 17〉格林威治標準時間 1995 年 1 月 11 日 8:47 am，倫敦。

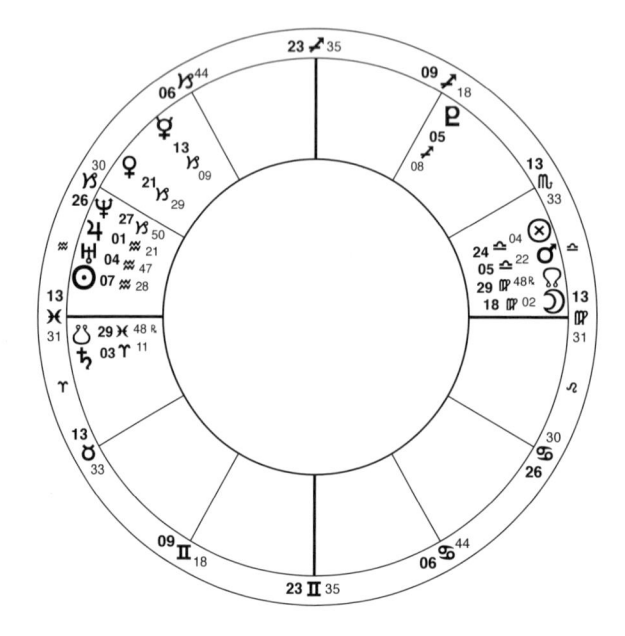

〈例題星盤 18〉格林威治標準時間 1997 年 1 月 27 日 9:06 am，倫敦。

## ◎ 既然如此，何不成為富有之人？

　　隔天，在我們份量極簡的早餐時光中，他打破了清晨的寧靜，怯生生地問：「大師，如果您可以預測這些事件的結果，為什麼您不是有錢人啊？」

　　我站起身來，雙手環抱胸前，引導他的目光穿過山間美景。「有錢嗎，小子？我是世界上最富有的人。」我看得出，他被腳下的壯麗景色撼動不已，我們位處的制高點如此之高。我知道要離開這裡也會感到很遺憾，但他總有一天會回來，在這些令人目眩的山峰中找到屬於自己的洞穴。

　　「這個問題，」我繼續說：「是那些不願意接受這些方法可能有效的人會有的一貫反應。就像問『你為什麼不預測樂透號碼？』一樣，這也是那些不假思索否定整個占星學的人會有的反應。乍聽之下，他們似乎提出了一個合理的論點。就拿瑟夫瑞歐來說吧，他打造了賽馬場上獲勝的『鑰匙』，卻死於貧困，這是否證明他的鑰匙毫無用處？完全不能。鑰匙理論的確毫無用處，但作者的貧困並不能證明這一點。我對賭博毫無興趣，我從不明白這到底好玩在哪裡。」

　　「可是大師，」他打斷道：「有人會說不一定要覺得好玩，如果這些方法奏效，你就可以過上好日子。」

　　「也許吧，但這錢不容易賺。占星學的繆思女神只眷顧那些全心全意為她服務的人。雖然這些技巧只需寫幾頁就能解釋清楚，但要掌握它們卻需要長時間堅持不懈的練習。這並不是我選擇傾注畢生精力想做的事，因此我傳授給你：這裡有方法，現在你去下功夫吧！

　　「最重要的是，專注力的問題。這點就是覺得好玩的來源——或者如果你認為好玩這個詞不恰當，那就說對主題本身的興趣很重要。這讓那些主要興趣在於金錢的人感到困惑；但我發現，對於那些主要興趣在於運動的人來說，就完全說得通。我曾與一位拿過網球冠軍的老客戶討論過這個

問題。她告訴我，在網球比賽中獲勝的祕訣就是全神貫注地擊球。一旦注意力轉移到贏得那一分、贏得那場比賽或——千萬別去想！——舉起那座獎盃，你就會迷失方向。占星學也是如此。我總是發現，一旦我的興趣從探索技術轉移到賺快錢上時，我的預測能力就會消失。專注於占星學，你可能也會得到一些錢；專注於錢，你將一無所獲。」

「專注力。大師，有道理。」

「你還年輕，小子。我相信你能享受金錢帶給你的一切，但把自己獻給烏拉尼亞（Urania）[68]，祂會賜予你更豐厚的禮物。在通往烏拉尼亞宮殿的路上，有一些商隊停下來歇腳的地方。愚蠢的人太喜歡待在休息處，才在那裡建起自己的房子，不再繼續前行。」

「大師，但是祂的宮殿在哪裡？目的地在哪裡？喔，我好想到達那個地方！」

「哈，小子，沒有目的地！或者說烏拉妮亞提供的絕不是目的地。祂的宮殿就像海市蜃樓一樣，隨著我們的冒險不斷飄離；但烏拉尼亞並不住在那座幻影宮殿裡。在你旅行的商隊裡仔細找找，你將會發現祂就在隊伍裡與你同行。我們和她一起旅行，而不是去尋訪祂，這是一種終身的關係。也許，當你回到自己的國家，有一天你會和一個女人互許終身，那會有目的地嗎？如果你達成了，比如說——願上帝賜予你——五十年的幸福婚姻，你是否就已經抵達到終點？完成某個表面上的目標，你就可以打勾說你做到了？不，沒有目的地。你自我的改變，以及其他在未來五十年裡帶給你的這一切——航行本身——就是目的地。烏拉尼亞也是如此，你與祂的關係才能帶給你真金的真理。為了賺錢？小子，我給你講個故事吧：

「從前有一位阿拉伯的公主，她像沙漠的夜晚一樣美麗，像為了滋潤乾涸大地全心傾瀉而下的雨雲一樣慷慨，比你聽說過任何傳說中的女王都富有得多。有一天，當她從宮殿的窗戶向外眺望時，無意中看到了一個和

你差不多大的年輕小夥子，正在市集的人群中做起了扒手勾當。她看到他靈活的手指伸進這裡，又伸進那裡，向來都是得手後才伸出。公主打了個響指，侍衛隊長迅速出現在她身邊。她指了指那個小偷，片刻之後，就看到他被頭下腳上地提起來，帶進宮殿裡。

「衛兵把他扔在公主面前的地板上。劊子手抖擻著身子，待聽令揮下大刀，但卻沒等到。當小夥子抬頭看著她的眼睛時，那一刻，她感覺自己不再是公主，已成了他的奴隸。她讓衛兵退下，懇求小夥子與她成婚。當然，他立刻就答應了。

「他身著最好的絲綢，等著婚禮舉行。兩人在各自的居室裡，他夢想著她的美貌，她夢想著傾她王國的所有財富全送給他。到了他們的新婚之夜，當他的嘴唇正要觸及那美麗的酒杯時，窗外的月光打在他們婚房小桌上的手鐲。綠寶石的綠、紅寶石的深紅、鑽石的冷焰，在夜色映照下熠熠生輝。婚床上，他有一位最美麗的女人閉著雙眼等著他——而他的眼睛卻被這些珠寶閃耀的光芒所吸引。很快地，他的心也被吸引了。他在她的眉心留下了一個短暫的告別之吻，然後奪過手鐲，塞進口袋，翻過房間的窗戶，騎馬消失在夜色中。

「隔天清晨，公主醒來時，身邊多了一位更美好、更忠誠的丈夫，她將所有的財富和美貌都傾注在這位丈夫身上。而這個小夥子瘋狂逃亡後，乾渴難耐，跟跟蹌蹌地走進了路邊的一家小酒館。他被剛到手的財富沖昏頭，隨口就點了一杯香檳。這樣的要求在路邊的小酒館可說是非常罕見，店主便開口要先看看他的錢。小子隨即把手伸進口袋，發現裡面只有一根

---

68. 中譯注：天文與占星學的繆思女神。

乾枯的葡萄樹枝條，上頭的葡萄因缺乏照料而枯萎，就這樣在他眼前化成了一把灰。」

布蘭妮、塞德那和年輕人默默地坐著，畫面慢慢從他們的腦海中消逝。「大師，我會聽從您的警告的，」他承諾道，「那位公主會發現我是一個好丈夫！我才不會被一些華而不實的珠寶迷惑。」

「就看你是不是了，小子。」

他站起身來，到了他該離開的時候。他彎下腰，在布蘭妮的額頭上親了一下，這要麼是深情的表現，不然就是最愚蠢的勇敢。塞德那跳進山洞，叼回了男孩的信用卡，現在這張卡已磨損到發白了。他凶狠地瞪了這小子一眼，示意他，只要輕輕摸一下他的羽毛，就足以向他道別。

接下來，男孩尷尬地轉向我。「我的孩子，你看到這根棍子了嗎？」我問他。他虔誠地從我手中接過，這的確是一根非常好的棍子。他大聲唸出製作者的標章：「『加比達斯和施林（Gabbitas and Thring），紳士精品耐打教鞭供應商。』」

「欣賞一下它的精湛工藝。流線型，雷射加工技術，碳纖維材質並附帶鎢軸承：輕巧靈活，但又夠堅固，使用起來連最遲鈍的大腦也能理解吸收。」他拿在手上翻來覆去地瞧。「帶著它，我的孩子。我老了，總有一天你會有自己的學生。好好使用它吧。」

他的眼淚湧上眼眶，顫抖著快要掉下來，就像一位跳水選手爬到了他的勇氣無法承受的高度。「現在出發吧，小子，」我對他說，免得他尷尬。在他想開口說話時，我將手指抵在嘴唇上。「去吧，你會表現得很好的。」

他扛起他的新棍子，把馬鞍袋扔在他的騾子羅西南多（rosinante）的背上，騎上牠，頭也不回地向二十一世紀出發了。我看著他沿著山坡蜿蜒而下，塞德那站在我的肩上陪伴著，布蘭妮已經在我身邊睡著了。當他快要消失的時候，我在他身後呼喚他，我的聲音疊成回聲接連不斷地響起，

就像《哈利路亞大合唱》(*Hallelujah Chorus*)的歌聲在山峰間裡迴蕩:

**要練習啊**
**要練習啊**
**要練習啊**
**要練習啊**
**要練習啊**
**要練習啊**
**要練習啊**

附錄 1

# 如何計算映點

　　想像從兩個至點（Sostice points，摩羯座 0 度和巨蟹座 0 度）之間畫一條直線。再把這條直線當作是一面鏡子。任何度數的映點，以及該度數映點上的任何東西，都是從這面鏡子裡看到的位置。因此，如果某物位在這條直線其中一側的 2 度（假設巨蟹座 2 度：從巨蟹座 0 度往前 2 度），它的映點就會在這條直線另一側的 2 度（雙子座 28 度：從巨蟹座 0 度往後 2 度）。

　　這是繞著至點而成的映象，顯示映點概念根植於事實——並非某人憑空捏造的。這些度數之間有個直接的關聯，它們在至點兩側是等距的。打開你的星曆書，找個任意一年的夏至點（太陽在巨蟹座 0 度）。在 1 到 180 之間選一個數字。從該年夏至點往前數跟這數字相同的天數，並記下太陽在這一天的度數。現在，再從該年夏至點往回算跟這數字相同的天數，來到這一天的太陽度數，就是你剛剛記下的那個度數的映點。意思就是說，這兩天從日出到日沒的時間長度會完全相同。

　　每個星座都會和另一星座互相映照：

附錄　1　如何計算映點　　269

♈︎　　　　　　　　♍︎
♉︎　　映照至　　♌︎
♊︎　　　　　　　　♊︎
♋︎　　　　　　　　♋︎
♌︎　　　　　　　　♉︎
♍︎　　　　　　　　♈︎
♎︎　　　　　　　　♓︎
♏︎　　　　　　　　♒︎
♐︎　　　　　　　　♑︎
♑︎　　　　　　　　♐︎
♒︎　　　　　　　　♏︎
♓︎　　　　　　　　♎︎

因此，任何位在白羊座的東西，映點都會在處女座；任何位在金牛座的東西，映點都會在獅子座；記住這張列表。

一旦你知道某物的映點在哪個星座後，還需要找出它位在該星座的度數。原始度數＋映點度數＝ 30 度。行星本體的所在度數，加上它的映點度數，會等於 30 度。因此，為了找出映點，我們必須用 30 度減去原始度數。回頭看看上面的例子：如果某顆行星位在巨蟹座 0 度往前 2 度，也就是它的本體在巨蟹座 2 度，那麼它的映點會位在巨蟹座 0 度往後 2 度，也就是雙子座 28 度。28 ＋ 2 ＝ 30。

別擔心！不管你覺得自己的數學有多差，這一點都不難。每一個星座有 30 度。每 1 度有 60 分。60 分＝ 1 度。

與其把每個星座想成是 30 度，不如改稱它 29 度 60 分。

這是同樣的東西（因為 60 分和 1 度是一樣的），但這樣做會讓計算更簡單。

來練習個例子：

假設火星位在金牛座 22.35。它的映點是什麼？
如果火星在金牛座，那它的映點一定在獅子座（根據上表）。
那在獅子座幾度？
火星位在金牛座 22.35。
用 30 度來減。
但為了方便起見，在這邊稱它 29.60。

$$
\begin{array}{r}
29.60 \\
22.35 \ - \\
\hline
7.25
\end{array}
$$

所以火星在金牛座 22.35 的映點是獅子座 7.25。
我們可以驗算一下，因為原始度數＋映點的總和必須是 30。

$$
\begin{array}{r}
7.25 \\
22.35 \ + \\
\hline
29.60 \ 即 = 30.00
\end{array}
$$

附錄 1 如何計算映點　271

讓我們再算另一個例子。

白羊座 14.35 的映點是什麼？

從上表來看，任何在白羊座的東西，其映點都在處女座。處女座幾度？拿 29.60 減掉 14.35。

$$29.60$$
$$14.35\ -$$
$$\overline{\phantom{00000}}$$
$$15.25$$

所以，白羊座 14.35 的映點是處女座 15.25。

這裡常見的錯誤結果是，原始度數＋映點＝ 31 度。所以，你在熟練這個算法之前，一定要把算出來的映點加上原始度數，確認結果會等於 30。如果你照我的邏輯把 30 度稱為 29.60，就不會發生這種錯誤。

如果這看起來好像很難，相信我：真的不難。不用多久你就會習慣在檢視整張星盤時，順便瞧瞧有沒有徵象星的映點在做什麼有趣的事。只要先下點功夫，你會發現查看映點幾乎就是種反射動作。不用每次都全部算一遍。只要想一下「一宮主星在雙子座 19 度，那巨蟹座或摩羯座 11 度附近有沒有什麼？」如果沒有──那就沒事。如果有，你再去計算精準的映點位置。

附　錄　2

# 如何計算阿拉伯點

　　我們所有測量的度數（例如白羊座6度，巨蟹座17度等）指的都是黃經度數。這些數字告訴我們某個點在黃道上繞了多遠。某顆位在金牛座12度的行星，就是位在黃道上第二個30度的區塊（我們把這個區塊稱為金牛座），而且是位在這個30度區塊內的第12個度數。

　　當我們在測量一行星到另一行星的距離，並計算它們之間相距多少度數時，我們要測量的是它們之間相距多少黃經度數。但想成「它們之間的距離是隔了三個星座再加17度」很不好算，而且容易出錯。只用「絕對經度」（absolute longitude）計算就單純多了。絕對經度是指從白羊座0度起算的那一段距離，但只用數字標示，而不用那麼多個星座又那麼多度。我們的例子是某顆行星位在金牛座12度，它的絕對經度是42度。要抵達這個位置，我們會先經過白羊座區塊的30度，再經過金牛座區塊的12度：總共42度。

　　每個星座0度的絕對經度是：

| | | | |
|---|---|---|---|
| ♈ | 0 | ☊ | 180 |
| ♉ | 30 | ♏ | 210 |
| ♊ | 60 | ♐ | 240 |
| ♋ | 90 | ♑ | 270 |
| ♌ | 120 | ♒ | 300 |
| ♍ | 150 | ♓ | 330 |

記住這張表。

因此，一顆位在獅子座 14 度的行星，絕對經度是 120 度（獅子座 0 度）＋ 14 度 = 134 度。一顆位在雙魚座 8 度的行星，是 330 度（雙魚座 0 度）＋ 8 = 338 度。

找出行星 1 和行星 2 之間的距離，再把這段距離加到上升點（或其他點）的作業流程，可以簡化成算式「上升點＋行星 2 －行星 1」。

假設我們想要算出某張星盤的幸運點，其中太陽位在獅子座 17.34，月亮位在天秤座 4.52，而上升點位在處女座 22.36。

幸運點的計算公式是「上升點＋月亮－太陽」。

**上升點**位在處女座 22.36。
處女座 0 度是 150 度，＋ 22.36 = 172.36
**月亮**位在天秤座 4.52。
天秤座 0 度是 180 度，＋ 4.52 = 184.52

**太陽**位在獅子座 17.34。

獅子座 0 度是 120 度，+ 17.34 ＝ 137.34

**上升點＋月亮**： 172.36

184.52 ＋

─────────

356.88

注意「分」這邊的數字：88 分。每 1 度只有 60 分，但這裡先不管這些算術上的細節。如果你先不要把 88 分進位成 1 度（保留 88 這數字），就能確保算式中第三步驟的減法不會出錯。把小黑點的兩邊視為各自獨立的總和，即使分那邊的數字加到超過 100 也一樣。這能夠避免你犯下常見的計算錯誤。

**上升點＋月亮**： 356.88

－**太陽**： 137.34 －

─────────

219.54

因此幸運點的絕對經度是 219.54。

查看星座絕對經度表，並找出小於 219.54 的最大數字。

它是 210，即為天蠍座 0 度。

所以幸運點位在天蠍座。

把絕對經度 219.54 減掉 210：

```
                    219.54
                    210.00 －
                   ─────────
                      9.54
```

所以幸運點位在天蠍座 9.54。

**注意**：整個計算過程中，如果想讓總和數字更單純，可以隨時加減 360.00。如果你發現要減去的數字大於另外兩個數字的總和，那把前兩數的總和加上 360 後計算。如果全部加完得到的數字大於 360，就再減去 360。如果最後的總和在分那邊大於 60，就減去 60，然後進位至度數加 1。

讓我們再試試另一個例子。假設我們要找出辭職與解僱點（Part of Resignation and Dismissal），它的公式是「土星＋木星－太陽」。並假設土星位在白羊座 17.54，木星位在金牛座 4.58，太陽位在射手座 20.17。

```
土星＋木星：    17.54
                34.58 ＋
               ─────────
                51.112，注意「分」那邊

                51.112
－太陽：        260.17 －
               ─────────
```

這樣我們無法計算，所以加上 360.00。

51.112
360.00 ＋
―――――――
411.112，現在我們可以減去太陽

411.112
260.17 －
―――――――
151.95

因此，這個點的絕對經度是 151.95。

但這是度和分，而不是度和小數點後兩位。因此我們現在必須調整「分」：95 分 =1 度又 35 分。

所以 151.95 = 152.35。

在這張表中，小於這個數值的最大數字是多少？

150。所以這個點在處女座。

152.35
150.00 －
―――――――
2.35

因此，這個點位在處女座 2.35。

只要練習幾次你就會知道，這個計算方法比看起來簡單得多。我有很多自認算術很差的學生，但他們沒遇上太多困難就全學會了。

附 錄 3

# 習 題 解 答

**第 198 頁：**

我們希望馬兒跑得快，所以牠的徵象星應該要「行動迅速」。如果徵象星處於停滯或逆行，則為有力的否定證詞。

**第 232 頁：**

1. 一宮主星以四分入相位八宮主星。現在有個八宮主星和一宮主星之間的入相位，可以告訴我們問卜者會贏；而我們沒有關於八宮主星本身的資訊，所以無法判斷是大贏還是小贏。四分相會帶來困難或延遲，所以在領取彩金方面可能會有一些困難或延遲。一般來說，該問題脈絡不容許有這種情況發生，因此通常可以忽略該相位是四分相一事。

2. 八宮主星以三分入相位一宮主星。答案一樣，只是現在的相位是三分相，這就意味著事件很容易發生：在領取彩金方面不會有任何困難或延遲。注意，三分相「不會」意味著贏得的獲利更大。

3. 八宮主星在核心並以四分入相位一宮主星。同樣，八宮主星與一宮主星之間有相位，因此問卜者贏了。現在我們有了關於八宮主星本身的資訊：它在核心。這是極大的強化，所以會是一次大贏（相對於投注玩法的大小）。該相位是四分相，所以在領取彩金方面可能會有一些延遲或困難，假如該問題脈絡容許這種情況時就會發生。注意，四分相「不會」減少贏得的彩金金額。

4. 二宮主星以三分入相位八宮主星，八宮主星入弱。我們有個入相位，這次是八宮主星和二宮主星之間的相位，因此問卜者贏了。該相位是三分相，所以在領取彩金方面不會有任何延遲或困難。但是，八宮主星嚴重無力，所以只是小贏。

5. 月亮將與八宮主星六分相，八宮主星位於北交點上。月亮（問卜者）移向八宮主星（莊家的錢），因此問卜者贏了。八宮主星位於北交點上，這是極大的強化，所以會是大贏。該相位是六分相，所以不會遇到延遲付款。

6. 一宮主星以對分入相位八宮主星，八宮主星入旺。有相位顯示會贏，八宮主星的力量顯示這次是大贏；但即使如此，該相位是對分相也顯示這筆彩金在某種程度上並不值得。也許我花了一下午的時間待在博彩公司，口袋裡塞滿了錢，但回到家後卻發現，女王剛好選在這天下午突然前來拜訪我，而我就這樣錯過她了。

**第 235 頁：**

　　1. 如果八宮主星焦傷，我會很傷心。八宮主星代表他人的錢財，如果它受到嚴重折磨，即使我贏了賭局，他也沒能力付錢給我。別想說「他的錢受到了折磨，所以他一定會輸」：受折磨的是錢本身，不是錢與他的關係。

　　2. 如果是七宮主星焦傷，我就會很開心，現在受折磨的不是錢，而是對方本身：我贏了這次的賭注。

附錄 4

# 例題星盤的判斷

## 第一章

**例題星盤 1：**

問卜者的球隊得到一宮，他的對手則得到七宮。

火星（七宮主星）的所在位置一片大好，靠近上中天並位在它的旺宮。金星（一宮主星）也位在十宮，但不僅離該宮始點較遠，而且與該宮始點不在同一星座。敵人贏定了。結果證明他們輸了比賽，而且是慘敗。

**例題星盤 2：**

問卜者詢問斯里蘭卡能否贏得板球世界盃（Cricket World Cup）的冠軍。由於問卜者對他們這一隊沒有偏好，因此分配給斯里蘭卡七宮。

月亮（七宮主星）入相位火星（十宮主星）的三分相，火星是代表勝利的徵象星。很好，斯里蘭卡會獲勝。結果證明他們拿下了冠軍。

月亮和火星之間的容納，是落在彼此的陷宮，並沒有幫助。但有一個強大的支持性證詞：月亮位在其旺宮、軸點上，且擁有大量的光。即使容納困難，也破壞不了奪冠的結果。

## 例題星盤 3：

英格蘭對法國的比賽。問卜者支持英格蘭。

太陽（一宮主星）代表英格蘭，就位在南交點上。英格蘭會輸，想超越這個強大的負面證詞，需要很多證詞才辦得到。

土星（七宮主星）位在比太陽稍強的宮位，有利於敵人自己；但它在那裡旺化了太陽，卻更有利於英格蘭。無論是這一點，還是太陽位在七宮始點附近——卻又沒那麼近——的位置，都不足以抵消太陽在南交點上的影響。

如果這是一張事件盤（如第二章所述），那麼月亮對分幸運點的入相位會是一個重要的證詞；但在卜卦盤中，這就不算證詞：不要把兩套系統混為一談。

法國贏了。

## 例題星盤 4：

火星（一宮主星）代表問卜者的球隊。它的狀態很糟糕：位在它的陷宮和不幸的六宮。六宮是火星的喜樂宮位，這是一個小的正面因素，但影響不了什麼。

主要的正面因素是，儘管火星的位置很糟，但它沒有再變得更糟糕。如果該球隊會降級，那麼其徵象星的狀態一定有所惡化。太陽位在角宮，雖然能得到強化，但它位在其弱宮且為即將西下的狀態。

火星在果宮（下降），太陽在它的弱宮（降格）：類似的證詞。但是，火星已經待在那個果宮，太陽也已經待在它的弱宮。我們要尋找的是變化，而不是現有的狀態。

太陽即將西下，一個有什麼要降級的字面指示；而它還沒有下沉，所以這就是我們要找的關於變化的證詞。有一顆即將下降的行星，它不是火

星,而且只有一支球隊會降級,所以那一隊就不會是我們的問卜者所支持的球隊。結果證實也是如此。

**例題星盤 5：**
　　太陽（十宮主星）代表冠軍,土星（四宮主星）代表挑戰者。我們也可以給冠軍太陽,作為國王的自然徵象星,不過他已經有了。我們也會給挑戰者月亮,因為它是平民的自然徵象星。
　　土星就在十宮內：挑戰者在冠軍的主導權之下。單憑這一點就足以做出判斷,只不過月亮也在十宮,重複著一樣的證詞。現在只需要很快地巡視一下太陽,確認它的狀態沒有更糟就好；看來這不大可能發生。太陽位在九宮。這不是一個有力的宮位；但太陽略有增強,因為這是它的喜樂宮位。太陽並不強,但挑戰者徵象星們的位置太差了,也就不需要它強。
　　月亮空虛,這表明不會有任何變化：冠軍依然是冠軍。冠軍衛冕成功。

**例題星盤 6：**
　　太陽（一宮主星）代表問卜者的球隊。透過次限運動（secondary motion）——行星在黃道上的動態——太陽進入了不幸的八宮；這並不是一個好證詞。而經由主限運動（primary motion）——行星在天空中東升西落的動態——太陽即將西下。在該賽季的這個階段,問卜者的球隊並沒有降級的可能（相較於例題星盤 4）；但他們肯定不會升級。結果他們也沒有。假設火星是一宮主星,而非太陽；火星在必然和偶然尊貴方面都是星盤中最強的行星。火星正好位在星盤最低點的下中天,它即將經由主限運動開始朝上升點升起。如果火星就是該球隊的徵象星,那麼就有支持他們升級的明確證詞了。

## 第二章

**例題星盤 7：**

　　超級盃。新英格蘭愛國者是被看好擊敗費城老鷹（Philadelpia Eagles）的上盤強隊。

　　金星是十宮主星，上盤的徵象星之一。它的映點位於天蠍座 24.35，就在四宮內側。這有利於下盤。

　　月亮的第一個相位是和土星（七宮主星）的對分相，這對下盤有利；但月亮又出現了另一個相位。月亮在該範圍內的最後一個相位是和金星（十宮主星）映點的六分相，這是上盤的證詞。考量這是場美式足球賽，月亮需要運行 7 度才能對分幸運點實在太遠了。

　　如果是一宮主星、月亮或幸運點透過映點位在四宮內側，下盤可能會獲勝。而十宮主星在那裡是一個較弱的證詞，並且被月亮的最後一個相位壓倒。上盤贏了。

**例題星盤 8：**

　　西印度群島代表隊（West Indies）是被看好擊敗肯亞（Kenya）的超級強隊。

　　金星（七宮主星）在一宮，是上盤的有力證詞，但離宮始點太遠，無法作數。

　　火星（一宮主星）緊密焦傷：為下盤提供了有力的證詞。更糟糕的是，它的映點落在天秤座 19.13，正好就在七宮內側。會需要特別強大的什麼才能勝過這些證詞。

　　月亮位於四宮始點：下盤的有力證詞。它的第一個相位是木星，木星在這張星盤沒有任何作用，因此可以忽略。它在 13 度範圍內的最後一個相

位是和金星（七宮主星）的四分相：進一步證明有利於下盤。

為了方便比個高下，太陽的映點落在天秤座20.10，正好就在七宮內側，而太陽是幸運點的定位星。

肯亞贏了：一個重大驚喜。

**例題星盤 9：**

澳洲是被看好擊敗英格蘭的上盤強隊。

土星（一宮主星）位在七宮，但離該宮始點太遠，所以這意義不大。

金星（四宮主星）入相位和幸運點對分相，對下盤有利，但這只是一個次要證詞。

月亮首先入相位金星（四宮主星）的三分相，然後和太陽映點（七宮主星，摩羯座21.20）四分相。這些相位都暗示下盤可能會有一個好的開始。它的最後一個相位是和一宮主星（土星）三分相。在沒有其他有力證詞的情況下，這就是定論：上盤獲勝。

英格蘭開局順利，似乎沒有輸的跡象。到了最後一天開打時，比賽看起來好像要打成平手；最後澳洲贏了。在板球對抗賽中，從來沒有一支球隊在第一局取得551比6的高分先發制人後還輸掉比賽。

**例題星盤 10：**

歐冠聯賽決賽。皇家馬德里（Real Madrid）是被看好擊敗拜耳勒沃庫森（Bayer Leverkusen）的上盤強隊。

幸運點位在南交點對下盤有利，但主要的證詞要看月亮。它首先和金星映點（七宮主星，巨蟹座5.45）合相，然後和火星映點（一宮主星，巨蟹座8.25）合相。這是它的最後一個相位，因此上盤獲勝。這是一場足球比賽，不需要把月亮移動到它5至6度的舒適區之外，所以第一個映點合

相也不是決定性的。

預測比數充其量只是一種有根據的猜測。目前有足夠的證詞顯示輸家會得分，但假如他們不止得一分，最終比數肯定至少是三比二。而以這樣的進球數來說，現有的證詞可能就太少。月亮和火星的相位是在它目前位置的 5 度之內，所以比賽應該無需加時就能決出勝負。進球數少，但至少有一球是下盤踢進的：二比一似乎是個可能的結果。這是該賽季的最後一場比賽。《占星師的學徒》（The Astrologer's Apprentice）的讀者在該賽季開始前就得到建議「買皇家馬德里二比一勝」[69]。

**例題星盤 11：**

禾靈頓盃（Worthington Cup）[70] 決賽。曼聯是被看好擊敗利物浦（Liverpool）的上盤強隊。金星（四宮主星）坐落在七宮始點上，這不是最有力的證詞，但值得注意。

月亮入相位和土星映點（七宮主星，巨蟹座 7.48）三分相，然後再和太陽（一宮主星）合相。它必須運行 6 度才能到達太陽，這可能會讓上盤在加時賽中獲勝。不過要想在加時賽獲勝，比賽就必須進入加時賽。如果下盤有兩個證詞，而上盤什麼都沒有，那就不會有加時賽：下盤將在正規比賽時間獲勝。

證詞量沒那麼多，上盤一個證詞也沒有：利物浦二比〇贏了。

---

69. *The Astrologer's Apprentice*, issue 20, p. 45.
70. 中譯注：英格蘭足球聯賽盃的歷屆名稱之一，因不同時期接受不同的冠名贊助，而出現名稱上的改變。

**例題星盤 12：**

世界盃決賽。巴西被認為肯定能擊敗法國。

這裡發生的事不多。火星（十宮主星）接近七宮始點。如果距離更近一些，這將有利於上盤；但 3 度半的距離太遠，就不能作數。金星（四宮主星）的映點位在巨蟹座 8.13，就在七宮內側。這並不是一個主要證詞，但在星盤中幾乎沒有其他證詞的情況下，就顯得非常重要。幸運點的映點落在金牛座 12.44，正好就在四宮內側。這是一個強大的證詞：下盤一定會贏。

我可能是法國以外唯一預測法國獲勝的電視評論員[71]。沒有任何證詞顯示上盤會獲勝，事實上巴西也未能取得進球。我本來以為法國就進個一球，或許兩球。結果他們以三比〇獲勝，所以我對比數的預測並不正確。關於本次上盤將在決賽中失利的預測，是在這場盃賽開始的六個月前就發表在《占星師的學徒》[72]。

## 第四章

**例題星盤 13：**

一宮主星是土星，二宮主星是木星，八宮主星是水星。

水星直接入相位和木星六分相：問卜者贏了。

水星位在它的陷宮，而且在十二宮（記住 5 度法則：與下一個宮始點相距約 5 度內，且與該宮始點同一星座的行星視為位於下一個宮位），所以贏得的獲利會很小。

**例題星盤 14：**

一宮主星是太陽，二宮主星是水星，八宮主星是木星。

軒轅十四位在上升點，是一個小的正面因素，但本身並不代表「會」——因此，由於需要其他確鑿的證詞，可以忽略。

水星和太陽都注視不到木星，所以它們之間不可能有直接相位（水星和太陽位於金牛座，木星位於射手座；二星座間無法形成相位，所以這二星座內的行星也注視不到對方）。

月亮立即入相位太陽的六分相，然後會和木星四分相。因此，月亮把太陽的光傳遞給木星，使兩顆行星之間建立起想要的連結：問卜者贏了。

木星位在自己的廟宮和角宮：一次非常好的獲利，即使逆行讓它失去了一點光彩。

## 例題星盤 15：

一宮主星是火星，二宮主星是木星，八宮主星是水星。

水星入相位和火星合相。此外，月亮先後和水星和火星形成相位，在兩者之間傳遞光線。

這看起來是個明確的「會」，但火星焦傷了。如果問卜者的主要徵象星焦傷，任何計畫的行動都不會有好結果，除了某些特定的情況，不過這與獲利盤無關。問卜者輸了。

## 例題星盤 16：

一宮主星是太陽，二宮主星是水星，八宮主星是木星。

---

71. *Frawley and the Fish*, July 10th, 1998.
72. Issue 7, pp 16-17.

太陽和水星都在巨蟹座，從那裡沒辦法注視到位在水瓶座的木星：它們之間不可能有直接相位。

水星入相位和土星四分相。木星入相位和土星六分相。因此，土星收集了木星和水星的光，形成想要的連結：問卜者贏了。

木星只有界的尊貴，而且逆行，不過它位在角宮，是有贏錢，但並不值得過度興奮。

**例題星盤 17：**

一宮主星是土星，二宮主星是火星，八宮主星是金星。注意，儘管雙魚座被劫奪在一宮內，但木星並「不是」我們的徵象星。

金星和火星離相位中，所以我們對此不感興趣。金星入相位和土星四分相。這能給出贏錢，但在金星到達土星之前，它先合相了木星。這是一個禁止，妨礙了所需的相位。問卜者輸了。

**例題星盤 18：**

一宮主星是木星，二宮主星是金星，八宮主星是火星。

火星和金星沒有相位。如果你已經認定火星和木星離相位，那就去為自己烙印上這些神奇的字吧：「**查閱星曆表**」。即使沒有星曆表，我們也能看到太陽接近處於離開和火星的三分相。如果火星目前是順行，那就意味著它很快就要逆行了。火星回頭，和木星形成三分相。

這給了我們一個「會」的訊號，但半路殺出程咬金，木星在到達火星之前，會先和土星形成六分相。這是一個禁止，妨礙了所需的相位。隨後火星自己會和土星形成相位，但很難說這可以解讀為光線集中，因為火星和木星之後就會形成它們自己的相位：土星在這裡不是幫忙，反而成了阻礙。

然而,一切並沒有結束:月亮入相位和金星三分相。如果月亮在星盤中沒有擔任其他角色,那就可以用它代表莊家的錢,因此我們可以得出「會」的結論。問卜者贏了。

　火星是在角宮,但位於它的陷宮,並被無力土星對分相:只是小小的進帳。

東西命理館 062

## 賽事占星學　出神入化・透視贏家的獨門要訣
Sports Astrology

原著書名──Sports Astrology
原出版社──Apprentice Books
作　　者──約翰・弗勞利（John Frawley）
審　　定──瑪碁斯（Maki S. Zhai）
譯　　者──連瑩穎、呂卿
責任編輯──劉枚瑛　　　　　　版　　權──吳亭儀、江欣瑜
協力校訂──林彥宸　　　　　　行銷業務──周佑潔、賴玉嵐、林詩富、吳藝佳

總 編 輯──何宜珍
總 經 理──彭之琬
事業群總經理──黃淑貞
發 行 人──何飛鵬
法律顧問──元禾法律事務所 王子文律師
出　　版──商周出版
　　　　　115台北市南港區昆陽街16號4樓
　　　　　電話：(02) 2500-7008　傳真：(02) 2500-7579
　　　　　E-mail: bwp.service@cite.com.tw
　　　　　Blog：http://bwp25007008.pixnet.net/blog
發　　行──英屬蓋曼群島商家庭傳媒股份有限公司城邦分公司
　　　　　115台北市南港區昆陽街16號8樓
　　　　　書虫客服專線：(02)2500-7718、(02) 2500-7719
　　　　　服務時間：週一至週五上午09:30-12:00；下午13:30-17:00
　　　　　24小時傳真專線：(02) 2500-1990；(02) 2500-1991
　　　　　劃撥帳號：19863813　戶名：書虫股份有限公司
　　　　　讀者服務信箱：service@readingclub.com.tw
　　　　　城邦讀書花園：www.cite.com.tw
香港發行所──城邦（香港）出版集團有限公司
　　　　　香港九龍土瓜灣土瓜灣道86號順聯工業大廈6樓A室
　　　　　電話：(852) 2508-6231　傳真：(852) 2578-9337
　　　　　E-mail: hkcite@biznetvigator.com
馬新發行所──城邦（馬新）出版集團 Cite (M) Sdn Bhd
　　　　　41, Jalan Radin Anum, Bandar Baru Sri Petaling,
　　　　　57000 Kuala Lumpur, Malaysia.
　　　　　電話：(603) 9056-3833　傳真：(603) 9057-6622
　　　　　E-mail: services@cite.my

美術設計──copy
印　　刷──卡樂彩色製版印刷有限公司
經 銷 商──聯合發行股份有限公司 電話：(02)2917-8022　傳真：(02) 2911-0053

2024年6月8日初版
2025年9月8日初版2刷
定價600元　Printed in Taiwan　著作權所有，翻印必究
ISBN 978-626-390-130-8
ISBN 978-626-390-125-4 (EPUB)

城邦讀書花園
www.cite.com.tw

Copyright © John Frawley 2007
Complex Chinese translation copyright © 2024 by Business Weekly Publications, a division of Cité Publishing Ltd.
All Rights Reserved.

國家圖書館出版品預行編目(CIP)資料

賽事占星學 / 約翰.弗勞利(John Frawley)著；連瑩穎, 呂卿譯. -- 初版. --
臺北市：商周出版：英屬蓋曼群島商家庭傳媒股份有限公司城邦分公司發行, 2024.06
296面；17×23公分. --（東西命理館；62）　譯自：Sports astrology．
ISBN 978-626-390-130-8（平裝）　1. CST: 占星術　292.22　113005295

| 廣　告　回　函 |
| --- |
| 北　區　郵　政　管　理　登　記　證 |
| 台　北　廣　字　第　０００７９１　號 |
| 郵　資　已　付　，　免　貼　郵　票 |

115 台北市南港區昆陽街 16 號 4 樓

**英屬蓋曼群島商家庭傳媒股份有限公司**
**城邦分公司**

請沿虛線對摺，謝謝！

| 書號： | BF6062 | 書名： | 賽事占星學 | 編碼： | |
| --- | --- | --- | --- | --- | --- |

請於此處用膠水黏貼

# 讀者回函卡

**商周出版**

線上版讀者回函卡

感謝您購買我們出版的書籍！請費心填寫此回函卡，我們將不定期寄上城邦集團最新的出版訊息。

姓名：＿＿＿＿＿＿＿＿＿＿＿＿＿＿＿＿＿＿＿ 性別：□男　□女

生日：西元＿＿＿＿＿＿＿＿年＿＿＿＿＿＿月＿＿＿＿＿＿日

地址：＿＿＿＿＿＿＿＿＿＿＿＿＿＿＿＿＿＿＿＿＿＿＿＿＿＿＿＿

聯絡電話：＿＿＿＿＿＿＿＿＿＿＿＿＿＿ 傳真：＿＿＿＿＿＿＿＿＿＿＿

E-mail：＿＿＿＿＿＿＿＿＿＿＿＿＿＿＿＿＿＿＿＿＿＿＿＿＿＿＿＿

學歷：□1. 小學 □2. 國中 □3. 高中 □4. 大學 □5. 研究所以上

職業：□1. 學生 □2. 軍公教 □3. 服務 □4. 金融 □5. 製造 □6. 資訊
　　　□7. 傳播 □8. 自由業 □9. 農漁牧 □10. 家管 □11. 退休
　　　□12. 其他＿＿＿＿＿＿＿＿＿＿＿＿＿＿＿＿＿＿＿＿＿＿

您從何種方式得知本書消息？
　　　□1. 書店 □2. 網路 □3. 報紙 □4. 雜誌 □5. 廣播 □6. 電視
　　　□7. 親友推薦 □8. 其他＿＿＿＿＿＿＿＿＿＿＿＿＿＿＿＿

您通常以何種方式購書？
　　　□1. 書店 □2. 網路 □3. 傳真訂購 □4. 郵局劃撥 □5. 其他＿＿＿

您喜歡閱讀那些類別的書籍？
　　　□1. 財經商業 □2. 自然科學 □3. 歷史 □4. 法律 □5. 文學
　　　□6. 休閒旅遊 □7. 小說 □8. 人物傳記 □9. 生活、勵志 □10. 其他

對我們的建議：＿＿＿＿＿＿＿＿＿＿＿＿＿＿＿＿＿＿＿＿＿＿＿＿
＿＿＿＿＿＿＿＿＿＿＿＿＿＿＿＿＿＿＿＿＿＿＿＿＿＿＿＿＿＿＿
＿＿＿＿＿＿＿＿＿＿＿＿＿＿＿＿＿＿＿＿＿＿＿＿＿＿＿＿＿＿＿

【為提供訂購、行銷、客戶管理或其他合於營業登記項目或章程所定業務之目的，城邦出版人集團（即英屬蓋曼群島商家庭傳媒（股）公司城邦分公司、城邦文化事業（股）公司），於本集團之營運期間及地區內，將以電郵、傳真、電話、簡訊、郵寄或其他公告方式利用您提供之資料（資料類別：C001、C002、C003、C011等）。利用對象除本集團外，亦可能包括相關服務之協力機構。如您有依個資法第三條或其他需服務之處，得致電本公司客服中心電話02-25007718請求協助。相關資料如為非必要項目，不提供亦不影響您的權益。】

1.C001 辨識個人者：如消費者之姓名、地址、電話、電子郵件等資訊。
2.C002 辨識財務者：如信用卡或轉帳帳戶資訊。
3.C003 政府資料中之辨識者：如身分證字號或護照號碼（外國人）。
4.C011 個人描述：如性別、國籍、出生年月日。

請於此處用膠水黏貼

FUTURE

FUTURE

FUTURE

FUTURE